〈しんどい学校〉の教員文化

社会的マイノリティの子どもと向き合う教員の
仕事・アイデンティティ・キャリア

中村 瑛仁

大阪大学出版会

〈しんどい学校〉の教員文化
社会的マイノリティの子どもと向き合う教員の
仕事・アイデンティティ・キャリア

目　次

序章　〈しんどい学校〉の教員たち …………………………………　1
　1.　はじめに―〈しんどい学校〉とは何か　1
　2.　何が問題か―〈しんどい学校〉と「水平キャリア」「適応キャリア」　5
　3.　なぜ問題か―〈しんどい学校〉の教員に着目する意義　19
　4.　本書の構成　22

第1部　本書の分析射程―先行研究の検討と調査概要

第1章　先行研究の検討と分析課題の設定 …………………………　29
　1.　学校環境―教員の仕事に関する研究　29
　2.　教員文化　33
　3.　教員の社会化　37
　4.　教員のキャリア問題　44
　5.　本書の研究課題　48

第2章　調査とデータの概要 …………………………………………　55
　1.　調査の概要と調査対象　55
　2.　調査の経緯と対象教員の選定　57
　3.　調査と分析の方法―インタビュー調査　59

第 2 部 〈しんどい学校〉の教員の適応キャリア

第 3 章 〈しんどい学校〉の学校環境 …………………… 65
1. はじめに　65
2. データの概要　65
3. 学級規律の問題―学級の荒れを統制する役割　68
4. 学習指導の問題―学習意欲の喚起とケアの役割　73
5. 保護者との関係課題―保護者との関係を構築する役割　78
6. まとめ　82

第 4 章 〈しんどい学校〉の教員たちの教職アイデンティティ …………………… 89
1. はじめに　89
2. データの概要　91
3. 働きがい―子どもや保護者との関係・変化の実感・同僚性　93
4. パースペクティブ―家庭背景を把握する・包摂・つながり　102
5. 同僚性―対向的協働文化・相互サポート・連携　111
6. まとめ　117

第 5 章 〈しんどい学校〉の教員への社会化過程 ………… 125
1. はじめに―対象校での水平キャリア問題　125
2. データの概要　128
3. 教員のキャリア類型　130
4. 〈しんどい学校〉への適応過程　141
5. 異動を選択する教員たち　150
6. まとめ　154

第3部　教員世界の変化と教員のキャリア問題

第6章　教員集団の変容と教員のキャリア問題
　　　　　─A中の事例から ………………………………………… 161

1. はじめに　161
2. 分析の視点　163
3. データの概要　165
4. A中の歴史と〈つながる教員〉　166
5. A中の変化と〈しつける教員〉　171
6. 教員集団の成り立ちと集団内の葛藤　174
7. アイデンティティ・ワーク　182
8. まとめ　189

第7章　教育改革と教員のキャリア問題
　　　　　─大阪市の新自由主義的教育改革の事例から ……… 195

1. はじめに　195
2. データの概要　197
3. 大阪市の教員を取り巻く状況─施策の特徴と〈競う教員〉　199
4. 改革の中の教員─その困難の内実　202
5. アイデンティティ・ワーク　209
6. まとめ　220

終章　〈しんどい学校〉の教員文化から見えてきたこと …… 227

1. 見出された知見　227
2. 考察─〈しんどい学校〉の教員の適応キャリアとキャリア問題　232
3. 教員研究への示唆─学術的インプリケーション　238
4. 〈しんどい学校〉をエンパワーするために
　　─実践的インプリケーション　246

引用文献	258
初出一覧	268
あとがき	269
索引	274

序章 〈しんどい学校〉の教員たち

1. はじめに──〈しんどい学校〉とは何か

　　（この学校の）子どもたちの暮らしは厳しいかなと思います、やっぱり。これまで勤務した小学校だと、みんな集団登校で来て、そんなにめちゃめちゃ遅れる子もいないし。学校全体で1人とか2人ぐらい。その子らを迎えに行ったりはしてたけど、ここはそういう子がいっぱい（いる）。そういう意味では、ここは生活実態がめっちゃしんどい子が比率的に言うとやっぱり大きい。ある意味、家族を丸抱え的なことをしないといけない部分も大きいかな。（C4教諭）

　本書は〈しんどい学校〉と呼ばれる、校区の社会経済的背景の厳しい学校の教員たちにフォーカスをあてて、彼らの仕事の内実やアイデンティティの特徴、そしてキャリア形成の歩みを描きながら、〈しんどい学校〉の教員たちの現場のリアリティ＝教員文化を明らかにするものである。
　2000年代初頭から、日本社会においても格差の問題が取り沙汰され、子どもの学力格差や教育機会の格差が注目されるようになってきた。近年では、貧困家庭やひとり親家庭の子ども、外国にルーツのあるニューカマーの子ども、被差別部落の子どもたちなど、いわゆる社会的マイノリティの子どもたちの存在がクローズアップされつつある。子どもたちの教育格差の是正や、社会的に不利な立場に置かれている子どもの教育機会を保障する上で、

そうした子どもたちの実態や現状を把握することの重要性はますます高まっている。

彼らの多くは公立の学校に通い、学校教育を受けていくが、一方でそうした子どもたちと関わる教員たちにスポットがあたることは非常に限られている。先に上げたような社会的マイノリティの子どもたちは、学習面や学校適応の面で不利な立場に立たされやすく、学級内でも課題を抱えやすいことが報告されている（Willis 1977=1996、池田 1985、2000a、長尾・池田編 1990、志水・清水編 2001、西田 2012、林 2016、知念 2019 など）[1]。そうした子どもたちが集まる学校の教員たちは、日々どのように彼らと向き合っているのだろうか。またそうした学校では教員たちはどのような職務を求められているのか。教員たちは、日々の仕事の中でどのようなことを大切にし、そしていかに自身のキャリアを紡いでいるのだろうか。

本書で注目するのは、貧困等の社会的に不利な立場の子どもが相対的に多く在籍する学校の教員たちである。教育社会学の分野では、家庭の経済的な豊かさや保護者の学歴など、子どもの社会経済的なバックグラウンドに着目して研究が進められてきた。これまでの研究では、社会経済的な背景によって子どもの学力形成には大きな違いがあり、社会経済的背景の厳しい子どもほど学力形成に課題を抱えやすいこと（志水・苅谷編 2004、近藤 2012、国立教育政策研究所編 2016、お茶の水大学 2018）、そして彼らの高校・大学への進学や学歴達成も制限されやすくなることが明らかになっている（中澤・藤原編 2015、荒牧 2016、中村ほか編 2018）[2]。

このように家庭の経済的な状況や保護者の学歴は子どもの学校経験に大きく関わっているのだが、子どもの社会経済的な背景は、学校や校区の特徴も形づくっている。例えば、経済的に豊かで学歴が高い保護者は、子どもに高い学歴を求め、そのための養育行動を行っていくが、一方、経済的余裕がなく学歴も高くない保護者は、相対的に子どもへの学歴期待やそのための養育行動は低調になりやすい（伊佐 2010、Lareau 2011）。こうした保護者の構成は校区によって異なっており、特に貧困などの社会経済的背景が特に厳しい校区では、子どもの問題行動や教育課題が表面化しやすくなるとの指摘もあ

る（Ridge 2002=2010、西田 2012）。

　日本の公立の小・中学校では、学校設備やカリキュラムの編成などの制度上の設計は学校によって大きく異なるわけではない。しかしながら、子どもやその保護者の社会経済的なバックグラウンドにはグラデーションがあり、教員が勤める学校の環境はこうした校区の特性が反映される場合が少なくない。

　本書では関西地区における、校区の社会経済的背景の厳しい小中学校の教員にフォーカスをあてて、インタビュー調査をもとに彼らの日々の仕事の現実に迫っていく。一般的に教員の仕事は、学校による違いが区別されず一括りに議論されることが多く、特に小学校・中学校ではこの傾向が強くみられる。しかしながら、社会経済的背景によって子どもや保護者の意識・行動が異なれば、教員に求められる仕事にもまた違いが生じてくることが予想される。本書は、こうした校区の特徴の違いに注目し、特に校区の社会経済的背景の厳しい学校の教員の仕事や彼らのアイデンティティ、キャリア形成の内実に迫るものである。

　本書では、こうした校区の社会経済的背景の厳しい学校を〈しんどい学校〉と呼称し、対象教員たちにアプローチしていく。〈しんどい〉という呼称は、関西地方のローカリティと関わっており、人々の話し言葉でも「たいへん」「厳しい」「きつい」などの意味合いで「しんどい」という言葉が用いられるが、学校現場でもこの言葉が日常的に用いられている（志水 2002 : 68）。例えば、「しんどい子ども」「今は学校がしんどい状態」など、子どもの実態や学校の状況を指して「しんどい」を用いることが多い。

　冒頭のインタビューの引用は、調査の際に聞き取った教員の語りであるが、筆者も調査を進める中で、教員たちから頻繁に「しんどい」という言葉を耳にした。

　　昔から学校で言われる決まり文句としては、学校がしんどいと教師はまとまると。それはそうやね。子どもがしんどいと会議も長くなるし、力をあわせて対応せなあかんことも増えてくるし、職員がまとまってい

くっていうのはよく聞く話なんやけどね。実際、僕がこの学校に来たときも、子どもはしんどかったけど、職員はずっとまとまっている。それは、昔っからそうやった。（A2 教諭）

　もちろん「しんどい」という言葉は学校によって用いられ方が多少異なるが、本書の調査対象校では次のような意味で用いられていた。1つは、「子どもを指導するのに手間暇がかかる」こと（志水 2002：68）、つまり「教育課題」を表現する言葉として、子どもの教育課題の状態や子どもへの指導の難しさなどを指して用いられる。上記のA2教諭の語りはその典型である。
　もう1つは、社会的に不利な立場に置かれる子どもたちの経済的・文化的な家庭状況や家族構成の複雑さを指しており、これは校区の「社会経済的背景」に関わる側面である。その内容は文脈によって多様ではあるものの、例えば、家庭の経済的な困窮や、子どもが保護者からのケアを受けられていない状態などがあてはまり、冒頭の語りのC4教諭はその例にあたる。
　筆者は調査を進める中で、この「しんどい」という言葉に、彼らに共有された独特の意味づけを感じる機会が度々あり、そのなかには、その学校の文脈や地域性などを教員たちが共有し、当事者同士の中でつくられてきた共通の「コード」（認識枠組み）が含まれていると考えた。教員たちが共有するコードを記述し、体系化することで、〈しんどい学校〉の教員文化を描写することができるのではないか。「しんどい」という言葉はその象徴として位置づけられるのではないか。
　本書では、こうした「校区の社会経済的背景が低位に位置づき、指導上の問題が生じやすい学校」を〈しんどい学校〉と定義し、他の学校とは異なる文化が醸成されている場として捉えていく。本書が対象とする〈しんどい学校〉は、貧困家庭やひとり親家庭、外国にルーツのあるニューカマーや、被差別部落出身の子どもなど、こうした社会的マイノリティの子どもたちが相対的に多く在籍する校区の学校である。このような〈しんどい学校〉には他の学校とは異なる教員の文化、すなわち特定のメンバー内で共通了解された意味や慣習行動、物事の解釈の仕方の総体としての「文化」（Becker

1963=2011：77-79）が存在し、教員の生活世界を形成しているのではないか。関西地区の〈しんどい学校〉に位置づけられる小中学校を取り上げ、そこに勤める教員へのインタビュー調査から、彼らの教員文化の内実を明らかにしていく。教育社会学的なアプローチから、〈しんどい学校〉の教員たちに共有されている文化の内実を描写し、彼らの仕事の有り様や生活世界に迫ることで、これからの学校教育を展望する上での示唆を得たい。

2. 何が問題か――〈しんどい学校〉と「水平キャリア」「適応キャリア」

　それでは〈しんどい学校〉の教員たちの何に着目して、彼らの職業文化に迫っていくのか。本書は教育社会学的なアプローチをとっているが、そこで中心的な関心となるのが「赴任した教員たちが〈しんどい学校〉にいかに適応していくか」という教員の適応やキャリアに関する問題である。

　校区の社会経済的背景が厳しい学校では、職務上の問題が表れやすいため、教員が赴任してきてもその環境に適応できずに異動を選択する、こうした教員のキャリア上の問題が生じやすいと言われている。後に詳述するように、こうした教員のキャリアの動態は、学校組織の安定性や教育の不平等につながる重要な問題となっている。

　ここではまず、先駆的な研究として位置づけられる H. Becker の「水平キャリア論」を紹介し、本書の中心的なテーマである教員の適応とキャリアの問題の輪郭を示すことにしたい。

2-1　H. Becker の水平キャリア論

　本書の主題と類似のテーマで先駆的な研究を行ったのが、シカゴ学派の H. Becker の教員研究である（Becker 1952a、1952b、1953、1980）。シカゴの公立学校を舞台とした教員へのインタビュー調査を通じて、教員の仕事の内容、

勤務校の学校環境、教員のキャリアの実態に迫ったもので、現在では古典ともいえる教員の社会学的研究である。その中で、Becker は職業によるキャリアの性質の違いと、そこで生じる問題について、次のように整理している（Becker 1952a）。

教職に関わらず人々の職業内のキャリアには「垂直キャリア」（vertical career）と「水平キャリア」（horizontal career）という2つの側面がある。「垂直キャリア」とは、ある職業内のより高い職層のポストを求めて展開される上昇・下降の異動を示すキャリアである（Becker 1952a：470）。一般的な企業などの職層・ポストが階層化されている職業では、職層によって仕事の内容や報酬に違いが生じるため、こうした垂直キャリアが重要な意味をもつ。

一方で、「水平キャリア」とは、垂直キャリアとは異なり「同じ職層レベルの中で獲得可能なポスト求めて展開される異動」を表している（Becker 1952a：470）。職層の幅が小さい職業においては、同一の職層・ポストにおいても仕事の内容に違いが生まれるため、より望ましい職場環境を求めて異動する「水平キャリア」が人々にとって重要な意味をもってくるという。

では教職はどちらのキャリアの特徴にあてはまるのか。Becker は、後者の水平キャリアにあてはまると指摘する。その理由として、まず周知のとおり学校組織は一般の企業と比べると組織内の職層・ポストが分かれてないこと、加えて特筆すべきは、自分の仕事のしやすい学校を求めて異動を選択していく、特徴的な教員のキャリアパターンの存在がある。

彼はまず、シカゴの教員の多くが、低階層の子どもや保護者との間で問題を抱えやすく、職務上の困難を感じやすいことを見出した（Becker 1952b）。そのため、校区の社会経済的背景の厳しい学校での職務を回避し、より自身の仕事がしやすい環境を求めて、異なる学校への異動を選択していく教員のキャリアの様相を明らかにした（Becker 1952a）。Becker の研究からは、教員たちにとって、上層のポストを求めること（垂直キャリア）よりも、日常レベルではどのような学校で仕事をするか、すなわち水平キャリアが重要な問題となっていることがわかる。

特に興味深いのが、教員たちの異動の問題は、校区の社会経済的背景

（SES）によって大きく左右されている点にある。Becker の一連の研究では、スラム地域の学校のような校区の社会経済的背景が厳しい学校では、教員がそこでの仕事になじめずに、頻繁に他の学校へ異動することが示されており、教員の水平キャリアが表出する構造的な問題とともに、教員のキャリアが校区の社会経済的背景の影響を受けていることを鮮やかに描き出している。以上の知見からキャリアの類型を図示すると、図表序-1 のようになる。

図表序-1　垂直キャリアと水平キャリアのモデル図

2-2　適応キャリアへの着目

　このように Becker の研究は、教職は垂直キャリアよりも水平キャリア的な性格が強いこと、さらに水平キャリアを左右するものとして、校区の社会経済的背景が重要な要素となっていることを示している。

　しかしながら、すべての教員が〈しんどい学校〉からの異動を選択するかというと、そうではない。そうした学校に赴任した教員の中には、異動を選択せずそうした学校に留まる教員も存在する（Becker 1952a : 472-4）。

　彼はスラムの学校のような校区の社会経済的背景の厳しい学校に赴任した教員のその後のキャリアを次の２つに整理している。第一のキャリアは、先述したように、厳しい学校を離脱し、より近隣の「より良い学校」に異動を希望する「水平キャリア」であり、このタイプが一般的であると言う。第二に、少数派であるが、社会経済的背景の厳しい学校文化に適応していくキャリアパターンがあると言う。彼らはその学校に滞在している間に、自身の指

導観や教職観に変化が生じ、その学校にいることの意味や利益を見出していくようになっていく。ここではこうしたキャリアパターンを「適応キャリア」と呼ぶ（図表序-2）[3]。

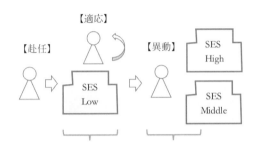

図表序-2　水平キャリアと適応キャリア

　Beckerは適応キャリアに至る背景要因について、次のような指摘もしている（Becker 1952a : 474-5）。1つは指導スタイルがあり、他の学校ではできないような、ときに体罰も伴う厳しい指導スタイルを確立した場合、その学校の方が自身にとって仕事のしやすい環境になっていく。あるいは、読み書きなどの基本的な学習内容の習得など、子どもの成長に伴う小さな「成果」に意味を見出していくケースや、子どもの問題行動の理由や背景に理解が深まっていき、子どもの課題への関わり方を身につけることで学校に残るケースもある。このように教員によって適応要因に違いはあるものの、スラムの学校に適応していく教員たちをBeckerは次のように表現している。

　　このように「スラム」の学校は、その学校に適応した教員にとって理想的なものではないにしても、耐えやすく予測可能な学校環境になっていく（…）教員たちは最悪の環境の中で問題に対処していく術を身につけていく。また彼らはそこで身につけた行動のルーティンや組織内の社会関係の中で学校により結び付けられていく。（Becker 1952a : 475）

Beckerの描いたシカゴの教員たちからは、第一に水平キャリアを辿る姿、第二に必ずしも理想的ではないものの、そうした学校環境に「居心地の良さ」を見出しながら適応していく姿が観察され、校区の社会経済的背景と教員のキャリアに関して「水平キャリア」「適応キャリア」の2つのキャリアパターンを抽出することができる。〈しんどい学校〉の教員文化を描く上で、ここで示された「水平キャリア」「適応キャリア」の視点は重要である。それには次のような理由がある。

　まず〈しんどい学校〉は、社会経済的背景の厳しい校区に位置する学校である。Beckerの議論を踏まえれば、そうした学校では特有の課題が生じ、教員の異動が常態化しやすい。異動が常態化すれば、その学校の人的資源が蓄積されないため、教育の質を低下させることにつながってしまう（Allensworth et al. 2009）。換言するなら、より細やかな支援が必要な社会的経済的背景の厳しい子どもたちが、より不利な学習環境に置かれることになるのである。もし日本の学校でも同様の現象が生じているとすれば、それは子どもの教育機会の格差につながる問題である。〈しんどい学校〉における教員のキャリアの動態に注目することは、子どもの教育の不平等を生じさせる構造的な問題に切り込むことにつながる。

　こうした前提を把握した上で、本書が注目するのが〈しんどい学校〉に適応していく「適応キャリア」の教員である。教育達成にハンディを抱える社会経済的に厳しい子どもたちを支え、教育の不平等を是正する上で、〈しんどい学校〉の教員たちは重要な公的役割を担っている。そうした学校から異動せずに、子どもたちに向き合っていく教員たちは、どのような教員なのか。またどのようなプロセスで〈しんどい学校〉に適応していくのか。適応した結果、教員たちはどのようなアイデンティティを有するようになるのか。適応キャリアの教員たちに迫ることで、格差是正につながる教員の資質や専門性のあり方に実践的な示唆も得られる。

2-3　日本における水平キャリアと適応キャリア

　改めて、本書で水平キャリアとして問題にしているのは、校区の社会経済的背景に左右された教員の異動のパターンであり、単なる人事上の異動ではないことを強調しておきたい。後述するが、日本の教員人事はアメリカとは異なり、数年ごとの学校間の異動は通例になっており、学校間の異動は希望をしなくても生じるイベントである。

　しかしながら、日本においても、全て自動的に教員の異動が決まっているわけではない。教員の人事には、教員の異動希望も加味されており（川上 2013）、教員の勤務校在籍年数は校区の社会経済的背景によって違いがある。このことから、人事上の仕組みはアメリカと異なるものの、Becker が指摘する教員の水平キャリアと同様の現象が日本においてもあてはまる可能性がある。

　それでは日本における教員の水平キャリアと適応キャリアの実態について、どのようなことが明らかになっているのか。まず、水平キャリアについては、その実態を示唆するものはあるものの、こうした問題に迫ったものは非常に少ないのが現状である。例外的なものとして、志水（2002）、菊池（2012）があげられる。

　志水（2002）は、社会経済的背景の厳しい校区に位置する「南」中学校では、教員の入れ替わりが激しいにもかかわらず、南中への転任希望が少ないため、新任の赴任が多いことを指摘している（志水 2002：64）[4]。また高校の例として、菊池（2012：89-103）は、高校の学力別に教員の年齢構成を整理すると、ベテランほど学力の高い進学校に、逆に若手の教員ほど学力の低い学校に配置される傾向があり、学力が高く進路実績のある進学校への教員の異動希望が偏る実態を示している。これらは日本の学校においても、水平キャリア問題が存在することを示唆しているものの、教員のキャリアの過程が検討されているわけではない。

　一方、適応キャリアについては、校区の社会経済的背景が厳しい学校の実態やそこでの教員の教育実践を描いた研究が、ある程度蓄積されている（志

水・徳田編 1991、鍋島 2003、古賀 2001、志水 2002、志水編 2009、伊佐 2010、西田 2012、菊池 2012、知念 2019 など）。もちろん学校種や学校によって、教員たちの実践に差異はあるものの、そこには水平キャリアを辿るのではなく、厳しい学校環境の中でもその学校での実践に意義を見出して学校文化に適応している教員の存在が示されている。先の Becker の研究では、ある種、消極的な選択の中で学校に適応していく教員たちが描かれていたが、これらの研究では、より積極的に学校にコミットメントする教員の姿が示されている点に大きな違いがある。

しかしながら上記の研究においても、学校文化や教育実践の内実を扱ったものが多く、教員の適応キャリアのプロセスについては不明瞭な点が多く残っている。彼らは厳しい学校環境の中でいかに〈しんどい学校〉に働きがいを見出していくのか、〈しんどい学校〉に赴任した教員たちの教職経験に注目して、この問題に迫っていきたい。

2-4　教員の人事制度と異動－日本とアメリカの比較

適応キャリアは水平キャリアと対をなす現象であるが、日本における水平キャリアの実態については、先にみたように不明な点が多く残っている。ここでは水平キャリア問題が日本においてもあてはまりうるものなのか、統計データを参照しながら基本的な傾向を確認しておきたい。

水平キャリアは、学校間の異動を伴った教員の職業内ポジションの異動を表すが、異動が実際に行われるかどうかは、教員個人の選択のみで決まるものではなく、行政の人事システムも関わっている。そのため、水平キャリアの問題を把握する上では、制度上の人事システムの仕組みも確認しておく必要がある。

Becker はアメリカの教員の水平キャリアについて指摘したが、異動に関わる人事制度は日本とアメリカでは異なっている。ここでは、日本とアメリカの異動に関わる人事制度についても基本的な事柄を確認しながら、日本の制度的な特徴を掴んでいきたい。

1）アメリカの教員人事制度

　まずは Becker の事例でもあるアメリカの人事制度から確認しておこう。アメリカの場合、教員の採用の仕組みは州ごとにばらつきがあるものの、一般的には州教育局が認定した教員養成課程を修了し、教員免許試験をパスして教員免許状を取得した上で、公立学校の教員の場合は学区ごとに採用が決まる（赤星 2017）[5]。採用後は基本的に異動がなく、終身雇用権を得ると、正当な理由がない限り解雇されず、職業的な安定が保証されている（二宮編 2013：134-5）。

　アメリカにおける教員採用は日本と大きく異なっている。教員の採用については、行政による裁量権は小さく、学校長の裁量が大きい。採用の選考は、大きく分けて学区教育委員会主導と学校主導の2つがあるが、近年は教員の離職率の高さを抑えるために、学校側が直接志望者側と面接や意見交換を行う学校主導の選考が増加傾向にあるという（赤星 2017：136）。

　教員の採用や解雇・停職、昇給など、人事権の裁量は国によって異なっており（国立教育政策研究所編 2014：74-5）、日本とアメリカでは大きなコントラストがある。図表序-3は、国際教員指導環境調査（TALIS 2013、以下 TALIS）[6]の二次データを用いて、「教員の採用」の「裁量権の所在」について日本とアメリカの結果を表したものである。

　日本では、公立学校の教員の人事は「地方行政・国」に裁量権が集中しているが、アメリカの場合は公立の場合でも「校長」や「学校運営メンバー」等に裁量権が集中しており、教員―学校間の面接や交渉の中で教員の採用が決まる仕組みになっていることがわかる。

図表序-3 「教員の採用」に関する裁量権（重要な責任を持つ）[7]

		校長	校長以外の学校運営チームメンバーの教員	学校運営チームメンバー以外の教員	学校の運営委員会（School governing board）	地方行政・国（教育委員会・文科省）
公立	日本	8.9	0.6	0.0	0.0	96.7
	アメリカ	92.2	31.3	16.9	27.8	21.5
	参加国全体	50.8	15.0	6.0	13.1	59.2
私立	日本	96.4	19.6	4.9	0.0	3.6
	アメリカ	100.0	9.2	0.0	7.9	7.9
	参加国全体	87.5	43.1	5.7	14.8	4.0

＊TALIS 2013 校長調査の回答データから、筆者が作成。
＊TALIS 2013 の調査対象は前期中等教育段階（中学校及び中等教育学校前期課程）の教員。
＊上記の質問は多重回答式で、数値は回答した学校長の割合（％）を表している。
＊「『重要な責任』とは、意思決定が行われる際、積極的な役割を果たすこと」を指す（国立政策研究所 2014：212）。

　このようにアメリカの人事システムでは、勤務校における勤務年数の上限がなく、教員は何年でも勤務校に在籍できるため、教員は行政主導の異動を強いられることはあまりない。また、異動をするか否かは、学校長と教員個人の交渉によるところが大きい。
　以上のようにアメリカでは行政主導の異動は基本的には行われていないわけであるが、教員の異動が少ないかというと数値上はそうではない。シカゴの公立学校の異動について調査した Allensworth et al.（2009）によれば、教員の異動や組織への定着（retentinon）はアメリカ国内でも問題になっており、特にシカゴの学校ではより不安定な状態であるという。在籍する教員のうち、1 年後にその学校に留まる教員は全体の約 80％（アメリカ国内は 84％）、さらに 5 年の間で勤務校に在籍している割合は 50％強にとどまり、多くの学校では 3 年間の間に教員の半分が入れ替わる。さらに特定の状況の学校ではより異動率が高く、低所得層、アフリカ系かアフリカとメキシコのミックスの子どもが多く在籍する学校では 1/3〜1/4 の教員が毎年異動するという。その背景には、こうした学校では子どもの低学力や問題行動、保護者関係と

いった問題が表出しやすいことが挙げられており（Allensworth et al. 2009：23）、Becker が観察した現象と同様のことが確認されている。

具体的な異動のプロセスは Becker が観察した教員の事例に示されている（Becker 1952a：472-4）。異動を希望する教員のもっとも典型的なパターンは、近隣の「より良い学校」に異動するタイプであり、その場合教員は、より良い学校に異動するために、周辺の学校に関する情報を集めたり、また管理職との関わりを持ったり、自宅から近隣の学校に空きが出るまで耐える、などの方法を駆使しながら、自身の希望にあった学校への異動を行うという。

2）日本の教員人事制度

次に日本の教員人事の仕組みをみてみよう。日本の教員の採用は、自治体ごとに採用試験が行われ、教員免許取得者は採用試験に合格すると自治体の教員として採用される。その後、教員は学校間の異動を経ながらキャリアを重ねていくのが一般的である。異動人事については、川上（2013）によれば、都道府県ごとにやや方針や年数に違いはあるものの、基本的には自治体や教育事務所・市町村内での異動が慣例となっている。ただし、同一校や同一地域での勤務年数について「上限」「標準」といった規定がある自治体もあり、規定のある自治体（都道府県）は約 60％にのぼる。例えば、異動の「上限」の規定年数は平均 8.32 年、「標準」の規定年数は 6.16 年となっている。実際の教員の異動サイクルをみると、異動の平均年数は、小学校で 4.95 年、中学校で 5.13 年となっており、こうした規定の範囲内で異動が行われていることがわかる（川上 2013：50-53）。

図表序-3 で見たように、日本では教員の採用に学校長の裁量はほとんどなく、教員の採用と異動は行政主導で行われている。人事に関する裁量権の違いは、国－教育委員会－学校間の自治システムの違いによるところが大きいが[8]、図表序-4 に示すようにこうした採用の仕組みは、教員の勤務校での勤務年数に関わっている。日本のように学校側の裁量権が小さく行政主導で教員人事が行われている国では、勤務校での勤務年数が短くなる傾向がある。

序章 〈しんどい学校〉の教員たち

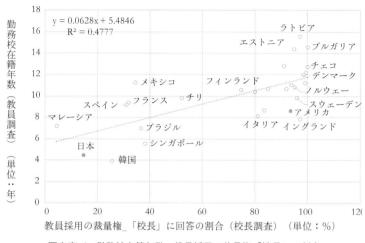

図表序-4　勤務校在籍年数×教員採用の裁量権「校長」の割合

＊TALIS 2013 教員調査・校長調査の回答データから、筆者作成。
＊TALIS 2013 の調査対象は前期中等教育段階（中学校及び中等教育学校前期課程）の教員。
＊図中の点線は回帰直線を示しており、縦軸と横軸の変数間の関連度合いを表している。

　以上のように日本の制度上の仕組みでは、教員の異動は一般的なイベントであり、教員個人の意向が反映されないようにみえるが、実際の異動のプロセスはより複雑である。先にみたように教員の異動に関わる人事の決定権は、基本的には行政主導ではあるものの、人事を決める際には、教員個人や学校長による意見や要望が集約され、その後のマッチングの中で異動が決定される。教員の採用・異動・昇進の人事制度は都道府県によって多少異なるが[9]、基本的には、図表序-5 のような関係性の上に人事制度が運用されている（川上 2013：43）。

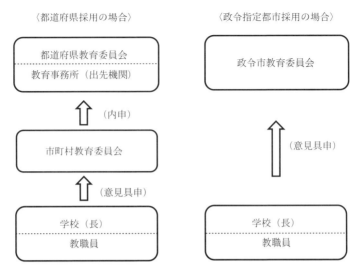

図表序-5　教員人事における教育委員会と学校の関係性（川上 2013：43 図1-1 から作図）

　学校長や教職員からの意見が、教育委員会レベルに受け止められ、必ずしもその意見が通るわけではないが、マッチングの条件が整えば、教員は自身の希望をもとに異動することは可能である。川上（2013）では、教職員や学校長の希望をもとに行政側が調整を行う過程が検討されており、学校現場の希望が異動のマッチングに反映されていく例も示されている。

2-5　データから見る水平キャリアの現状

　では実際の教員の水平キャリアの動態はどのような現状になっているのか。水平キャリアの問題の中核は、校区の社会経済的な背景によって教員の異動の動態が異なることであるが、日本での実証的なデータは限られている。

　ここではひとまず、先に見た勤務校での在籍年数が、校区の社会経済的な背景（「学級における社会経済的に困難な家庭環境にある生徒の割合」：以下「SES」）[10]によって異なるかどうかを検討し、水平キャリアが日本でも生じているかを確認しておきたい。水平キャリアが生じている場合、SESが厳しい

学校ほど異動が多くなり、その学校の在籍年数の平均が低くなることが予想される。

こうした連関をTALISのデータから、日本とアメリカについて吟味したのが、図表序-6である。グラフは、SESごとに勤務校在籍年数を示しており、横軸は学級における社会経済的背景の厳しい子どもの割合（SES）、縦軸は教員の勤務校在籍年数である。ここではSESによって教員の勤務校在籍年数が異なるか、基本的な傾向を確認している。結果を見ると、日本もアメリカもSESが厳しくなる（社会経済的背景の厳しい子どもの割合が増える）ほど、教員の勤務校在籍年数が短くなっていることがわかる。ちなみにTALIS参加国全体の平均をみると、明確な傾向をみてとることはできない。

こうした傾向は日本とアメリカのみにあてはまるのだろうか。次に、TALIS参加国全体を対象として、SESと勤務校在籍年数の関連を検討したのが図表序-7の散布図である。ここではまず、参加国ごとに、勤務校在籍年数を従属変数、SES指標を独立変数とした回帰分析を行い、その標準偏回帰係数（β）を算出した。標準化回帰係数は数値が高いほど、SESと勤務校在籍年数の関連が強いことを示しており、この数値の大小でSESと勤務校在籍年数との関連度合いを確認することができる。ちなみに、数値がプラスの場合はSESが厳しいほど勤務校在籍年数が長くなり、反対に数値がマイナスの場合、SESが厳しいほど勤務校在籍年数が短くなることを示している。

図表序-7の散布図では、こうして算出された標準偏回帰係数を横軸に、各国の勤務校在籍年数の平均を縦軸にプロットし、各国の特徴を確認している。

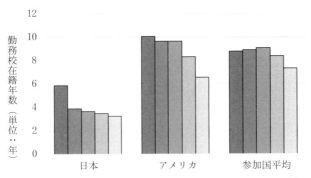

図表序-6 勤務校の教員の在籍年数×SES（困難な家庭環境にある生徒の割合）

＊TALIS 2013 教員調査データから、筆者が作成。
＊SES 指標は、（学級における）「社会経済的に困難な家庭環境にある生徒の割合を推定してください」に対する教員の回答。

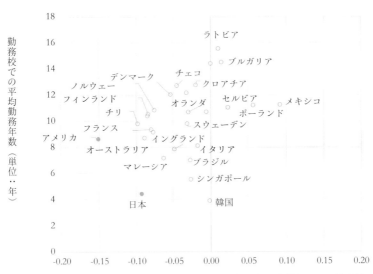

SES指標を独立変数、勤務校での平均勤務年数を従属変数とした回帰分析における標準偏回帰係数（β）の値

図表序-7 勤務校在籍年数×SESによる標準偏回帰係数

＊TALIS 2013 教員調査データから、筆者が作成。
＊独立変数の SES 指標は、（学級における）「社会経済的に困難な家庭環境にある生徒の割合を推定してください」に対する教員の回答。分析では「なし＝0」「1～10％＝5」「11～30％＝20」「31～60％＝45」「60％以上＝70」と操作化して使用。
＊ウェイトが用いられているため、回帰分析は「重み付け推定」を使用。

日本の位置をみてみると、先にみたように勤務校在籍年数の平均が低く、さらに標準偏回帰係数の値がマイナスに位置している。係数の値をみると、アメリカが最もマイナスの数値が大きく、日本はそれに次ぐ位置におり、チリやオーストラリアと同程度の数値となっている。これは、SESが厳しい学校ほど教員の勤務校在籍年数が低くなるということ、さらにその変数間の関連度合いが他国と比べても強いことを意味している。すなわち、教員の在籍率（異動率）が学校のSESによって左右されていることを示唆するものである。もちろん、在籍年数は他の様々な要因も関わっているため更なる検討が必要であるが、ここでの結果ではひとまず、校区のSESによって教員の在籍年数に差異があり、日本は他国と比べてもSESによる説明力が大きいということを確認することができる。

　以上のように、日本の場合、教員の人事システムは行政主導であり、教員の異動も一般的な仕組みとして埋め込まれている。他方で、行政主導ではあるものの、マッチングの条件によっては教員の希望が通る仕組みになっており、実際のデータからはSESによって教員の異動率（在籍年数）が異なる傾向が確認された。ここでの結果から、人事システムの違いはあるものの、教員の水平キャリアの問題は、日本においてもアメリカと同程度に重要な問題であることが示唆される。

3.　なぜ問題か―〈しんどい学校〉の教員に着目する意義

　それでは、なぜ本書で〈しんどい学校〉の教員に注目するのか、その中で〈しんどい教員〉の適応キャリアを取り上げるのか。ここでは改めて、〈しんどい学校〉の教員文化を探求することの意義を整理しておきたい。

1）教育の不平等を是正する仕組みを考える

　先に示した水平キャリアは、実は教育の不平等と深く関わる問題である。教育社会学分野ではこれまで、子どもの社会階層[11]と教育達成の関係が吟味

され、その結果、学校を経由しながら親から子へ世代間で学歴や社会的地位が連続する「再生産」(Bourdieu & Passeron 1970=1991) の実態が示されてきた。またその中で、社会的に不利な立場に置かれた子どもたちが学校適応に困難を抱える様子が描かれてきた (Willis 1977=1996、池田 1985、長尾・池田編 1990、西田 2012)。

これらの研究群では、主に子どもの経験に焦点をあてて教育の不平等の実態が明らかにされてきた。しかし Becker の水平キャリア論で示したように、この不平等の生成のプロセスには教員も関わっている。

例えば、校区の社会経済的背景の厳しい学校から教員が離脱していくと、その学校では新たに教員を補充しなければならない。教員の入れ替わりが多いと、新人教員を教育するコストが生じ、学校組織の安定性や教育実践の継続性の問題が表出し、質の高い教育を提供することが難しくなる (Allensworth et al. 2009)。子どもの学力が低いなどの教育課題はそうした学校に集中しやすいが、水平キャリアによってさらに人的資源のハンディが生じることになる。つまり、水平キャリアは教員の労働に関する現象であるが、その現象が子どもの教育環境の優劣、ひいては子どもの教育機会の不平等につながる複合的な問題だと言える。

本書ではこうした〈しんどい学校〉での教員の仕事や異動の問題を扱い、教員の視点からみた〈しんどい学校〉の日常を描写する。〈しんどい学校〉での様々な課題を教員の視点から描くことで、学校の中で水平キャリア問題が生じる背景を明らかにする。そうすることで、学校の中で教育の不平等の生じる複合的な構造を理解し、その是正のための方途を探ることとしたい。

2) 不平等の是正に向けた**教員の専門性を示す**

次に、教員の専門性に関わる点である。教育の格差・不平等が社会問題化する現代では、先に示したように貧困家庭など社会的不利な立場にたつ子どもたちをいかに支援するかは公教育の喫緊の課題であると言える。その中で、教員の専門性の在り方もまた問い直される状況にある。

特に、教育の不平等の是正に向けた教員の専門性の形成をいかに行うか

は、海外の教師教育の中でも関心がもたれている（Whitty 2009=2009）。しかしながら、日本ではこうした教育の不平等と教員の専門性の問題が乖離する場合が少なくなく、専門性形成のための道筋は不明な点が多く残っている現状がある（神村 2014：238）。

　本書の対象である〈しんどい学校〉の教員は、後の事例の中で明らかにしていくように、社会的に不利な立場の子どもたちへの支援を志向している教員たちである。その特徴は、子どもの学力格差の是正に取り組む「効果のある学校」（志水編 2009、西田 2012）の教員たちと重なる点も少なくない。

　ただ本書では彼らが〈しんどい学校〉に適応していく過程を明らかにすることで、教育の不平等の問題に取り組む教員の専門性の内実や、専門性を形成するプロセスを示し、教師教育への示唆を期待することができる。

3）教員文化の多層性を捉える

　〈しんどい学校〉の教員という特定の教員集団に着目することで、教員世界における文化の違いや、その違いが生じるプロセスを理解することが可能になる。

　教員文化とは「教職に特有の行動（思考・信念・感情）様式」（永井 1986：224）を指し、教員文化研究では、教員世界に特有の職業文化の内実や、その日本的な特徴が検討されてきた。日本の公立の小学校・中学校は、欧米諸国と比べると学校間で均一的で、通う学校によって子どもの学習環境や機会（例えば、学校の設備やカリキュラムなど）が大きく変わらないように諸制度が整えられてきたと言われている（苅谷 2009）。そのためか、教員研究の領域においても、特に義務教育段階において学校や地域ごとの教員文化の違いよりも、日本の教員たち全体の「平均的」な特徴が検討され、教員世界が一枚岩的に捉えられがちであった。本書が、義務教育段階の小学校・中学校の教員に着目する理由もここにある。

　しかしながら、現実では学校ごとに子どもの様子や教員の特徴は多様であり、一面的にみる視点では、教員世界の多様なリアリティを捉えることは難しい。Woods（1983：42-52）が整理しているように、現実の教員世界も一枚

岩的なものではなく、様々な価値観や教育実践が交錯していると考える方が妥当だろう。

本書では〈しんどい学校〉の教員文化を描写することで、校区の社会経済的背景によって教員たちに共有される文化に違いがあることを示していく。また〈しんどい学校〉で特定の文化が共有されていくプロセスやメカニズムを吟味し、多様な教員世界内部の違いを整理しながら、その違いを理解するための1つの視座として「教員文化の多層性」という視点を提示する。

4. 本書の構成

第1部では、まず第1章で先行研究を検討し、校区の社会経済的背景と教員の適応キャリアを吟味するための研究の枠組みを提示する。特に、学校環境、教員文化、教員の社会化、教員のキャリア問題の4つの研究領域の関連文献を整理し、その上で本書の研究課題を提示する。

続く第2章では、本書で用いるデータと調査の概要を説明する。本書では3つの調査で得られた教員のインタビューデータを用いているが、ここでは調査対象や調査の経緯、調査方法やデータの分析方法の概要を述べる。

第2部は、教員の適応キャリアが主題となり、3つのパートから〈しんどい学校〉へ教員が適応してくプロセスを検討する。第3章では、まず〈しんどい学校〉で教員がどのような仕事を求められるか、その内実を学校環境という視点から整理した。国際教員指導環境調査（TALIS）のデータも併用しながら、校区の社会経済的背景ごとに教員たちの様々な教職経験を比較し、〈しんどい学校〉で求められる職務や教員役割の特徴を明らかにする。

続く第4章では、〈しんどい学校〉に適応した教員たちの教職アイデンティティの特徴を探る。教員たちが、どのような指導観や教職観をもって日々の仕事にあたっているか、なぜ〈しんどい学校〉にとどまるのかを検討し、本書で取り上げる教員たちが、教員全体の中でどのような事例として位置づけられるのかを示していく。

第5章では、〈しんどい学校〉に赴任した教員たちが適応していくプロセスを吟味する。教員たちのライフヒストリーを分析し、教員が〈しんどい学校〉に赴任するまでのキャリアや、〈しんどい学校〉に赴任した後の適応過程を明らかにする。また分析では、異動を選択し水平キャリアを辿る教員との比較から、適応キャリアの教員たちの特徴を浮き彫りにする。

　続く第3部では、〈しんどい学校〉に適応した教員たちの、その後のキャリア問題に注目する。〈しんどい学校〉に適応後も教員のキャリアは安定的なものではなく、教員世界の変化の中で教員たちは様々な問題に直面する。その中で教員たちはどのようなことを考え、また自らのキャリアを紡いでいるのかを、2つの事例を通じて描写する。

　第6章は、1つ目の事例にあたるパートであり、A中の教員集団を取り上げ、教員集団の変容の中で経験される教員の葛藤や、葛藤に対する対処戦略を検討して、教員のキャリア問題を考察する。

　続く第7章は、教員のキャリア問題に関する2つ目の事例にあたる。ここでは大阪市の教育改革を取り上げ、新自由主義的な教育改革下における〈しんどい学校〉の教員のキャリア問題を検討する。そこでは、教育成果や競争主義を強調する教育改革の中で〈しんどい学校〉の教員たちが抱える困難や、その中で現実と向き合う教員たちの教職アイデンティティの葛藤を描いていく。

　終章では、第2部、第3部の分析パートの知見を整理し、教員の適応キャリアのプロセスやキャリア問題が生じる背景について考察を加えた上で、学術的なインプリケーションを行う。さらに、本書の結果をもとに〈しんどい学校〉の教員たちを支援するための実践的な提言を行う。

(注)

1) これまで教育社会学の学校研究では、社会的に不利な立場に置かれた子どもたちが、スクーリングの過程で直面する学校適応に関わる様々な課題や子どもたちの学校経験が描かれてきた。例えば、古典とも言えるウィリスの研究（Willis 1977=1996）では、労働者階級の子どもたちが、自らの階級的な背景を資源としながら、教室内で教員たちや優等生たちに対抗しながら反学校文化を形成し、その結果、労働者としてのアイデンティティや男らしさを獲得していく過程を描いている。また日本の先駆的な池田（1985）の研究では、漁村の被差別部落の青年たちの教育体験やライフ・スタイルを記述している。そこでは、青年たちが低学力に留まる実態や、漁村の地域性、青年たちの仲間関係など様々な観点から彼らの生活が描かれているが、彼らもまた積極的には学習に取り組まず、教員の権威性に反抗し、学校の中で「楽しみながら」逸脱行動を行い学校生活を過ごしていた。これらの研究では子どもの階層的背景は、学習態度やルールへの適応など、子どもたちの言動を通じて教室の中に表出することが示されている。そして、教室を統制し日々の指導を行う教員にとってみれば、社会経済的背景の厳しい〈しんどい学校〉は、子どもたちの様々な課題に対応しなければならない環境となる。
2) 日本における階層と教育に関する研究では、日本においても社会階層に起因する教育格差が観察され、その格差の実態は、教育の大衆化など時代による変化がありつつも、現代においても比較的安定的な構造を有していることと整理されている（例えば、近藤 2001、平沢他 2013）。
3) Becker（1952a）では、スラムの学校のような厳しい学校に残る教員は全体の2割程度であること、さらにそうした学校に適応していく過程や、適応後のキャリアに影響を与える環境的要因や行政的要因についても言及している。この点については、後述する。
4) また志水・徳田編（1991：207-10）では兵庫県尼崎市の教員の住居について次のようなことが示されている。すなわち、当時の尼崎では「市の南部」→「市の北部」→「市外」といった地理的な序列が存在し、保護者と同様に教員もそうした序列に従って自らの住居を選択する傾向があり、管理職はその傾向がより強いと言う。これは Becker（1952b）の指摘する教員の階層的志向性を示す貴重なデータであると言える。
5) 赤星（2017）によれば、州ごとの教員免許の資格認定は、州教育局による認定の他に、教育機関（「教育者養成資格認定協議会」（Council for the Accreditation of Educator Preparation：CAEP））による資格認定も行われている（赤星 2017：134）。また、州の権限の強いアメリカであるが、教育人事行政の主な部分（募集、採用、配置、研修、昇格など）は地方学区（教育委員会）の所管となっている。一般的には、各地方学区が公募をし、教員志望者はその学区の公募に応募する（赤星 2017：136）。
6) TALIS 2013 の調査設計やその詳細については第3章で述べる。
7) TALIS 2013 の調査では公立と私立、その他の学校の教員が対象とされているが、日本・

アメリカ・参加国全体の、公立・私立・その他の割合は下記の通り。

	日本	アメリカ	参加国全体
女性の割合	39%	64%	68%
平均年齢	42歳	42歳	43歳
学歴	大卒以上 96%	大卒以上 99%	大卒以上 91%
勤務形態	96%が常勤 80%が終身雇用	96%が常勤 67%が終身雇用	82%が常勤 83%が終身雇用
平均勤続年数	17年	14年	16年
公立私立	国公立 90% 私立 10%	公立 64% 私立 17% その他 19%	国公立 82% 私立 19%
勤務校での勤務年数	4.4年	8.7年	8.6年

8) こうした人事に関わる学校の裁量権の違いについて、TALISでは次のように報告されている。裁量権の国ごとの違いは「公立学校と私立学校の割合の違いや、教育制度や文化の違いが大きく影響している。特に日本においては、国が学習指導要領を定めるとともに、公立学校では、県費負担教職員制度が採用され、給与水準の確保や広域人事による教職員の適正を図っているなど、教育委員会に人事や給与の決定権、教科書の採用権限が留保されており、これにより教育機会の確保や教育水準の維持向上が図られていることが背景として考えられる」(国立教育政策研究所編 2014：74)。

9) 川上 (2013) によれば、日本における教員の人事制度は、役割分担の形式によって3つのタイプがあり、1つは都道府県教育委員会が人事の情報や調整を主導する「本庁型」、今1つは市町村教育委員会が人事の運用を主導し、都道府県教委の関与が少ない「市町村型」、そして都道府県教委の出先機関（教育事務所）が主導する「中間型」である（川上 2013：75）。どの類型になるかは、自治体の事務能力（職員数）がどこに集中しているか、あるいは広域人事の範囲や方針によって異なる（川上 2013：144-6）。また人事（異動）に関わる事務手続き業務は、意向情報の収集と集約、意向の調整などがあげられる。

10) ここでの「校区の社会経済的な背景」(SES) とは、自身が教えている学級の「社会経済的に困難な家庭環境にある生徒の割合を推定してください」という質問である。ワーディングや回答分布については、第3章で詳述している。

11) 社会階層 (social stratification) とは社会学の分野で用いられる概念であり、「現象的には、ある基準（例えば、富や権力の有無など）をもとにした場合にみられる集団の上下関係を示すもの」であり、「全体社会において社会的資源並びにその獲得機会が人々の間に不平等に分配されている状態を示す整序概念」である（小島 1986：379）。葛藤理論などを背景として、集団間の対立を前提とする「階級 (Class)」とは区別して、地位の序列構造を操作的に把握する概念として（中村 2018）、伝統的には、職業や、年収、所

有財などの経済的資源、学歴や資格などの文化的資源などによって階層が捉えられてきた（荒巻 2016、尾嶋 2018）。本書では、家庭の経済的な豊かさや保護者の学歴によって層化される集団を社会階層という言葉を用いて表現している。また、SES は校区の社会階層の状態を表すものとして使用している。

第 1 部　本書の分析射程
―先行研究の検討と調査概要

　第 1 部では、これまでの先行研究で明らかになっていることを整理し、本書における分析の射程を示すとともに、〈しんどい学校〉の教員文化や教員の適応キャリアを捉える分析枠組みを提示する。加えて、本書が対象とする教員のインタビューデータの詳細や調査の概要を示していく。
　教育社会学、および教育学領域の教員研究[1]を中心に先行研究を概観すると、「学校環境」「教員文化」「社会化」「キャリア問題」の 4 つの研究群に整理することができる。そして、図表 1-1 が先行研究から導きだされた本書の研究枠組みである。

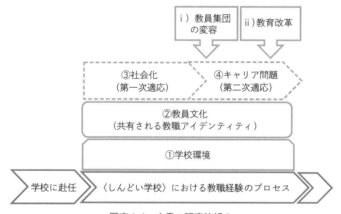

図表 1-1　本書の研究枠組み

　本書の全体像を概観すると次のようになる。まず教員の適応キャリアを検討する上では、第一に教員の働く「学校環境」の特徴を吟味する。学校環境とは、子どもや保護者、組織の在り方など、教員が仕事をする職場環境や、学校の中で求められる仕事の中身や教員の役割を指している。〈しんどい学校〉の学校環境がいかなる特徴を有するのか、まずその実態を把握する必要がある。
　第二に、〈しんどい学校〉の学校環境に適応した教員たちがどのような行動様式や志向性＝「教員文化」を身につけるのか、その内実を把握する。本書では教員のアイデンティティという視点から〈しんどい学校〉の教員文化の特徴を把握

し、特徴を描写する。

　第三に問われるのが、〈しんどい学校〉に赴任しその学校環境に適応[2]していく「社会化」プロセスである。これは教員の水平キャリアと密接に関わる問題であり、本書でも中核的なパートとして位置づけられるものである。本書では、教員が〈しんどい学校〉に赴任し、教員文化を身につけていく過程を検討し、適応キャリアの教員の職業的社会化の特徴を見出していく。

　第四が、〈しんどい学校〉に適応した後の教員のキャリアの動態に関わる問題である。〈しんどい学校〉に適応した後も、教員は様々な環境の変化の中で、自らのキャリアにゆらぎや危機が生じ、その変化に対応しなくてはならない。これは職業的社会化で扱う過程が第一次適応とすると、第二次適応として位置づけられる問題である。適応キャリアを辿る教員たちは、環境の変化の中でどのようなキャリアの選択をしていくのか。本書では教員集団の変容と教育改革という2つの事例から教員のキャリアの動態を検討する。

　第1章では、これらの研究領域を念頭におきながら、これまで明らかになっている知見をより詳細に検討し、本書の分析課題を整理する。加えて、第2章では、本書で用いるデータの概要を説明しながら、本書の扱う分析射程を提示する。

（注）

1) 教育社会学、教育学、教師教育学の分野では、学校の教員を指す言葉として、「教員」と「教師」がしばしば多様に用いられているが、本書では「教員」という用語を用いる。久冨編（1994：3）で言及されているように、「教師」は学校制度を離れた師弟関係にも用いられるため、必ずしも学校の教師のみを指し示す言葉ではないが、「教員」は学校教育、あるいは学校制度の中で従事する職員としての教員を指し示す言葉であるからというのが理由である。ただし、インタビューの語りの中で「教師」という用語が用いられている場合は原文のまま用いている。また教員の力量形成や養成を表す「教師教育」については、「教員教育」という言葉は一般的に用いられていないため、教師教育という用語を用いている。

2) 一般的に社会学では、「適応」（adaptation, adjustment）を「個体またはシステムが環境条件の変化に対応して自らの行動や構造を変化させて、自己を存続あるいは発展させること」（今田　1993：1033）と定義されており、社会学では主として、パーソナリティとしての個人の適応と集団ないし社会の適応との2つが問題とされている。教員研究では「適応」という用語が用いられることはあまりなく、類似の概念としては「社会化」という用語が一般的に用いられる。しかし、教員が特定の学校環境に参入していく過程を主題とする本書では、「適応」という用語のほうが教員の主観や主体性を表現する上でも有効であると判断し、本書では社会化とは別に適応という概念を、上記の定義に従いながら感受概念として用いている。

第1章　先行研究の検討と分析課題の設定

1. 学校環境－教員の仕事に関する研究

　教員のキャリアを考察する上で、まず分析の射程に入れるべきは、教員の働く学校環境である。教員が学校でどのような仕事を求められ、いかなる職業的な課題に直面するのか。教員のキャリアはこうした職務上の諸課題と関連して展開されるため、まずは教員の仕事の基本的特性を把握する必要がある。こうしたテーマは、教員の仕事（ワーク）研究に見出すことができる。

　教員の仕事（ワーク）研究については、それらを整理した油布編（2009）や永井・古賀編（2000）などが代表的なものとしてあげられる。教員の仕事といっても、その範囲は広域にわたるため（油布編 2009：6）、ここでは本書の関心に関わるものを中心に整理していく。

　教育社会学の領域において、教員の仕事の中核と位置づけられてきたのが、教員－生徒関係、すなわち学級の統制に関わるものである（Waller 1932=1957、長谷川 1994：21-39、長谷川 2008、永井 2000：167-184 など）。社会学的な教員研究の古典となっている Waller（1932=1957）の研究が示すように、先行研究では教員と子どもの関係は対立的なものとして捉えられてきた。教員は1人で大勢の子どもを集団として統制しつつ（久冨 2008：21）、学校知識を教室という空間と限られた時間の中で「大量生産的」に伝達することが求められる（Waller 1932=1957：443）。こうした学級の中での教授行為には、「不確定性（Uncertainties）」（Lortie 1975：134-161）の問題が含まれて

いる。不確定性とは、学校現場では教育方法の科学的技術が未発達なため、子どもや学級の状態、教授者によってその教育行為の成果が不確定な状態になりやすいことを示す。こうした不確定性は「教えること」に付随する教員の職業的な特徴であり、そのことが教員－生徒関係をより不安定なものにしている。こうした教員の仕事の特性は、学校の制度や学校組織の構造によって条件づけられており、日本と海外で共通していることが指摘されてきた（長谷川 1994、2008）。

　こうした教員の仕事の一般的特徴に加えて、日本特有の仕事の特性も存在する。多くの研究が指摘するのは、「指導の文化」（酒井 1999、志水 2002）、「無限定性」（久冨編 1994）、「無境界性」（佐藤 1996）、「活動の複線性・重層性」（藤田ら 1995）、「教員の文化的役割」（Fukuzawa & Le Tendre 2001=2006）といった、日本の教員の広域的な職務のあり方である。志水（2002）は学校では様々な活動に教育的な意味づけが与えられ、それらは「指導」という形で教員の仕事となっていることを述べている。同様に酒井（1999）は、信頼などの人間関係を重視する風土も重なり、日本の教員は生活・生徒指導をより求められる傾向にあると指摘している。また Fukuzawa & Le Tendre（2001=2006）も同様に、日本の教員は学級を「家族的社会」として形成し、子どものしつけや情緒的結びつきなどを担う役割が要請されると言う。こうした日本特有の教員の仕事特性から、海外と比べて日本の教員の労働時間が顕著に長いことが明らかにされている（国立教育政策研究所編 2014）。多くの研究で、日本の教員が海外と比べてより広範囲な職務や教員役割を要請されていること、さらにそれは学校に対する社会からの様々な期待が反映された結果であることが指摘されている（例えば、油布 1999：138-57）。

　以上のように、「教員－生徒関係」「指導の文化と広域的な役割期待」が、日本の教員に求められる基本的な仕事として整理されるが、こうした一連の研究からは、教員に求められる仕事、言い換えるなら教員の働く学校環境は、全ての学校で同一のものとして捉えられてきた。しかしながら、学校環境を同一のものとして捉えた場合、教員の仕事の多様性や Becker の指摘する水平キャリアの問題を検討することは難しくなる。

こうした学校環境の差異を考える上で有益なのが、校区の社会経済的背景の違いに注目することである。社会階層と学校教育の関連については教育社会学の分野で研究が蓄積されており、これまで社会階層によって子どもの学校適応や教育達成が異なることが指摘されてきた。こうした社会階層の問題と教員の仕事の問題を関連づけて捉えたのが、先にあげた Becker（1952b）である。Becker は子どもの社会階層の違いによって、学級内で教員の直面する課題が異なることを次のように指摘している。

教員たちは3つの観点、すなわち「ティーチング」（授業での知識の伝達）、「規律」（教室内の秩序統制）、「道徳的許容（moral acceptability）」（子どもたちの振る舞いや気質）から子どもに関わる職務上の課題を捉えている。こうした課題が表出するかどうかは、教員が関わる子どもの社会階層によって異なっており、教員たちの理解では、下位グループ、例えばスラムの子どもたちは、教えるのが難しく、統制も効きづらい。また時に暴力を伴う逸脱行為が起こる場合もあり、体の清潔さや性に関わる振る舞いも許容できない場合も多い。一方、上位グループは、学習の要領が良く教えやすいが、幾分甘やかされているため統制が難しい場合も少なくなく、目上の人への敬意を欠くケースも見られる。ミドルグループは、学習がそこまで早いわけではないが努力型で、統制も非常にしやすく、モラルも受け入れやすい子どもが多いと言う。

こうした整理から Becker は、職業一般に生じる「クライアント問題」（Becker 1952b : 98）、すなわち、サービスを受ける側と行う側の社会階層が異なる際に生じる要求や期待の不一致が、教員世界にも教員－生徒・保護者の問題としてあてはまることを指摘した。

上記の Becker の研究が示唆するのは、校区の社会経済的背景の違いによって生じる、教員の職務上の課題や求められる仕事の中身、すなわち学校環境の差異である。日本ではこうした視点で教員の学校環境が吟味されることは少ないものの、例外的に、伊佐（2010）や Matsuoka（2015）の研究が校区の社会経済的背景と教員の仕事の関係性を検討している。

伊佐（2010）が検討したのは、校区の社会経済的背景と教員の指導スタイ

ルの関係である。ワーキングクラスが多い「南中」とミドルクラスが多い「北中」の2つの中学校を対象にその学校文化が比較され、「南中」では、生活習慣や学習習慣が未定着な生徒が多いものの、一方、彼らは人懐っこく正直な性格も有する。保護者は勉強への関心が低く放任的であるが、学校への要求もあまりない。対照的に「北中」では、基本的に生徒は教員に対して「冷めた」態度を取りやすく、教員と交渉するような姿勢をみせる。また保護者も教育への関心が高いため、その分、学校へ説明責任を求めることも少なくない。伊佐は、こうした保護者の社会階層を背景とする子どもや保護者の意識や行動の違いから、教員たちはその学校に適した指導の形態を採用しており、「南中」では教員が生徒とぶつかりながら「情でつながる」指導スタイルを、対照的に「北中」では生徒と一定の距離を取りながら制度的役割を活用して統制を図る指導スタイルを展開していると指摘する。

　またMatsuoka（2015）では、TALIS 2013のデータを用いて、校区の社会経済的背景によって教員の職業満足度がいかに異なるか吟味されている。その結果、社会階層「低」の学校の教員は「高」の教員と比べて職業満足度が低いこと、そして、その背景として「低」の学校では生徒の問題行動が多く、指導上の困難を抱えやすいことや、こうした学校環境から教育成果が見えにくいため、自己効用感も得られにくいことが指摘されている。

　以上のような研究から示唆されるのは、〈しんどい学校〉の教員たちの社会化やキャリアの問題を考える上では、まず彼らが働く学校環境を吟味する必要があるが、その際に校区の社会経済的背景の影響を加味して、教員の学校環境の差異を捉えることの重要性である。ここで検討した先行研究が示すように、〈しんどい学校〉の教員たちは、一般的な教員の仕事とは異なる課題や問題を抱えているかもしれない。Becker、伊佐、Matsuokaの研究からは〈しんどい学校〉では、他の社会経済的背景の校区と比べて、教員－生徒関係により課題を抱えやすいことが予想されるが、現状ではこうした問題を扱った実証的な研究は非常に限定的なものに留まっている。求められる仕事の内容や教員が直面する課題のバリエーションの有無など不明な点も多く残っており、さらなる検討が必要である。

2. 教員文化

　教員は赴任した学校環境に適応し、その後のキャリアを重ねながら、その職業文化に染まっていく。その教員世界に特有の職業文化を教員文化とし、「教職に特有の行動（思考・信念・感情）様式」（永井 1986 : 224）の特徴を明らかにする研究として、教員文化論がある。こうした文化的特徴については、次にみる社会化研究でも検討されてきたものの、社会化研究では入職時の社会化のプロセスにより重点が置かれており、教員役割や規範など内面化する文化の射程はやや限定的であるのに対して、教員文化論ではより広域の日本の教員に特有の意識や行動の文化的特徴が吟味されてきた（稲垣・久冨編 1994、久冨編 1988、1994、2003、2008、山田・長谷川 2010 など[1]）。

　〈しんどい学校〉の教員も、広くみれば「日本の教員」に位置づけられ、日本の教員文化を共有しているものと想定されるが、ここでは一般的な日本の教員文化の特徴を吟味しつつ、教員文化の多層性、すなわち〈しんどい学校〉特有の教員文化が想定しうるかを検討していきたい。以下では、日本の教員文化論を中心にその知見を整理していく。

　教員文化に関する研究では、伝統的には「師範タイプ」「教師タイプ」など、融通のなさや「偽善性」といった教員特有のパーソナリティや、組織の中で相互の干渉を自重し（田中 1975、久冨編 1988）、同僚との協調を重視する集団主義的傾向が指摘されてきた（永井 1986 : 224-5）。その後、海外との比較からより多面的な検討が加えられ、日本特有の文化的特性が検討されてきた。その中で、英国や米国と比較して、日本の教員の無限定的な職務と多忙さ、全人的な指導観、生徒集団への働きかけ、といった日本における教員の仕事のあり方や彼らの志向性の特徴（対照的に欧米では、教科の専門性や自律性の重視、教科や認知面を重視する指導観、子ども個々への働きかけ）が指摘されてきた（ナンシー佐藤 1994 : 125-39、伊藤 1994 : 140-55、松平 1994 : 157-76、Shimahara & Sakai 1995、志水 2002 など）。

　久冨らの一連の研究は、こうした文化的特性が観察される相互の関連性や

その構造など、教員文化の総体の解明に取り組んだものである。彼らの研究では、一連の教員文化は、「不確定性」(Lortie 1975)や「関係課題」(Hargreaves D.H. 1980)[2]といった教職に付随する職業的課題を乗り越えるために醸成してきたものと位置づけられている。そうした考察から「献身的教師像」「求心的関係構造」「二元化戦略」などの教員文化の日本的特性が示されてきた（久冨 1998、久冨編 2003、2008、山田・長谷川 2010)[3]。

他方で、こうした教員文化を規定する社会の中の教員言説に着目する研究も展開されている（油布 1999、山田 2010、伊勢本 2018）。山田（2010）は、無限定的な働き方や全人的な指導観を支える言説としてメディアで流布されている「熱血教師像」の存在を指摘し、また油布（1999：138-157）は新聞の教員言説を検討し、教員の管理責任を問うまなざしが時代の中で変化し、その社会状況によって、求められる教員役割が異なることを指摘している。

以上のように、日本の教員文化研究では、様々な角度から日本の教員の特徴が吟味され、これらの知見は教員の内側の世界を明らかにするとともに、学校組織や既存の学校文化が在立するメカニズムを説明する一要素として教員文化の特性が示されてきた。

しかしながら、日本の教員文化を「一枚岩的」に観察する視点では、十分に説明できない問題も残っている。その1つに、子どもの社会階層に関わる指導観（まなざし）をめぐる問題がある。そこでは、「形式的平等観」と「生活背景の積極的な理解」という異なる教員像が示されており、教員の言動や志向性の違いといった教員世界内部の差異の問題が示唆されている[4]。

まずは一般的な教員文化の特徴として「形式的平等観」についてみてみよう。日本の教員の社会階層へのまなざしを論じたものとして苅谷（1995、2001）の研究がある。苅谷は、1950～60年代の日教組の教育研究集会記録を通じて、学校教育の中で子どもの社会階層がいかに理解されているか検討し、子どもの言動を階層的なものと結びつけて語ることは「差別的」であると捉え、子どもに対する画一的な指導を「平等」とみなす形式的平等観が日本の教員世界に根づいていることを指摘している。苅谷によれば、1950年代は日本社会においても貧困という階層問題が顕在化しており、教育問題の

中でも貧困と子どもの学習の関連が議論されていた。しかし、高度経済成長を経て貧困問題が見えにくくなり、また他方で日本社会が「大衆教育社会」を迎えていくことで、次第に「階層と教育」の問題への社会的関心も低くなっていった。こうした過程で、学校教育の中では子どもを「差異的に処遇すること」が「差別的」だと結びつけられ、子どもを階層的な視点で見ることも忌避されていったと言う。

　教員の階層へのまなざしとして、「形式的平等観」は日本の社会構造の中で形成されてきた教員文化の特徴の1つとして位置づけることができる。そして現代においても、ニューカマーや貧困の子どもといった社会的マイノリティへの学校経験を扱った研究の中で、この教員の形式的平等観が観察されている。ニューカマーの子どもの学校経験を検討した志水・清水編（2001）では、教室の中で教員たちはニューカマーの子どもたちを排除しない一方で「特別扱いしない」姿勢も見られ、子どもたちは形式的には平等な扱いがなされるが、特別な支援もまた忌避されやすいことが指摘されている。また、盛満（2011）では貧困の子どもに対する教員のまなざしが検討されており、教員による貧困の子どもへの表面的な配慮と貧困の不可視化が日常的な活動の中で進行していく学校現場を観察している。加えて山田（2016）も、教員の責任意識が整理され、基礎学力や受験学力の定着と比べて貧困の子どもへの特別な配慮は責任が軽いものとして認識されていることが示されている（山田 2016：130-2）。一連の研究は、教員の社会階層へのまなざしとして「形式的平等観」という文化が、日本の教員世界に根づいていることを表している[5]。

　また「形式的平等観」とはやや異なるものの、久冨編（1993）や長谷川編（2014）では、低所得者集住地域の学校において、教員たちが社会的不利層の子どもたちに対して否定的なラベリングを行ったり（久冨編 1993）、家庭背景の厳しさを把握しつつも、彼らに「素朴」「素直」といった別のラベルを貼ったりすることで階層的なハンディキャップを上書きし、その結果彼らへの支援が限定的なものに留まる実態を指摘している（長谷川編 2014）。これらの研究においても、積極的に階層的背景を把握しようとしない点におい

ては、「形式的平等観」と重なる特徴が見出せる。

　一方で、こうした特徴とは異なり、「家庭背景の積極的な把握」を志向する教員の存在も報告されている。例えば、社会的に不利な立場の子どもたちの学力保障を達成している学校を扱った「効果のある学校」研究はその代表である（鍋島 2003、志水 2003、志水編 2009、西田 2012、若槻 2015）。それらの学校では、同和・人権教育[6]の実践から引き継がれた社会的マイノリティの教育保障が志向されており、家庭訪問などを通じて子どもの家庭の実態を把握しながら、学校では子どもたちの生活背景を考慮しつつ、学級活動や班の編成、子どもたちが互いに教え合う学習形態や習熟度別の学習などに取り組む教員の姿が描かれている。彼らの指導観は、先の苅谷が指摘したものとは非常に対照的であり、社会的マイノリティの存在や子どもの教育格差の問題に意識的である点に特徴がある。

　上記の研究では主に学校の実践や取り組みが中心的に描かれているものの、一連の研究では、教員たちにとって子どもの家庭背景や生活実態を知ること、すなわち子どもの社会階層を考慮することが積極的に意味づけられている。こうした知見からは、日本的な「形式的平等観」とは異なる教員文化の一側面を見出すことができる。

　以上のように、教員文化論の従来の研究では海外と比較した際の日本の教員の一般的な特徴が見出されてきた。しかしながら、近年の研究をみると日本の教員世界の中にも様々な志向性があることがわかる。特に、社会階層へのまなざしといった指導観の中に、教員世界の多層性を見出すことできる。

　本書は、〈しんどい学校〉の教員たちに焦点をあてるが、教員文化論からは、〈しんどい学校〉の教員がどのような教員文化を有しているのか、それは一般的な教員文化と同様のものとして捉えられるものなのか、という問いが浮かび上がる。

　参考になるのが、H. Becker（1963=2011）による職業文化の観察である。Becker はダンスミュージシャンの文化の形成を検討し、聴衆・客（スクウェア）との関係から、ミュージシャンたちに生じる諸問題が、彼らに独特の解釈コードやパースペクティブを与え、その結果共有された行動様式がダンス

ミュージシャンの文化を形成していると指摘している。そうした理解から「文化というものは基本的には一群の人々が共通の問題に直面し、しかも互いに効果的に相互作用とコミュニケーションを行っているかぎり、その共通問題に照応して生ずるものである」（Becker 1963=2011：78）と論じている[7]。

こうした視点から捉えると、前節で整理したように〈しんどい学校〉と一般的な学校とでは異なる学校環境が予想され、教員たちに経験される共通問題が異なれば、異なるパースペクティブが形成され、共有される文化にも差異が生じていくと考えられる。

3. 教員の社会化

次に分析の視野に入れるべきは、〈しんどい学校〉に赴任してから、学校に適応するまでのプロセスの問題である。〈しんどい学校〉の教員は、赴任後、その学校の学校環境に適応しながら自らのキャリアを形成していく。彼らが〈しんどい学校〉に適応し、その学校に特有の教員文化を身につけていくとすれば、そのプロセスはいかなるものなのか。

こうした職場への適応に関わる問題は、従来、教員の社会化研究の中で展開されてきた。教員の社会化研究では、教員の社会化は「教員養成以前」「教員養成段階」「入職後」の3つの段階に整理できること（Zeichner & Gore 1989）、また、教員の意識や行動の形成過程を理解するには教員自身の経験だけでなく、教員が実践を行う構造的な条件に目を向ける必要性が指摘されてきた（Jordell 1987）。

以下では、教員の社会化のうち、入職前の社会化を「予期的社会化」、入職後の社会化を「職業的社会化」と区別し、日本の研究を中心にその知見を整理していく。

3-1　予期的社会化

　「予期的社会化」研究では、まず教職を選択する学生の特徴が様々に検討されてきた（伊藤 1979、耳塚他 1988）。太田（2008、2010）では、教職を志望する学生は、「やりがい」「教員との出会い」などを志望動機にあげる学生が多いこと、また出身階層はホワイトカラー層や近親者に教員がいる場合が多く、家庭において教育的な関わりを受けてきた層であること、さらに大学進学や就職を地元志向で選んでいることなどが整理されている。また学校体験としては、学級の中でリーダー的役割を担ってきた向学校文化的な学生ほど、その中で教職への適性を実感し、教職を選択しやすいという（紅林・川村 1999、太田 2012）。

　次に教員養成段階の社会化では、主に教職志望度合いの変化について検討したものが多い。先行研究では、学生の教職志望度の変化やそのパターンが明らかにされており、教職志望度が 2 学年次に一度減退する傾向があることや（今津 1979）、また 3 学年次の教育実習は教職を目指す学生に大きな転機となっており（紅林・川村 2001）、教職を志望する学生と諦める学生に分かれるのもその時期である（姫野 2013）。

　他方で、学生の教職観や指導観については、教職を強く志望する学生ほど、「児童・生徒中心志向」（他には専門職志向、民主的活動中心志向）が強いこと（山野井 1979）や、同じく教職志望度が高い学生ほど、教職に必要なスキルとして対人関係を重視する傾向にある（姫野 2013）。また、大学の 4 年間を通じて、学生たちは教員としての使命感や責任感を高め、基礎的な技術を獲得したと感じる一方、政治的な事柄に対する関心は減退していく傾向があることも指摘されている（中村他 2017）。

　以上のように、予期的社会化研究では、教職を志望する学生の特徴や大学時の教職志望学生の特徴とその変化が吟味されてきた。これらの知見からは、教員になる学生の一般的な特性を抽出することができる。すなわち、教職を選ぶ学生は、ミドルクラス的で家庭の文化資本が比較的高く、さらに学級内で中心的な位置にいる学生であり、向学校的な価値観をより内面化した

学生である。またそうした学生は同時に、学級担任の影響も受けやすく、教職を将来の職業やモデルとして選択しやすい。大学生活の中で、そうした層の中からさらに教職志望度合いが高い学生が選抜され、その学生たちは脱政治的で児童生徒中心的な教職観、あるいは対人スキルを重視する指導観を獲得していく。

しかしながら、こうした傾向は「一般的な」教職志望学生の特徴であるため、後の職業的社会化の分化のプロセスについては不明な点が多い。本書の関心から言えば、どのような学生が〈しんどい学校〉に適応的なのか、あるいは離脱しやすいのか、こうした〈しんどい学校〉に赴任した際のキャリアの分化については、十分に説明することはできない。教職志望度が低い学生が〈しんどい学校〉に適応しにくいというのは非常に一面的な理解だろう。そのためには、〈しんどい学校〉の教員の学校体験や大学体験を吟味し、上記に整理したような一般的な特徴と違いがあるか否か、を検討することが必要だろう。

3-2　職業的社会化

次に、入職後の社会化の過程、すなわち職業的社会化の知見をみてみよう。職業的社会化については、予期的社会化と比べて実証的な研究は多いわけではないが（伊藤 1979、耳塚他 1988）、いくつかの研究からは、教職志望学生から「教員」になる、教職への適応プロセスをみてとることができる。職業的社会化とは、「人々がさまざまな職業に固有の価値・態度や知識・技能を、職業につく前に、あるいは職業につくことにより内面化していく累積的な過程」（岩木 1993：753-4）と定義されており、主に入職後の新人教員が教職に求められる役割や行動様式を身につけていく過程が、実証的なデータをもとに検討されてきた（Zeichner & Gore 1989）。

先行研究では、教員の職業的社会化過程の一般的な特徴として次のような事柄が指摘されてきた。すなわち、教員たちは入職すると、教員養成段階で獲得した知識や理論よりも、現場での実践的知識を重視しはじめ、前者の知

識は後景に退いていくが（Zeichner & Gore 1989）、その過程において重要なアクターとなるのは同僚教員の存在であり、「雑談」や「見習い」など同僚との「徒弟制」に類した相互行為の中で、教員は新たな知識や役割を獲得していくという（Shimahara & Sakai 1995、山﨑 2012）。

　教員の職業的社会化にとって同僚の存在が重要なことは様々な知見が示しているが、その社会化過程は2つの異なるアプローチに見出されている（酒井・島原 1991）。これは新人教員がどのように、職業内の知識や技術を習得していくかという、プロセスに関わる問題である。

　第一は、シンボリック相互作用論を理論的背景としたアプローチであり、教員の主観や主体性を重視し、彼らが経験する葛藤や問題に対処するストラテジーに注目する（Lacey 1977、田中 1975、田中・蓮尾 1985）。このアプローチでは、教員が直面する困難や葛藤と対処戦略、これらの一連の過程の中で、必要な知識や技術が身につけられ、社会化が進行すると捉える。ここではこの社会化を「ストラテジーモデル」としておこう。

　例えば、田中（1975）の新任教員の社会化過程を描いた先駆的なものはこれにあたる。そこでは小・中学校の入職3・4年目の教員42名へのインタビュー調査から、新任教員の入職時以降の経験を整理し、次のような結果が示されている。まず、入職時は教員の役割が「授業をすること」に限定されているが、「集団を統制する」という異なる役割に直面し「現場ショック」（田中 1975：143）を経験する。また、保護者対応も教員の役割として改めて認識し、学年の共同歩調という規範や学級担任制に基づく同僚間の相互不干渉性など、学校組織の一員としての役割の中で葛藤も経験する。こうした中で、特に子どもや保護者との関係については、同僚（同学年）の実践を参考にしながら新任教員は教員役割を身につけていく。

　こうした結果から、入職前に想定していた教員イメージから、学校組織の中で期待される様々な役割を遂行していく中で、教員イメージを再構築し、職業的一体化を高めていく過程が、新任教員における職業的社会化の本質であると論じている（田中 1975：148）。田中の研究では、主に教員の役割の葛藤と役割の再構成を中心に教員の職業的社会化過程が描かれており、続く中

年期教員の扱った研究（田中・蓮尾 1985）でも、管理職や同僚、さらには家庭との間の役割葛藤が続いていることが示されている。

　一方ストラテジーモデルの社会化とは異なる第二のアプローチも展開されている。それは、知識社会学的なアプローチである（酒井・島原 1991、Shimahara & Sakai 1995）。この立場では、教員のものの見方そのものが、同僚間の相互作用の中で構築され、自明のものとして習得される過程に注目する。そこには葛藤や困難が大きく経験されなくても、伝達される知識や実践があることや、当事者間で共有されている文化の内実が強調される。

　こうした視点で、国際的な比較から職業的社会化の日本的特徴に迫った研究に、島原と酒井による研究がある（酒井・島原 1991、Shimahara & Sakai 1995、Shimahara 1998）。日本と米国における小学校の新任教員の事例を検討した結果（Shimahara & Sakai 1995）、教授方法に関する学問的な知識よりも、学校現場で根づいている実践知のほうが優先的に学習されることは両国に共通しているものの、次のような相違点もみられた。

　すなわち、初任時に教員たちが授業を行う際の参照対象が両国では異なっており、米国では自らの体験や生活史をより重視しているのに対して、日本では同僚教員の存在が大きいと言う。この背景には、学校での子どもの教育活動の違い（米国は授業中心、日本は授業以外の包括的な学校の行事）や、同僚性の違い（米国は個人主義的、交流の機会が限定的、日本は相互依存的、協働的）などの文化の差異がある[8]。日本では、同僚の授業を観察したり、職員室や研究会などで指導を受けたりする機会が多く（Shimahara 1998）、同僚との「雑談」、あるいは「見習い」を通じて職業的社会化は進んでいく。しかし、その社会化は同時に、伝統的な一斉授業の授業形態や、情緒的な関係を軸とする指導の文化などを、自明のものとして無批判に受容していく過程でもある（酒井・島原 1991）。以上のように、島原と酒井は、先の田中の研究と比較すると、日本の集団主義的な文化と機能主義的な側面を強調する点に違いがある。

　本書の関心に即してみれば、後述するように、対象の学校では校区の社会経済的背景に即した特徴的な実践が展開されている。その学校に赴任してき

た教員はそこでの実践を、自明のものとして受動的に採用していくのか否かが問われることになる。知識社会学的なアプローチからは、そこでの実践が同僚との相互行為の中で自明的に受容されていくとみるが、シンボリック相互作用論の見方からは、教員の直面する困難や葛藤といった構造的な制約に対処するストラテジーとしてその学校の実践が解釈・採用され、社会化が進行していく。

　本書では社会経済的背景の厳しい学校において、教員たちが経験する社会化の過程がどのような特徴を有しているのか、この2つのアプローチと比較しながらその内実を吟味していく。

3-3　困難校の職業的社会化

　一部の先行研究では、「教育困難校」や社会経済的背景の厳しい学校における職業的社会化を検討したものがある。これらの研究は本書と最も近い先行研究と言える。

　まずは神村（2014）の校区の社会経済的背景が教員の役割認識に与える効果を検証した研究がある。調査は、関西地区の小中学校教員への質問紙調査から教員の役割認識が吟味され、その結果、「子どもの生活背景に高い関心」をもち、「人間関係づくりを重視」する教員役割が抽出されること、さらにこうした教員役割は校区の社会経済的背景が厳しい学校の初任者ほど獲得されやすいことを指摘している。

　しかし著者自身が課題としているが、その役割形成の過程やそこでの教員の教職経験の内実については不明なままである（神村 2014：253）。ここまでの知見を踏まえれば、社会経済的背景の厳しい学校においては、他校への異動を選択することも十分あり得るだろう。いずれにしても、この研究は学校環境の差異に注目し、教員の職業的社会化が異なることを示唆する貴重な研究である。

　次に今津（1996：251-307）は、被差別部落を有する小学校の学校組織文化の形成や変遷を記述した研究である。対象は東海地方の市立小学校で、著者

は4年間、校内研修を中心に参与観察、研修の助言役として関わり、教員への聞き取り調査や学校の資料を用いながら、学校組織文化の変容や変遷を記述している。その学校の歴史は、「部落問題タブーの時代」「同和教育を目指す移行期」「同和教育の基盤づくり」「同和教育の発展」と変遷があること、創世期には、大阪で同和教育を実践してきた教員が学校に赴任し、若手教員の同意者が集まることで同和教育の実践が花開いたことが記されている。加えて、管理職のサポートや、地域の予想に反する容認的態度も取り組みを後押ししていたと言う。

また3名の教員の個人史も紹介されており、自身が同和教育の取り組んだことやそこで学んだことが記されている。いずれの教員も、学校に赴任した際の葛藤はそれほどなく、「差別の現実があったから取り組んでいった」というように、全員スムーズな適応がなされている。むしろ、同和教育をすることを地域に説得したり、その責任を果たすことができているか、といった葛藤のほうが強く表現されている。

次に古賀（2001）は、著者自身が教員として働いた経験をもとに、高校の教育困難校における教員の仕事の内実をエスノグラフィックに描いた研究である。事例では、関東の偏差値低位の教育困難校の中で、学習意欲が低く逸脱行動を起こしやすい生徒に指導をする教員の日常が記述されているが、それらの記述から教員の職業的社会化の過程も読み取ることができる。著者自身は、「閉じた教育行為」と呼べる画一的な授業の仕方や（一斉授業、教科書、プリント中心）、ある種「管理的な」生徒指導の方法に当初は戸惑いつつも、同僚や生徒とのやり取りの中で、こうした独特の指導方法がこの学校では正当であると認識していく。生徒もそのコードを共有しており、通常と異なる形式の授業は生徒の逸脱行為につながりやすい。その結果、著者自身もそうだが、教員たちは授業を成立させるために、こうした指導方法を採用していく。事例からは、どちらかと言えば「知識社会学的な」社会化過程を読み取ることができる。

以上のように、先行研究における困難校の社会化過程は、研究が限定的であることもあるが、類似した特徴が見出しにくく、それぞれの学校種や地域

性による特殊性のほうが前面にでている。しかしながら、いくつかの事例からは、これまでの社会化研究とは異なる特徴も見出せる。本書では複数の学校を事例としながら、〈しんどい学校〉に共通する社会化の特徴を見出すこととしたい。

4. 教員のキャリア問題

　職業的社会化では、入職しその職業文化や勤務校の学校環境への適応過程を主に検討の対象としてきたが、一度、職業的社会化を経た後にも、教員の適応に関する問題は生じうる。Becker（1952a）では、教員が特定の学校に適応し、自分の仕事のしやすいポジションに定着していくが、そのポジションやキャリアは外的な要因によって変化に晒され、その結果、教員は他の学校への異動を選択しうることを指摘している。

　Beckerの指摘は、教員の適応問題が、職業的社会化が扱ってきた入職や赴任時に生じる適応の問題（第一次適応）と、その後の外的要因による変化の中でキャリアの変更を迫られる、言わば「第二次適応」とも呼べる問題に区別されることを示唆している。ここでは、職業的社会化とは区別される「第二次適応」に関わる事象を「キャリア問題」とし[9],[10]、〈しんどい学校〉の教員の第一次適応後のキャリアの動態も分析の射程に入れていく。

　まずはBecker（1952a）の研究を軸に、教員のキャリアの変更を迫る要因について先行研究を整理していく。彼は、シカゴの教員を対象に、教員のキャリアの変更を迫る要因について「環境的要因（ecological event）」と「行政的要因（administrative event）」の2つを指摘している（1952a : 475-6）。

　「環境的要因」とは、社会階層を含む学校に在籍する子どもや保護者の特徴の変化を指す。校区の社会経済的背景の変化は、子どもや保護者との関係課題を再び引き起こす場合があり、こうした変化は、初期のキャリアパターンのように、自身にとって適切な学校の選択を教員に再考させるものとなる。

「行政的要因」とは、学校長の学校経営をめぐる問題を指す。これは学校や教員個人の立場によっていくつかパターンがあるが、社会経済的背景が低位の校区の場合、子どもや保護者に対して学校長の言動や振る舞いが軽率であると、その校長の行動が教員たちの学級内の権威づけを低める。その場合、学級内の規律問題が再出し、職場環境が悪化したり、教員の学校からの離職率が高まったりして、さらに職場の環境を悪化させる。ただし、社会経済的背景が中位の学校では校長が権威づけに失敗しても、教員は自身で苦労して手に入れたポジションを手放そうとすることはまれであると言う。

その他にも、校長のあり方が教員のキャリアに影響を与える例として、組織をマネージする力量が欠けているケースがある。教員たちの意見や要望を理解しない、あるいは効果的なリーダーシップを発揮しない場合がこれにあたる。ただし、学校内でより権力をもっているベテランの教員たちは、こうした問題によってキャリアを変えようとは考えないが、そうではない若手の教員たちはこうした問題が異動を考える要素になりやすいと言う。

このように、教職では入職初期の社会化が行われると、その後は安定的なキャリアとなることが想定されていたのに対して、初期の社会化以降においても、教員のキャリアにはゆらぎや危機が存在する。それらを校区の状況や学校経営といった環境的要因や行政的要因と関連づけて検討する必要性が示唆されている。

以下では、教員のキャリアにゆらぎや危機をもたらす要因のうち、Becker が指摘する「環境的要因」「行政的要因」に関わる要因について、日本の状況を鑑みながら該当する先行研究を整理していく。ここでは、環境的要因として「教員集団の変容」、行政的要因として「教育改革」の2つを取り上げていく[11]。

4-1 教員集団の変容

日本における教員世界の変化として近年注目されているのが「教員集団の変容」である（山田・長谷川 2010、油布他 2010）。従来、日本の教員集団

の特徴として、集団主義的な共同文化（相互に助け合い依存し合うが、同調的な圧力もあるため、個人選択が制限されやすい）が指摘されてきた（永井1977、今津2000、久冨編2003）。

しかしながら、近年は教員世界においても、「私事化」（仕事よりもプライベートを優先する）が浸透し（油布1994 : 357-83）、学校組織のピラミッド化が進行した結果、従来の集団主義的・凝集的な同僚性が変容しているという（山田・長谷川2010、油布他2010）。こうした状態を、山田・長谷川（2010）は教員集団の「個別化」の進行、油布他（2010）では、企業的な組織集団への「組織化」の進行とみている。

総じて言えば、それまで形成されてきた集団主義的な同僚性が変容し、新たな同僚関係のあり方が顕在化しつつある状況があると言えよう。その新しい同僚性の形態は議論が分かれているが、個人主義的な同僚性を指摘する研究もあれば（油布1999、山田・長谷川2010）、官僚的、企業的同僚性への変容を指摘する研究もある（油布他2010）。

こうした教員集団の変容の実態検証は別に検証が必要な課題であるが、いずれにしても職場の同僚関係は、その職場へのコミットメントを見出す教員のキャリアと直結する問題である（Becker 1952a、1953）。本書に引きつけて言えば、教員集団の形態が変容する中で、〈しんどい学校〉の教員はどのような葛藤を経験し、その中でキャリアを選択するのか問われる必要がある。

4-2　教育改革

キャリアのゆらぎや危機をもたらす第二の要因として「教育改革」がある。これは先に述べた「行政的要因」と重なる点であるが、その1つとして近年欧米諸国を中心として進行しつつある新自由主義的な教育改革があげられる（Whitty et al. 1998=2000、Hargreaves 2003=2015、志水・鈴木編2012）。国によってその内容の差異はあるものの、その具体的な施策としては、カリキュラムの標準化、学力調査による一元的な教育評価制度の導入、教育成果の公開や学校選択制による学校間の競争などがあげられる。新自由主義的な教育改革

は、こうした一連の施策をもとに学校教育に「疑似」市場を作り出し、成果主義や競争主義といった市場原理によって教育の質を高めようとする政治的な志向性によって特徴づけられる（志水・鈴木編 2012）。

　こうした新自由主義的な教育改革は、教員世界にも影響を及ぼしつつある。先進的な例としては英国の研究の蓄積が多く、サッチャー政権下において実施された改革が教員世界に与えた影響が報告されている。Jeffrey & Woods（1996）やTroman & Woods（2000）では、改革によって教員の自律性や専門性が脅かされ、それらが教員のストレスや教職へのコミットメントの低下につながっていることを、またJeffrey（2002）やTroman（2000）では、成果主義的な言説が教員の社会関係を変容させ、同僚、管理職、行政との「信頼」で結ばれていた関係性が、「管理や監視」の関係性に移行し、それらが教員のストレスとなっていることを指摘している。

　他方でこうした改革に対応しようとする教員の姿も描かれており、例えば、Woods & Jeffrey（2002）は、新自由主義改革が教員に新たな教員役割を要請し、教員たちは自らの信念とする教職アイデンティティとの間に葛藤を抱きながらも、新たな教員役割を状況的、道具的に表現し対応しようとしていると言う。またMoore et al.（2002）は、教育改革に対して、従来指摘されてきた「従属する教員」と「抵抗する教員」とは異なり、「現実主義的（pragmatism）に対応する教員」の存在を明らかにしており、改革の一部に不満をもちつつも、無自覚的に改革を受容し、自らの実践を確かなものにしようとする「原理的な現実主義（principled pragmatism）」と、改革の多くに否定的でありながらも、生き残り戦略として強制的に自らを改革に適応させようとする「不可避の現実主義（contingent pragmatism）」があると言う。

　日本の研究では、こうした改革に関する分析的な研究は非常に限定的であるものの、久冨編（2008）や山田・長谷川（2010）は、こうした問題に取り組んでいる。彼らは、一連の教員を対象とした教育改革によって教員集団が個別化した結果、困難な職務に対して献身的に取り組む旧来の対処戦略とは異なり、そうした職務は割り切って対応する「二元化戦略」を採用し、自身のキャリアを紡いでいると論じる。しかし、改革が教員のキャリアに影響を

もたらす過程やそのメカニズムについてはさらなる検証が必要である。

このように一連の研究では、新自由主義的な改革が、これまでの教員世界の価値や信念と対立し、そこに葛藤を生じさせ、教員のキャリアを大きく変容させる危機をもたらすものとなっていることがわかる。上記で参照した教員たちは、実際に教職から離脱したり、あるいは、自身の教職アイデンティティを「偽装」したりするなど、キャリアの変更を迫られていた。

以上のことから、「教員集団の変容」や「教育改革」は教員のキャリアにゆらぎをもたらす構造的な問題であると考えられる。入職後の教職に適応した後も、教員のキャリアは安定的なものではなく、様々な困難が経験される。特に近年においては、環境的要因に位置づけられる教員集団の変容や、行政的要因に関わる新自由主義的な教育改革が教員世界に及ぼす影響が報告され、それらは教員のキャリアと結びついていることが予想される。

こうした様々な変化の中で〈しんどい学校〉の教員たちはどのようなキャリア問題に直面しているのか。そこには様々な葛藤や対処戦略が展開されていることが予想されるが、彼らが一般とは異なる教員文化を有しているとすれば、教員集団や教育改革に対する反応もまた一様ではないだろう。本書では、〈しんどい学校〉に適応した後のキャリアにも目を向け、彼らの経験する困難や対処戦略を中心に、彼らのキャリアの動態を検討していく。

5. 本書の研究課題

改めて本書の中心的な研究課題を設定すると、それは「〈しんどい学校〉の教員がいかに学校環境に適応して、キャリアを形成していくのか」という問いに集約される。本書では、この研究課題に対して、先行研究の検討を通じて見出された「学校環境」「教員文化」「教員の社会化」「教員のキャリア問題」の4つの観点から、次のような研究課題を定める。

第 1 章　先行研究の検討と分析課題の設定

> 1）〈しんどい学校〉の学校環境にはどのような特徴があるのか
> 　（学校環境）
> 2）〈しんどい学校〉の教員たちはいかなる教職アイデンティティを有するのか（教員文化）
> 3）教員たちは〈しんどい学校〉にどのように適応していくのか（社会化）
> 4）〈しんどい学校〉に適応した教員たちは、その後どのようにキャリアを紡いでいるのか（キャリア問題）

　第一の研究課題として、教員の主観的な世界から見た〈しんどい学校〉の学校環境を描いていく（第 3 章）。先行研究の中では教員の職場環境や労働の実態などが扱われてきているものの、教職という特殊な職業の仕事内容を議論しているものがほとんどである。一方、校区の社会経済的背景に注目した研究では、教員の役割や職場環境の校区ごとの違いが示唆されているが、教員の視点から学校環境の実態を描いたものは限られている。ここでは学校の置かれた文脈を重視し、社会的に不利な立場の子どもが多い学校の職場環境の特徴を教員の視点から整理し、教員たちが日々実践を行っている状況や文脈を理解する。

　第二に、〈しんどい学校〉に働く教員たちの教職アイデンティティの特徴を見出していく（第 4 章）。後述するように、本書の対象者たちは、Becker の描いたような水平キャリアを辿らずに〈しんどい学校〉に適応しコミットメントしながら実践を行う教員たちである。ここでは彼らがどのような教職観や指導観を有しているのかを描いていく。この問いは教員文化論に位置づけられるものであり、先行研究では主に海外と比較した際の日本の教員文化の特徴や、そうした教員文化が形づくられる構造が問題とされてきた。一方、本書では、〈しんどい学校〉という学校環境の中で醸成されてきた彼らの特徴的な教職アイデンティティを、特に子どもの社会階層へのまなざしを中心に検討し、本書が対象としている教員たちの特徴（事例の位置づけ）を

示す。

　第三の研究課題は、いかに〈しんどい学校〉の教員になったのか、教員の社会化のプロセスに関する課題である（第 5 章）。ここでは、対象教員たちが重要だと意味づけている教職経験に注目しながら、〈しんどい学校〉の教員になっていく過程とその要因を吟味していく。この主題は、教員の社会化に関わるものであり、従来の研究では教職という職業への参入過程に注目があてられてきたが、教員全般的な傾向からは、〈しんどい学校〉から離脱する、あるいはコミットメントする差異を上手く説明できていない。ここでは、〈しんどい学校〉に適応していく過程とその背景を明らかにしていく。

　第四は、〈しんどい学校〉への適応後のキャリアの動態に関わる問題である。Becker も指摘しているように、教員のキャリアはその学校に適応した後、必ずしも安定的なものではない（Becker 1952a : 475）。その後も学校や社会の変化の中で、教員たちは様々な危機を経験していく。そのキャリアの危機に対して、〈しんどい学校〉の教員はいかに対処し、自らのキャリアを選択していくのか。日本においては、こうした研究の蓄積が乏しいが、本書では「教員集団の変容」（第 6 章）、「新自由主義的教育改革」（第 7 章）の 2 つの事例から、〈しんどい学校〉の教員が経験するキャリア問題を描いていく。

　なお、本書では〈しんどい学校〉の教員文化の全体像を描くことを目的としている。教員文化とは定義上は、「教職に特有の行動（思考・信念・感情）様式」（永井 1986 : 224）を指すが、本書が目指すのは、「校区の社会経済的背景の厳しい学校の教員に共有された、特有の行動様式」の記述である。こうした関心から、第 4 章で扱う「教職アイデンティティ」が教員文化の中心的な要素として位置づけられるものの、第 3 章の「社会化」や、第 5 章、第 6 章で扱う「キャリア問題」も、〈しんどい学校〉の教員の行動様式に含まれるものとして考えている。また第 3 章の「学校環境」は、図表 1-1 に示されているように、教員文化の様態を特徴づける環境的要素として位置づけている。

第 1 章　先行研究の検討と分析課題の設定

(注)

1) 初期の教員文化の定義として、永井（1986）は、教師文化（教員文化）を「教職に特有の行動（思考・信念・感情）様式」と定義し、その内容として、「教師として必要とされる知識・技術を始めとして、役割・価値・規範、更に教員間の言語、シンボル、観念などきわめて広域な内容が含まれる」としている（永井 1986：224）。
2) Hargreaves D. H.（1980）によれば、教職にはその職業独自の困難性が存在しており、それらを「地位課題」「能力課題」「関係課題」の3つに整理している。「地位課題」とは、教員の経済的・社会的地位に関する課題である。教員は職業上の「権威」が必要なものの、社会からの職業的威信は必ずしも高くない。一方、近代学校制度が大量の教員を必要としたため、希少性が低く、給与も高いとは言えない。「能力課題」とは、Lortie（1975）が「風土病的不確定性」と表すように、子どもを教育するという行為には、それを仕事として捉えた場合、その内容や過程を定め、成果を認識することの難しさが存在する。それは同時に、能力の評価の難しさを表している。「関係課題」とは、文字通り、生徒や保護者あるいは同僚との社会関係の構築や維持に関わるものである。近年では、保護者の学歴が上がっていることから、保護者との関係が問題になることも少なくない。
3)「献身的教師像」とは「教職の不確定性に対し無限定的な熱心さで対処することを良しとする教師像」（山田・長谷川 2010：43）であり、日本の教員はこの教師像に自らを重ねることで教職にやりがいを見出していると言う。献身的教師像のもとでは、無限定的に熱心であることが教員としての自己イメージを保持する1つの要素となるため、「多忙であること」それ自体が教員としてのアイデンティティの確保につながっていると指摘される。一方、「求心的関係構造」とは、「教員集団の内向きの濃密な関係」（山田・長谷川 2010：43）を指し、教員内の関係が強く結びついている一方で、学校外の社会関係は希薄であること、そして、そのことが教員世界の閉鎖性にもつながっているとされている。求心的な関係という「『生真面目さ』が内に『ずさん』を許容し、『熱心さ』が内に『足並みをそろえる』という不文律を生み、『子ども思い』が『パターナリスティックな子ども観』に重なる」（久冨編 2003：6）特徴的な文化が教員集団に形成されており、それが教員を良きにつけ悪しきにつけ、教員を内側から支えていると整理されている（久冨編 2003、山田・長谷川 2010）。また伊勢本（2018）は、献身的教師像が、教員が自己を語る際の資源や制約となっている側面を指摘している。
4) 教員文化の学校間の差異は、久冨編（1994：18-9）によっても指摘されているが、職員室の雰囲気（同僚間の交流や、管理職との関係）の学校間による違いが示されているのみで、十分な検討がされているわけではない。
5) 油布（1985）も、欧米の文献レビューをもとに教員の対生徒認知（何を基準に生徒を評価しているか）について日本の教員の特徴を考察し、欧米では人種や社会階層による認知枠組みが教員に意識されているのに対して、当時の日本ではそうしたカテゴリー

が日常の中で可視化されていないため、むしろ日本の教員の特徴は「成績一元評価枠」（成績の評価が人物評価になること）にあると論じている。
6) 「同和教育」とは、「部落問題の解決を目指して取り組まれる教育活動のこと」であり「部落解放教育または解放教育」とも呼称される。戦後、その思想や実践について様々な展開や対立がありつつも、「被差別のもとにある子どもや親の現実から出発すること、抽象論議ではなく、差別をなくしていく具体的な教育実践をもとにしていくことが共有化されて」いる（川向 1986：676-7）。
7) Woods もまた Becker と類似の文化概念を採用しており、「文化は人々が意図的に、あるいは無意図的に、特定の目的を共有した際に形成されるもの」であり「人々のパースペクティブを左右するもの」として位置づけている（Woods 1983：8）。久冨らの研究も共通する視点を有しているものの、学校環境や地域の差異への関心よりも、原理的な教職特性への関心が強い。
8) こうした日本の教員集団の特徴やその職業的社会化における機能に関する議論は、様々な論者が指摘している。例えば、田中 1975、永井 1977、今津 2000、紅林 2007、酒井・島原 1991、Shimahara 1998 など。
9) 教員研究において、入職後の教員の経験や異動、入職から引退までの生涯キャリア、加齢と意識や行動の変化、これらのテーマは教員のキャリアに関わる研究である。教員のキャリア研究では、第一に、職業上の典型的な昇進パターンに関わる、管理職や主任などの職務上の地位とそれらの異動を表す「垂直キャリア」と、教員の個々人のパースペクティブや態度や行動の変化といった、より複雑な個人の経験や変化などを表す「主観的なキャリア」も研究課題とされてきた（Woods 1983：13-5）。Sikes et al.（1985：1-2）も同様に、「キャリア」という概念を一般的には官僚性組織の中の概念であり、「職業に関わる継承を伴う過程や行為」であり、「人々が順序・予測可能で階層づけられた権威を異動していく過程」として整理している（Sikes et al. 1985：1-2）。その上でこうしたフォーマルな定義以外にも、キャリアを「人々の変容するものの見方」として、その観点から人々の生活全体を捉え、様々な態度や行動への意味づけ、そして彼らの生活の中での経験を解釈する立場から、教員のキャリアを検討している。いずれの分野においても教員のキャリアの問題を考える上では、学校組織や制度にのみその要因を求める「環境還元主義」や、個人の選択や心理にのみその要因を求める「個人還元主義」でもない、教員個々人の主体と組織や制度といった構造、両者を分析の視野に入れることが重要であるとされてきた（Sikes et al. 1985：1-2）。後者の主観的なキャリアは社会化研究と重なる部分があるものの、社会化研究では入職時の職業への適応過程への関心が高く、キャリア研究では入職後の様々な経験やその中での変化を中心的に取り扱っている点に違いがある。
10) 職業的社会化研究では、あくまで既存の教員役割の受容やその過程に研究関心が置かれているが、発達論、ライフサイクル論（近年ではライフヒストリー、ライフストーリー論）では、教員のパースペクティブのより多様な変化を分析の射程に置く点に違いがある（今津 1996）。

第 1 章　先行研究の検討と分析課題の設定

11) これら以外の教員のキャリアに関わる問題として、「加齢」「ジェンダー」「時代」「労働環境」などがある。「加齢」については、例えば、年齢（加齢）と教職のキャリアに関する議論は、ここでのキャリア問題に該当する。小中学校教員ともに 30 代ごろを境に学校内で中堅的役割が要請されはじめ、その後徐々に学級を横断するポストに就いていき、そうした経験を経た教員たちが管理職「予備軍」のトラックにのっていく（田中・蓮尾 1985）。その過程の中で、徐々に職員会議などフォーマルな場での発言力を高めていき、50 代ごろを過ぎると管理的な立場から学校に関わるようになり、若手のときの「子ども・授業づくり」中心の教育実践家のアイデンティティから「教師集団・学校づくり」中心の管理者としてのアイデンティティを強めていく（山﨑 2012：424-47）こうした教員の生涯キャリアやライフサイクル論を念頭におきつつ、紅林（1999：32-50）や川村（2003）では中堅期の教員は、年齢が上がるともに様々な役割を担う一方で、自らの教育実践の硬直化も感じるようになり、悩みや行き詰まりを実感するようになることを指摘している。「ジェンダー」については、上記のようなキャリアについての男女差を議論する研究群があげられる。上記のような垂直的キャリアパターンは男性的なものであり、女性の場合は異なるキャリアを辿る。女性の場合は、男性のような垂直的キャリアを辿る教員は少数で、組織の中で管理職への期待が極めて限定的であり、職場内では、女性教員が管理的立場にたつことを反対する教員が過半数を超えている（田中・蓮尾 1985：127）。また女性の場合は、家庭を持った場合 30 代ごろから家事や育児といった私的な役割も求められるため、より学校と家庭の板挟みにあい、そのことが離職につながることも少なくない。一方、教職を続ける女性教員は、子育てなどが一段落した後、家庭での子育て経験を活かしながら、再び教職へのコミットメントを高めていく「迂回的なキャリア」（山﨑 2012：445）を辿っていく。一般職と類似した垂直的キャリアは男性的なものであり、女性は異なるキャリアに導かれやすいこと、そして一般社会と同様に、教員世界の中でも管理職トラックから排除されてきた女性の存在が指摘されている。また「時代」と教員のキャリアの関連を検討したものとして 70・80 年代の荒れの中で、教職アイデンティティの危機に直面した教員たちの描いた川村（2009）の研究や、「受験体制」というその時代加熱した風潮が教員のキャリアに与えた影響を検討したものとして塚田（1998）がある。一方「労働環境」については、近年教員の多忙やバーンアウトや精神疾患の問題があてはまり、先行研究では（大阪教育文化センター編 1996、松浦 1999：16-30）、教職が他の職業と比べてもバーンアウト率が高いことや、教職にはサービス業に特有の「感情労働」が伴うこと（伊佐 2009、油布 2010）、日本特有の無限定的な指導の文化がより多忙に拍車をかけていることなどが指摘されてきた（久冨 1998）。近年では、新人教員の精神疾患やバーンアウトを指摘するものもあり（久冨・佐藤編 2010）、教員世界全体に労働の問題が広がっている状況と言える（朝日新聞教育チーム 2011）。これらの研究では、教職ではそれまで入職初期の社会化が行われると、その後は安定的なキャリアが想定されていたのに対して、中年期以降のキャリアにもゆらぎや危機が存在し、それは労働環境の変化や時代的な流れといった社会の変化と関連づけられて検討する必要性が示唆されているが、本書で

53

は Becker の議論を踏まえて、2 つの外的要因に限定して議論をしている。

第 2 章　調査とデータの概要

1.　調査の概要と調査対象

　本書では、3つのインタビュー調査から〈しんどい学校〉における教員の仕事やアイデンティティ、そしてキャリア形成に迫っていく。調査を通じて関西地区の小・中学校教員、合計 37 名のインタビューデータを得た。3つの調査は、調査ごとにその目的や関心が少しずつ異なるものの、校区の社会経済的背景が厳しい学校の教員を対象としている点は共通している。日本では校区の社会経済的背景を示す指標を得ることは難しいものの、それを把握する1つの指標として子どもの就学援助率を基準として学校を選定した。各調査の概要については図表 2-1、各教員の基礎データは図表 2-2 の通りである。

　図表 2-3 は、調査 1、2 の対象校の就学援助率を示したものであり、学校によって数値は異なるものの、全国平均よりも就学援助率が高い学校を選定している。調査 3 では後述するように、学校を選定した調査ではなく、教員個別に調査協力を依頼した調査であるため、校区の就学援助率のデータは得られていないが、「校区の社会経済的背景が厳しい学校に勤める教員」という条件のもと機縁法によって調査協力の依頼をしていった。

　第 2 部にあたる第 3 章、第 4 章、第 5 章では、調査 1、2 のインタビューデータを用い、第 3 部の第 6 章では、調査 1 のインタビューデータに加えてフィールドワークによって収集された他のデータも用いる。第 7 章では、調

第 1 部　本書の分析射程

図表 2-1　調査の概要[1]

調査名	調査時期	調査対象	インタビュー方法	該当章
1) A 中学校フィールドワーク調査	2009 年 10 月～2013 年 3 月	A 中学校教員 13 名	ライフヒストリー法	3・4・5・6 章
2) 小中学校教員インタビュー調査	2015 年 10 月～2016 年 3 月	B 中学校教員 4 名 C 小学校教員 4 名 D 小学校教員 4 名	ライフヒストリー法	3・4・5 章
3) 大阪市中学校教員インタビュー調査	2015 年 3 月～11 月	大阪市内の中学校教員 12 名	半構造化インタビュー	7 章

図表 2-2　調査協力者の教員の概要

対象校	教員名	性別	年齢	教職経験年数
調査1　A中	A1	男	30 代	3～10
	A2	男	30 代	11～20
	A3	男	50 代	21～30
	A4	女	50 代	21～30
	A5	女	50 代	31～
	A6	男	50 代	31～
	A7	男	50 代	21～30
	A8	女	50 代	31～
	A9	女	20 代	3～10
	A10	男	50 代	21～30
	A11	男	30 代	3～10
	A12	男	30 代	3～10
	A13	男	50 代	21～30

対象校	教員名	性別	年齢	教職経験年数
B 中	B1	女	20 代	3～10
	B2	男	30 代	3～10
	B3	女	30 代	11～20
	B4	男	40 代	11～20
調査2　C小	C1	男	30 代	11～20
	C2	男	30 代	11～20
	C3	男	40 代	11～20
	C4	女	60 代	31～
D 小	D1	女	20 代	3～10
	D2	女	20 代	11～20
	D3	男	40 代	11～20
	D4	女	60 代	21～30

	教員名	性別	年齢	教職経験年数
	E1	女	30 代	3～10
	E2	男	30 代	3～10
	E3	女	40 代	11～20
	E4	男	40 代	11～20
	E5	男	40 代	21～30
	E6	男	40 代	21～30
調査 3	E7	男	50 代	21～30
	E8	男	50 代	21～30
	E9	男	50 代	21～30
	E10	男	50 代	31～
	E11	男	50 代	31～
	E12	女	60 代	31～

図表 2-3　調査対象校の概要[2]

	就学援助率	一人親率	生徒数	教員数	データ年度
A 中	20%	15%	400	30	2012
B 中	47%	27%	120	20	2015
C 小	31%	15%	210	20	2015
D 小	47%	20%	200	22	2015

† 数値は調査時。匿名性のため、一部のデータを概数表記している。
† 就学援助率の全国平均は小学校 14.7%、中学校 17.7%

査 3 で得られたデータを使用する。各章で用いる教員や学校のより詳細なデータについては、各章の冒頭で説明していくが、以下では調査の経緯やデータの収集方法や分析方法など、共通する点を述べていく。

なお、小・中学校という義務教育段階の教員を選んだのは、次のような理由がある。日本の高校では、学力偏差値によって階層化した高校序列になっていることは周知のことであり（Rohlen 1983=1988）、高校の研究では、偏差値ランクごとに学校環境が異なることは一定の理解がある。しかし、義務教育段階の小・中学校では、そうした学力ごとの「輪切り」が行われることはないため、一律の学校環境であることが前提とされがちである。本書では、義務教育段階の小・中学校においても校区の社会経済的な背景によって学校環境の差異があること、さらにそれによって教員の教職経験や社会化、キャリア問題が異なることを示すために、小・中学校の教員に注目する。

2. 調査の経緯と対象教員の選定

最初に着手したのが、調査 1 の A 中学校におけるフィールドワーク調査である。これは 2009 年 10 月〜2013 年 3 月にかけて実施したものであり、分析では教員の社会化過程や教員集団内の葛藤などを検討した。学校への調査アクセスは、知人から A 中の学校情報を知り、また A 中で勤める教員を紹

介してもらう機会を得たことに始まる。A中の校区の特徴が調査の目的と合っていることから、そのキーインフォーマントとなる教員に調査を依頼し、管理職の承諾を得て、調査を実施していった。調査時は、学校で子どもの学習支援をサポートする役割を担う一方で、教員へのインタビュー、教室や職員室の観察、学校資料の収集など、A中の学校文化に関わる様々なデータ収集を行った。フィールドでは子どもたちからは「サポーター」、教員からは「サポーター兼、調査をしている院生」という認識をされていた。A中の学校の概要や歴史の詳細については、A中を事例として扱う第6章で紹介する。

　調査1で〈しんどい学校〉の教員の一定のデータの検討を行ったものの、その結果がA中の個別性によるものなのか、〈しんどい学校〉に共通してみられるものなのか、1校の事例では検討しきれない課題がみえてきた。そこで、異なる校区の中学校の教員や、学校種の異なる小学校教員を対象とした調査2に着手した。調査時期は、2015年10月〜2016年3月、協力者は各学校4名の教員、合計12名である。対象教員へのアクセスは、それまでにいくつかの学校と共同で取り組みをする機会があり、その中でB中・C小・D小の教員と顔なじみの関係となっていた。校区の状況は知りえていたので、まずその中の1名の教員にインタビューを依頼し、その後「この学校で中心的に頑張っている先生を紹介していただけないか」と依頼をして、協力者を増やしていった。

　最後の調査3は大阪市の中学校教員へのインタビュー調査である[3]。調査時期は2015年3月〜11月であるが、この時期、大阪府、大阪市では知事、市長が交代し、政治的な方針が大きく転換する事態となっていた。教育現場も例外ではなく、それまでにみられない市場原理を導入するドラスティックな教育改革が行われようとしていた。そうした改革は、社会的に不利な立場に立たされている子どもや、そうした子どもを支援する教員たちにどのような影響が出ているのか、こうした問題関心のもと教員へのインタビューを実施した。これも機縁法によって協力者を増やしていき、大阪市内の中学校教員12名の協力者を得た。詳しくは第7章で取り上げるが、学校選択制や学

力テストなどの影響は、特に中学校の入学者の受け入れや進路の問題と密接な関係があると考え、対象者は中学校に絞ることにした。また対象の選定は、インタビュー協力者から「校区の社会経済的背景が厳しい中学校の教員を紹介してもらえないか」と依頼し、協力者を増やしていった。調査は主に改革の影響に関する質問を半構造化インタビューによって行った。

なおいずれの調査においても、対象の選定は機縁法によるものである。こうした選定は無作為のサンプリングとは異なるが、〈しんどい学校〉の教員の実態やその学校にコミットメントをする教員を探索する上では有効な方法であったと考える。また学校間や学校種間、性別や年齢ごとの比較も行いつつ、〈しんどい学校〉の教員に共通する意識や行動を抽出することを分析の中心に据えた。ただ、教員の選定と調査依頼の際は、可能な限り年齢や性別に偏りがないように努めたが、学校の職員構成上の影響から、50代の教員がやや多くなっていることには留意されたい。

また本書のデータは、調査の時期や対象校、地域も異なっているが、あくまで本書では〈しんどい学校〉という学校環境を軸に教員文化の特徴を観察することを主眼においている。対象の学校や地域が異なっても、校区の社会経済的背景の厳しい学校で共有されている教員文化の様相やその文化が共有されていくプロセスを抽出することを試みた。

3. 調査と分析の方法－インタビュー調査

調査1、2では、ライフヒストリー法を用いてインタビューを行った。ライフヒストリーとは、「個人の生活の過去から現在にいたる記録」（谷編 2008：4）を指す。ライフヒストリー法は、時間的パースペクティブの中で対象の意識や行為を理解する点に特徴があり、個人の意識の変容過程やその要因を捉える上で有効な研究法で（谷編 2008：3-33）、教員個人の意識の変容過程を主題する目的に適していると考えた。

インタビューでは協力者に、「この学校の特徴」「仕事のやりがいや難しさ」

など現状に関する質問と、「これまでに印象的な経験」「困難校に適応していった過程」などこれまでの経験に関する質問を行い、自分の学校経験、大学経験、教職志望動機、入職後の経験など、印象的な出来事を振り返りながら、自らの経験を語ってもらった。

調査3では、通常の半構造化インタビューを行っており、いくつか事前に質問項目を設定して聞き取りを行った。具体的には、「簡単な経歴」「勤務校の簡単な学校状況について（生徒・保護者の様子）」「ここ数年の大阪市の施策に対して感じること」「生徒、保護者、同僚の様子など勤務校で感じる変化」などである。協力者の教職観や指導観を聞き取るにはライフヒストリーのほうが望ましいが、インタビューの時間的な制約からそれは断念し、協力者が語る様々なエピソードから協力者の教職観や指導観を拾い上げることにした。

調査1、2、3ともに、インタビュー時間は各回約1～2時間、インタビュー回数は基本的には1回だが、内容の確認と補足的な質問がある場合は複数回行い、データの「妥当性」（Flick 2007=2011：470）を高めていく作業を行った。

分析ではまず、インタビューデータを全てトランスクリプト化し、データをエピソードごとに分節化してコーディングを行っていった。データをコーディングした後に対象者が共通して有している内容と、類型化できる内容を整理していきながら、データの分析を行った。

なお、インタビューでは協力者に対して、調査の目的を伝えるとともに、事前にテープレコーダーの使用許可を伺い、データ使用の確認と、使用の際の匿名性の厳守について説明した。論文や本などデータが公表される事前にチェックが必要な人には、その旨を確認している[4]。

データの表記について文意が伝わりにくい箇所は、内容が損なわれない程度に修正を行っている。また、本文中のデータの引用では、調査者による補足は「（　）」で、テキストの省略は「（…）」、調査者の語りは「【　】」、沈黙は「…」で記している。

（注）

1) 第 3 章、第 4 章、第 5 章では A 中の教員のデータは、8 名のものを用いている。ここでは後述するように、フィールドワーク時はインタビューを他の教員にも実施したが、A 中の学校文化にコミットメントしており、かつライフヒストリーとして耐えうるインタビュー内容の対象者を選定している。なお、第 6 章では、教員集団内の記述を目的として、13 名のデータを使用している。
2) データは、文部科学省『平成 26 年度に実施した調査』「就学援助制度について（就学援助ポータルサイト）」（http://www.mext.go.jp/a_menu/shotou/career/05010502/017.htm：2018 年 11 月 27 日確認）より。表の数値は 2014 年度の就学援助率。
3) この調査は、科学研究費助成事業（基盤研究（C）「新自由主義的教育改革と学校文化の葛藤に関する研究」（研究代表：髙田一宏（大阪大学））（研究課題／領域番号：25381128）の成果の一部である。
4) 本書はインタビューを中心とした社会調査に基づく研究であるが、基本的に『日本教育社会学会研究倫理宣言』に（http://www.gakkai.ne.jp/jses/rules/ethicalcode.php：2018 年 11 月 27 日確認）則って調査を行い、研究対象者への調査上の配慮や個人の権利の尊重を遵守しながら調査を進めた。各調査の調査経緯については先述した通りであるが、インタビュー調査ではまず調査対象者に対して、自身が研究目的で対象者への調査協力依頼をしていることを説明し、その調査の趣旨や目的を了解した上で、調査に協力をしてもらった。その際、インタビューデータの扱いについては、研究以外で使用しないこと、個人や学校が特定できないよう匿名性に厳守すること、論文の内容やインタビューの取り扱われ方に最終的な確認が必要な場合は内容の確認をしてもらうこと、以上を説明し、テープレコーダーの使用の許可を伺った。またフィールドワーク調査では、個別の学校の記述が行われるため、その成果物についてはゲートキーパーの教員に最終的な確認をしてもらい、フィールドノーツやインタビューデータ等の使用の許可を得た。インタビュー調査の際は、調査対象者の時間的な都合を優先し、なるべく対象者への負担がかからないように配慮した。またインタビューの際も「お話頂ける範囲でお話していただき、話しづらいことはお話し頂かなくて結構です」と伝えた上でインタビューを行い、調査対象者への精神的な負担にならないように努めた。

第2部 〈しんどい学校〉の教員の適応キャリア

　第2部では、〈しんどい学校〉に赴任してきた教員がいかに学校に適応していくのか、教員の適応キャリアのプロセスを明らかにしていく。

　先行研究で示したように、校区の社会経済的背景によって、教員の勤務する学校環境には違いが予想される。そこでまず第3章では、教員へのインタビューデータと TALIS 2013 のアンケートデータを用いながら、〈しんどい学校〉の学校環境の特徴を整理する（図表1-1、①学校環境）。

　続く第4章では、第3章と同様のデータを用いながら、〈しんどい学校〉に勤める教員の教職アイデンティティの内実を検討し、対象教員の指導観や教職観の様相を把握する（図表1-1、②教員文化）。

　最後に第5章では、教員のライフヒストリーを検討し、対象教員たちが〈しんどい学校〉に赴任し、その後学校に適応していった社会化の過程を明らかにしていく（図表1-1、③社会化）。

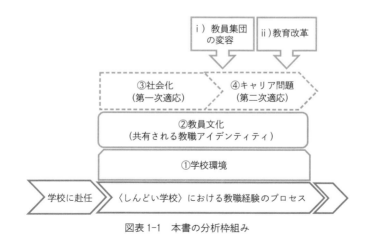

図表1-1　本書の分析枠組み

第3章 〈しんどい学校〉の学校環境

1. はじめに

　Beckerが指摘したように、校区の社会経済的背景の厳しいスラム近隣の学校では、教員は他の学校とは異なる職務上の課題に直面する（Becker 1952b）。教員たちが異なる職場環境への異動を選択するのは、そうした学校環境の違いによるところが大きい（Becker 1952a）。教員の適応キャリアの実態を吟味する上では、まずは〈しんどい学校〉の学校環境の内実を把握するところから始める必要がある。

　これまで教育社会学の分野では、子どもの家庭の社会経済的背景（社会階層）と子どもの学力、学校適応、進路形成の連関が見出されてきた（平沢他 2013）。ここでは先行研究の知見に従い、校区の社会経済的な特徴によって、教員に求められる仕事や教員役割がいかに異なるかを検討し、〈しんどい学校〉における教員たちの現場のリアリティを示していく。

2. データの概要

　本章では、2つのデータを併用して〈しんどい学校〉の学校環境を描写していく。第一のデータは、インタビュー調査によって得られたデータであり、このデータを用いて教員の経験する仕事の内容や職務上の困難の内実を

示していく。

　第二のデータは、OECD国際教員指導環境調査（2013年調査）の質問紙データである（以下、TALIS 2013）。TALISとは、前期中等教育段階（中学校及び中等教育学校前期課程）の教員を対象とした国際的な質問紙調査である。ここでは2013年度の日本のデータを用いて、校区の社会経済的背景によって、教員の仕事や経験がいかに異なるのかを、質問紙データから読み解いていく[1]。

　インタビューデータは、調査1、2で得られた小学校2校、中学校2校の教員20名のデータである（図表3-1）。分析では、教員のライフヒストリーを聞き取る中で、特に〈しんどい学校〉での経験を中心に、対象校での経験、これまでの勤務校での経験で印象的に語られたエピソードを類型化していった。なお、上記したようにここで取り上げるデータは、現在の勤務校の経験に限らず、これまでの勤務校の中で類似した学校での教職経験も含まれている。

　TALISのデータでは、校区の社会経済的背景の厳しい学校に勤める教員と、他の教員の比較を行っていく。具体的には、教員に対して、自身が教えている学級の「社会経済的に困難な家庭環境にある生徒の割合を推定してください」という質問（以下、SES）を用いる[2]。

　なお質問紙には注意書きとして、「社会経済的に困難な家庭環境」とは、「住居や栄養、医療など生活上必要な基礎的な条件を欠いている家庭環境」と記されており（国立教育政策研究所編 2014：228）、文言から言えばここで聞いている「家庭環境」とは相対的貧困に類するものと言える。その回答結果は図表3-2に示すとおりである[3]。

　日本の結果をみると、「なし」31.2％に対して、61％以上が0.9％とかなり偏りがあるが、「11％～30％」「31％～60％」「61％以上」の3カテゴリー、合計20.2％が相対的に社会経済的に厳しい学校となり[4]、本書のインタビュー対象教員たちも、このカテゴリーの教員として位置づけることができる。

　分析ではSES指標と他の質問項目（学級状況、教員の意識、教員の仕事内容等）を探索的にクロス分析し、特徴的な結果を示していく（従属変数が

第3章 〈しんどい学校〉の学校環境

図表3-1 インタビュー対象リストと学校情報（第3章、第4章、第5章）

対象校	教員名	性別	年齢	教職経験年数	対象校	教員名	性別	年齢	教職経験年数
調査1 A中	A1	男	30代	3〜10	調査2 B中	B1	女	20代	3〜10
	A2	男	30代	11〜20		B2	男	30代	3〜10
	A3	男	50代	21〜30		B3	女	30代	11〜20
	A4	女	50代	21〜30		B4	男	40代	11〜20
	A5	女	50代	31〜	C小	C1	男	30代	11〜20
	A6	男	50代	31〜		C2	男	30代	11〜20
	A7	男	50代	21〜30		C3	男	40代	11〜20
	A8	女	50代	31〜		C4	女	60代	31〜
	A9	女	20代	3〜10	D小	D1	女	20代	3〜10
	A10	男	50代	21〜30		D2	女	20代	11〜20
	A11	男	30代	3〜10		D3	男	40代	11〜20
	A12	男	30代	3〜10		D4	女	60代	21〜30
	A13	男	50代	21〜30					

	就学援助率	一人親率	生徒数	教員数	データ年度
A中	20%	15%	400	30	2012
B中	47%	27%	120	20	2015
C小	31%	15%	210	20	2015
D小	47%	20%	200	22	2015

＊数値は調査時。匿名性のため、一部のデータを概数表記している。
＊就学援助率の全国平均は小学校14.7%、中学校17.7%

図表3-2 SES指標の回答分布（学級における社会経済的に困難な生徒の割合）

	なし（0%）	1%〜10%	11%〜30%	31%〜60%	61%以上	N
日本	31.2	48.2	16.3	3.3	0.9	3452
韓国	6.5	58.3	27.8	5.9	1.4	2806
アメリカ	5.4	21.8	27.7	24.3	20.8	1852
イギリス	17.6	35.1	24.8	16.4	6.2	2336

＊TALIS 2013より筆者作成。他国の数値は参考値として掲載している。

スケールの場合は、回帰分析を行っている）。なおサンプル数が少ないため、分析では「31%〜60%」「61%以上」を統合してSES指標を用いている。

以下ではこれらのデータを用いながら、〈しんどい学校〉で求められる特徴的な仕事の内実や、要請される教員役割[5]の様相を校区の社会経済的背景との関連を踏まえながら描写していく。

3. 学級規律の問題－学級の荒れを統制する役割

〈しんどい学校〉に勤務する対象教員へのインタビューの中で、まず共通する経験は教員－子ども関係である。子どもの教員への不信感や学習への反発など、様々な形で子どもたちの問題行動は表出する。

先述したように教育社会学では、子どもの社会階層と教育達成の関連が指摘されてきたが、教員たちの認識においても、子どもの生活背景と学校適応が関連していることがわかる。図表 3-3 は学級の中で「問題行動を起こす生徒の割合」に対する教員の回答を SES 別に示している。いずれも〈しんどい学校〉、すなわち SES が厳しい学校ほど、子どもの問題行動も多くなることがわかる[6]。

こうした問題行動の多さは、学級における規律の統制が必要になることを意味する。図表 3-4 は同じく、SES ごとに TALIS で用いられている「学級規律」[7]のポイントを示している。ここではポイントが高いほど規律が高いことを表しているが、グラフをみてわかるように、SES が厳しい学校ほど学級の規律が不安定になる傾向が確認できる[8]。

こうした全体の傾向と、インタビューで聞き取った〈しんどい学校〉の教員たちの経験は大いに重なっている。子どもとの関わりにおいて非常に多くの教員が語ったのが、教員－子ども関係の不成立である。授業中に学習に取り組まない、教員の指示に従わない、あるいは教員に対して反抗的な行動をとるなど、様々な子どもの問題行動を教員たちは経験している。例えば、B1 教諭の初任校当初の体験は、その代表的なものである。

> 1 年目に入ったときなんかは、（生徒から）「あほ」とか「死ね」とか（言われるの）そんなんザラやったし、（…）一番強烈やったのは「どうせこいつ辞めんねんから授業聞かんでええわ」って言われたんですよ。「どうせこいつ 3 カ月ももたんで」って。「みんな賭けようや、何カ月もつと思う？」って。一番最初の授業で言われたんですよ。一番最初の 3

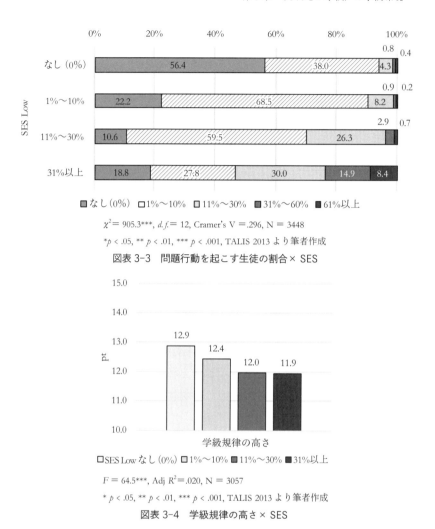

図表 3-3 問題行動を起こす生徒の割合 × SES

図表 3-4 学級規律の高さ × SES

年の学年で。「おお」って。確かにそいつらは、いっぱい先生が変わってきたし、大人不信やったから、すごい「試し行動」やっただけなんですけど。（…）あとは部活やったら、私、その部活の経験者じゃなかったんですよ。けど、顧問になるって決まって練習に頑張って行って。コメントとかもしなきゃあかんのかなって思って、必死に絞り出してコメントとかもしてたんですけど、「偉そうに言うなお前が！」とかをばー

んって言われたりとかして、「お前なんか顧問と思ってないしな」とか言われたりとかして（…）そのときは「なんでそんなこと言われなあかんねん」と思って校門出たら泣きまくるみたいな。校門出るまでは「仕事、仕事」って思って泣かへんようにしよって思ってるけど、出るとなんかもう勝手に泣いてるみたいな日とかもあって。もうなんか悔しくて。「こうなりたくて教師になったんちゃうわい」とか「ほんまになんでここに来たんやろ」、と。(B1 教諭)

教育社会学の分野では、子どもの出身階層と学校適応との関連について、低階層出身の子どもほど学校適応がスムーズに行われにくく、彼らの学校制度への反抗や離脱の問題が指摘されてきた（例えば、Willis 1977=1985）。〈しんどい学校〉の教員たちは相対的にそうした低階層出身の社会的不利層の子どもたちと関わる機会が多く、彼らは教員の指示を素直に聞き入れなかったり、学級内の秩序を乱す振る舞いをしたりするなど、問題行動を起こすことが少なくない。

そうした問題行動が表出するのは学校種に関わらず、小学校でも中学校でも同様の傾向がみられる。経済的に厳しい家庭が多く居住する公営団地を校区に有するD小の教員たちからは、複雑な家庭環境の子どもの学校適応の問題が語られる。

やっぱり子どもたちは「団地」っていう背景を背負っていて。本当に、給食の時間に「親が別れた」とか、「別れて名前変わんねん」とか言ったり。なんか「家、お母さん最近帰ってこんわ」とか、「朝方起きたらこんなん言うてたわ」とか、なんか暴言吐かれたみたいな、親にね。すごいもん背負って学校には来てるんですけど、だからこそ、大人に対する不信感がすごい強かったりとか。「大人は結局」みたいな。常に自分が親に裏切られたり、周りの関係性の中でしんどい思いしてるから、そういうふうな発言になると思うんですけど。だから、何かこう、こっちが関わろうとしても、「結局大人はそんなん言ったって」みたいなこと

が結構、対話の中でよく出てきたなあって。で、こっちもしんどくなるじゃないですか。(D3教諭)

　インタビューからは、こうした学級内の規律の問題は、教員の経験の中でいくつかの段階があることがわかる。1つは学級内の数人の子どもと関係がつくれない段階である。彼らが関わるのは、「大人しく」学校に来ない不登校の子どもや、学級内での問題行動だけでなく、教室には入らずに学校外で逸脱行動を繰り返す子どもの場合もある。
　次に自身の受け持つ学級の秩序を保つことが難しい段階があり、こうした状態から「荒れ」という言葉が用いられる。最後は、学校全体の秩序の統制が難しい段階であり、この段階が最も規律の問題が大きく、子どもの問題行動が常態化しているため、子どもからの暴力を経験した教員も少なくない。A6教諭の次の語りは、その典型である。

　　A中に来たときは、いきなり3年の担任をもったんやけど、ちょうどA中が一番荒れていた時期で。授業中も生徒が飲み食いしながら平気で廊下を歩いていたし、上の階からは色々なものが落ちてくるしね。ペットボトルとかよく落ちてきて、一回やかんが落ちてきて、「だれやー！」いうたら、上で生徒がにやにや笑っていましたよ。今よりずっとひどい状態の荒れで、平気で教師を殴るような時代でしたね。僕も生徒に胸ぐら掴まれて、教室の端っこから端っこまで引きずられたり。(A6教諭)

　〈しんどい学校〉の子どもたちの問題行動は、学級内だけでなく学級を飛び出す「エスケープ」という行動で表れる場合もある。授業への参加が限定的で、教室内で「居心地」が悪い場合、彼らは学校内を徘徊したり、「居場所」を見つけ、たむろしたりする。ときには授業に「自由に」出入りする場合もあり、子どものエスケープは学級の規律を大きくみだすものとなる。

　　(B中に赴任してきてから)割と大変でした。表立った形で授業に出

ない、エスケープする子とかもいましたし、問題行動を起こす子というのもやっぱり多くいましたね。だから今の校長先生、ここが長いので、いっぱい助けてもらって。(…) エスケープする子とかもたくさんいた時期は、「授業入れや入れや」って言うてたかって、入らへんわけですよ。だから、なんでそうなってるのかとか、まずは(子どもに)聞く、ということを主体に指導してましたかね。(B4 教諭)

エスケープの他にも、遅刻が指導の対象となることもある。生活習慣が定着していない子どもたちは、学校や教室に時間通り来ないこともある。学校に来ていない場合は、その状況を確認した上で学校に登校させるなどの対応をしなければならない。

(この学校の)子どもたちの暮らしは厳しいかなと思います、やっぱり。これまで勤務した小学校だと、みんな集団登校で来て、そんなにめちゃめちゃ遅れる子もいないし。学校全体で1人とか2人ぐらい。その子らを迎えに行ったりはしてたけど、ここはそういう子がいっぱい(いる)。そういう意味では、ここは生活実態がめっちゃしんどい子が比率的に言うとやっぱり大きい。ある意味、家族を丸抱え的なことをしないといけない部分も大きいかな。(C4 教諭)

また学校文化と親和的な家庭環境で育っていない子どもの場合、言葉遣いや基本的なマナーやルールをそもそも「知らない」こともあるという[9]。その場合、教員が単純に注意しても、反発を生むだけとなるため、教員は注意された理由を丁寧に説明する必要がある。

例えばコミュニケーションのこととかでも、そのグループだけしか通用しない言葉とか、やっぱそういうところとかはあると思います。きつい言葉が飛び交ってたりとか。それがあの子の中では普通なんですよ。言われた方もそれをきつい言葉って感じてない。ただでもそのまま

世の中出てしまうと、「あいつなんてこと言うんや」とか、結局本人が困るわけですよね。(…) だから、なんかあかんことしたとしても、「それあかんやん」と上からガッと言うたかて「そんなん知らんし」となっても話にならへんので。極力、「こうこうこうだからあかんねん」と。
(B4 教諭)

　以上のように、〈しんどい学校〉では、子どもの問題行動が表出しやすく、教員は学級規律の問題に対応しなければならない。ここまでみてきたように、教員への反抗や、授業の不参加(エスケープ、遅刻)といった子どもたちの問題行動は、家庭での生活習慣の乱れや保護者からの教育期待の低さなど、子どもたちの出身階層と関連している場合が少なくない。こうした行動が常態化すると、完全に教員の統制が効かなくなる「荒れ」の状態に陥る。〈しんどい学校〉では、そうした事態に陥らないために、まず子どもと関係を築きながら学級の秩序を上手くコントロールし、学級の荒れを統制する役割が要請される。

4. 学習指導の問題－学習意欲の喚起とケアの役割

　〈しんどい学校〉では、子どもの学習意欲の低さや学習習慣の未定着などの学習指導の問題にも対応しなくてはならない。そこには通常の学校の学習指導の問題とは異なる、教室における時間と労力の配分という特徴的な指導上の困難がある。
　まず TALIS から全体的な傾向を確認してみると、図表 3-5 は SES ごとの「学業成績が低い生徒の割合」を示している。学習面でも同様に SES の厳しい学校ほど課題を抱えた子どもたちが多く認知されていることがわかる。
　〈しんどい学校〉の教員たちも、上記の結果と同様に、子どもたちへの学習指導に関する難しさを語る教員たちが多くみられた。そこには、子どもたちの学習意欲の低さや学習習慣の未定着など、様々な課題がある。次の D1

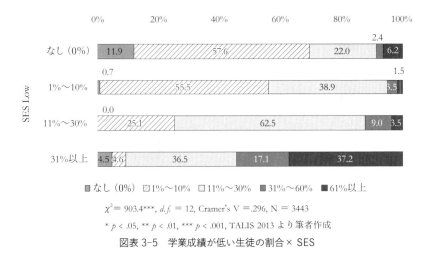

図表 3-5　学業成績が低い生徒の割合 × SES

教諭の経験は、小学校の低学年の典型的な例である。

> 日々感じる大変なこと？そうですね。やっぱり基本の所がなかなか定着しないから、去年、5年生をもってるときに、例えば挨拶するとか、持ち物忘れないとか、その辺がすごいきついなって思っていて。（…）1年生は、挨拶はできるんですけど、既に筆箱の中にいつも鉛筆1本しかないとか、宿題も本当に毎日持って来られないとか。なんかそういうのがあって。（そのクラスは）やっぱり団地が周りに多いし、一軒家に住んでる子たちもクラスの中で本当に少数だったんで。やっぱり経済的なものが関係してるんかなとか、家の人に関わってもらってないんやなっていうのが、一昨年と、去年もあって。（D1 教諭）

経済的に困窮しているわけではない家庭であっても、学校文化と親和的でない文化や価値観を有する家庭の場合、その子どもは学校や学習に価値を見出しにくく、学習習慣の定着が難しくなる。次の A6 教諭の語りにみるように、学年があがるにつれて、そうした保護者の価値観が子どもの学校適応に課題をもたらしやすくなる。

（自分が関わった問題行動を起こす子どもについて）授業に入れない子って言うのは、いじめられて入られないっていうよりは、どちらかと言うと生活が荒れていて、校舎を徘徊しているっていう子が多かった。(…)そういう子らは、親は経済的にしんどくないけど、子どもが文句言ったらどつくか、そういう親が多かった。「1万円やるから、昼飯くってこい」とか。親はカラオケにいって、子どもらは路上で飯を食っている。学力も漫画さえ読めない子もいて、読んでやると、中身を聞いてくれるけど、「自分で読んで」ってなると読めないんです。(A6 教諭)

こうした基本的な学習意欲や習慣の問題に加えて、〈しんどい学校〉の教員たちが学習指導の難しさを抱える背景には、学習指導やその準備に十分な時間と労力を割くことができない、時間的・労力的な制約がある。図表3-6は、SES別にみた教員の「授業時間の使い方」を表しているが[10]、SESが厳しい学校ほど、学級秩序や規律の維持に時間が割かれる一方、学習時間にかけられる時間が少なくなっていくことがわかる。

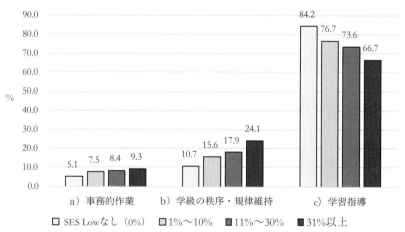

a）$F = 29.9***$, Adj $R^2 = .009$, N = 3017, b）$F = 93.7***$, Adj $R^2 = .030$, N = 3017,
c）$F = 88.8***$, Adj $R^2 = .028$, N = 3017

* $p < .05$, ** $p < .01$, *** $p < .001$, TALIS 2013 より筆者作成

図表 3-6　授業時間の使い方 × SES

第2部 〈しんどい学校〉の教員の適応キャリア

　この背景には第一に、グラフにも表れているように学校の規律の問題がある。先述したように〈しんどい学校〉では子どもの規律の問題が重要な課題となりやすく、子どもの問題行動が生じれば、教員たちはその対応に追われることになる。その分、次の例にみるように、学級の学習指導に集中することや教材研究に時間をかけることが難しくなる。

　　（赴任当初）授業も「頭打ち」（上手く行かなかった）したね。覚えているのが1年目のときに教材研究していたんですよ。そしたら「何してんねん！向こうでタバコ吸ったり、走り回っているやつがいてるんやから、こんなところで授業のことしている場合じゃないやろ」って先輩から言われたら、座って教材研究できないんですよ。（A7教諭）

　学習指導に関わる第二の制約として、子どもたちへの「ケア」に関わる問題がある。これは学級規律と類する生活・生徒指導の問題であるが、〈しんどい学校〉の場合、問題行動を起こす子どもだけでなく、教員からのケアや承認を求めてくる子どもも存在する。図表3-7では、SESごとの「特別な支援を要する生徒（Students with special needs）」の割合を示しているが、〈しん

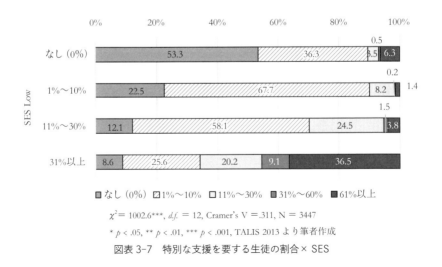

図表 3-7　特別な支援を要する生徒の割合 × SES

どい学校〉ほど支援を要する生徒が多く認知されていることがわかる。

　志田（2015）は学校内外で、承認を必要とするひとり親家庭の中学生たちの姿を描いているが、教員たちはそうした子どもと意識的に会話をしたり、様々な活動の中で気を配りながら特別な支援を行ったりすることが求められる。総じてそうした支援は時間と手間暇がかかる場合が多く、そのことが学習指導の時間的な制約につながりやすい。次の語りには、教員に対してケアを求めている子どもの様子が表されている。

　　ここの子なんかは家庭的に経済面とかで、お仕事の関係とかそんなんでね、余裕がなくて子どもたちと話ができてない家庭ってのがすごく多いんです。子どもたち側からすると、聞いてほしいと強く思ってるお子さんは多くて。ここに赴任した頃は、なんでこんな親しみというか、人懐っこいというか、なれなれしいというか、何やろってくらい、新しく入ってきた僕にもいろんな話をしてくるんですよ。で、ましてや担任となると子どもたちが色んなことを言うてきますんで、そんなことを聞いてあげることによってスッキリする子、自分の中で納得できるような子はそれなりに授業にも前向きにできるってこともあるし、もんもんとしたままの子は、なかなか難しかったですね。(C4 教諭)

このように〈しんどい学校〉では、まず子どもたちの学習意欲の低さに対応しながらも、家庭背景が厳しい子どもが多いことで、教員たちは子どもへの感情的なケアも求められ、いわゆる「感情労働」（伊佐 2009）がより要請される環境にあり、学習指導へ時間や労力を集中することが難しい状況に置かれやすい。こうした時間的制約の中で、教員たちは学習指導と子どもたちへのケアの役割をバランス良く実践し、それらの役割をマネージすることが求められていた。

5. 保護者との関係課題－保護者との関係を構築する役割

　ここまでみてきたように、〈しんどい学校〉の子どもたちの言動や習慣は、その子の家庭背景、すなわち保護者の階層的な影響を多分に受けている。インタビューでは、保護者の教育観や学校教育に対する態度についても、その特徴が語られ、教員たちにとって保護者の言動や学校への態度は、日々の仕事内容に関わる重要な要素として認識されていた。

　まずTALISのデータから全体的な傾向を確認してみよう。次の図表3-8は、教員の「1週間の各仕事への従事時間」をSESごとに示している[11]。各項目のうち、SESとの関連性が強い項目は、「d) 生徒に対する教育相談」、「g) 保護者との連絡や連携」の2つであり、SESが厳しい学校ほど生徒への教育相談や、保護者との連絡・連携に教員はより多くの時間を割いている。「生徒に対する教育相談」の結果は、「規律」や「学習指導」の問題でみたように、〈しんどい学校〉ほど子どもへの指導に手間暇がかかることを意味している。それでは、保護者との関係にはどのような背景があるのだろうか。

　〈しんどい学校〉の教員たちは、日常的な教育活動の中で、子どもたちの教室内外での問題行動に直面し、状況が深刻な場合、家庭と連絡をとることになる。それは学校での問題行動といった事案だけでなく、遅刻や不登校への対応も含めて行われる。特に、遅刻や不登校が常態化している子どもの家庭へは連絡の回数も多くなる。

　ただし、彼らが関わるのは向学校的ではない保護者の場合も少なくない。例えば、子どもの教育に対して放任的な姿勢の保護者はその典型である。

　　(D小で大変だった子について)教室で暴れだすんですよ、机がーんとか、横に置いてる本とかをぶわーってやったりとかするから、やっぱりそれで子どもに怪我もあったし。(…)その子の保護者もそうですけど、その父子家庭の子は、お父さんが結構、学校にあんまり来てくれない感じやって、(教育は)おばあちゃん任せみたいな感じで。なので、

第 3 章 〈しんどい学校〉の学校環境

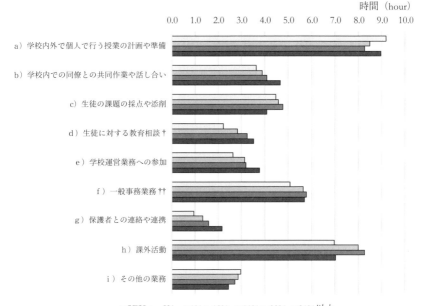

† 「生徒の監督指導、インターネットによるカウンセリング、進路指導、非行防止指導、を含む」
†† 「教員として行う連絡事項、書類作成その他の事務業務、を含む」
b) $F = 12.2***$, Adj $R^2 = .003$, N = 3357, d) $F = 26.9***$, Adj $R^2 = .008$, N = 3296,
e) $F = 9.5**$, Adj $R^2 = .003$, N = 3285, g) $F = 67.7**$, Adj $R^2 = .020$, N = 3282,
* $p < .05$, ** $p < .01$, *** $p < .001$, TALIS 2013 より筆者作成。
なお回帰分析の結果は統計的に有意でない項目については割愛している。

図表 3-8　1 週間の各仕事への従事時間（時間）× SES

　おばあちゃんに結構話ししてたんですよ。おばあちゃんの方がわかるかなと。わかるっていうか、伝わるかなと思って言ってたけど、結局それでおばあちゃんをしんどくさせてしまってて、「私が悪い」みたいな。で、おばあちゃんもすごい悩ませてしまったから、どうしようみたいな感じになって。(D2 教諭)

　こうした家庭では、学校での授業参観や家庭学習の協力を得られないなど、子どもの学校適応へのサポートが受けられない場合も多い。より教員に

とって難しいのは、学校や教員に対して不信感を抱いている保護者のケースである。子どもを学校に向かわせるためには保護者と協力関係をつくることが重要だが、こうした家庭の場合はより時間をかけて保護者とのコミュニケーションを重ねることが求められる。

> A中でもった女の子で、すごい家庭的にもしんどい女の子がおったんです。家出を繰り返したりとかする子で、家に帰らないということがあって。それでその子を探しまわって。で、私が家庭訪問にもいって、そこはお父さんがいてない家庭で、その家にはその子の従兄弟の女性がいて、転校してきた子だったので、子どもや地域と関係をもっていない生徒で。最初は保護者からも「先生のことあんまり信用してません」ということを言われてて。それでもその子の家出が繰り返されていって。でこっちも粘り強く家にも行って。（A4教諭）

保護者との関係において、教員にとって最も困難なケースは、子どもの虐待や養育放棄など子どもの命に関わる事案が発生した場合である。こうした事案は少数ではあるものの、必要に応じて教員たちは子ども家庭センター[12]など福祉機関と連携を取りながら対処しなければならない。教員たちは一方で保護者との信頼関係の構築を目指しているが、子どもにとって重大な危機と判断した場合は、そうした外部機関へつなぐことが求められる。仮に保護者への通達が適切に行われなかった場合は、保護者との信頼関係を大きく損ねることにつながるため、教員たちはその見極めが必要になる。

> 私たち、そういうDVとか確認して命に関わったりとか、そういう部分のときにはコカセン（子ども家庭センター）に（報告を）上げないといけないので、記録も取りためてますし、ひどかった場合には、子どもにアザが残っていたら写真とかも許可もらって撮ったりとかして、今回も「もうこれはいかんやろ」ってことで、積み重ねの記録はこれまでもコカセンに上げてました。ただコカセンの動き遅くって、文句になりま

すけど、いっぱい案件抱えてんのわかるんですけど、（報告を）上げても結局（コカセン）が保護者に連絡ついて訪問して話したんが2カ月後とかで。その親から、「いつのことか分からん話でコカセンから話がくる」「学校何言うてくれてんねん」と、もうどんだけ矢面に立たされたか。苦しかったですよね。普通のことをしただけやし、むしろ「もう、はよ動いてくれ」と思うてやってたのに。その危機的なときに動かずに2カ月たって何ができんねんと。（C3教諭）

　保護者への対応は、支援が必要な子どもの保護者だけでなく、他の保護者への配慮も求められる。〈しんどい学校〉では、問題行動を起こす子どもが目立ちやすいが、もちろん向学校的な子どもも存在する。その割合は校区によって異なるが、その保護者の多くは低階層の子どもの保護者よりも高い学歴期待を有しており、彼らは学校での子どもの様子や指導のあり方に、より敏感な場合が多い。校区の中で保護者の階層が混在している場合、教員は低階層の保護者への関係づくりだけでなく、他方でより高い階層の保護者の要求にも応えなければならない。次にみるA3教諭の例は、しんどい子のケアのために行ったその子への「特別扱い」によって、他の保護者からクレームが生じ、その対応に苦慮したケースである。

　　X（男性生徒）のことやけど、色々な規則を弱めないと入ってこられない生徒でしょ。普通って（規則が）きちっとしているでしょ。その規則に入りきれないのが彼やった。（…）（その子が学級に来れるように特別に規則を緩めたことについて）別の保護者からも、「その子だけ特別って違うんじゃないの」っていう不満が実際にでました。「なぜ許されるのか」「あの子のせいで授業が落ち着かない」とか、「授業がきちっとできてない」とか。それを色々な事件が起きたら、丁寧に保護者会を開いたり家に行って説明したりする、「こういう事情があるんです」と。生徒にも説明して。（A3教諭）

このように〈しんどい学校〉では、子どもだけでなく保護者との関係についても課題を抱えやすい学校環境にある。教員たちは保護者と関係を構築し、子どもへ教育的な関わりをしてもらえるよう、様々な働きかけをすることが求められる。またときには、教育期待の高い保護者の要望にも対応することも要請され、表出しやすい保護者との関係課題に対処することが教員の重要な職務として位置づけられていた。

6. まとめ

ここでは〈しんどい学校〉の学校環境を概観してきた。「規律の問題」「学習指導の問題」「保護者との関係課題」の3つのカテゴリーから教員の働く学校環境を記述してきたが、その詳細を整理すると次のようになる。

図表3-9 〈しんどい学校〉の学校環境の概要

学級規律の問題	学習指導の問題	保護者との関係課題
・問題行動を起こす子どもの多さ ・学級の規律の低さ ・教員への反抗や不信感 ・教員への暴力や「荒れ」 ・エスケープ、遅刻の多さ ・言葉遣いやマナー	・低学力層の多さ ・学習習慣が未定着 ・学習意欲の低さ ・秩序維持と学習指導に対する労力の配分問題 ・ケアや特別な支援を必要とする子どもの多さ	・課題のある子どもの保護者への連絡や連携 ・放任的な保護者への働きかけ ・学校に対して不信感をもった保護者との関係構築 ・多様な保護者への配慮

〈しんどい学校〉では、「学級規律」「学習指導」「保護者との関係」という問題が日常的に顕在化しやすく、教員たちはまずこうした問題に対応しながら毎日の仕事を行わなければならない。また教員たちはこうした学校環境の中で、まず学級の規律を確保しつつ荒れを統制する役割や、時間的・労力的制約の中で社会的に不利な立場にいる子どもたちの感情的なケアをしながら、彼らの学習意欲を喚起する役割、さらに様々な保護者との関係の中で厳しい家庭環境の保護者と協力関係を築く役割など、多様な教員役割が求めら

れていた。

　ただし、ここでの結果は対象者の語りの類似点を中心に整理したため、子どもたちの実態がやや一面的な記述となっている点には留意が必要であろう。もちろん〈しんどい学校〉にも学習に積極的に取り組む子どもも存在するし、あるいは厳しい家庭背景の影響を学校で表さない子どももみられる。実際に、学校によっては、以前より子どもたちの問題行動が「大人しくなってきた」ケースもあり、子どもの実態は可変的な面もある。

　そうした子どもの多様性には留意しつつも、他方で、ここで示した諸問題は、教員たちがその職務上、直面せざるを得ない課題であることもまた確かである。〈しんどい学校〉に適応し、仕事をしていく上では、教員たちはまずこうした問題に対応しなければならない。もちろん〈しんどい学校〉以外の一般校においても、同様の課題に直面することはあるだろうが、インタビューの中で教員たちにこれらの問題が頻繁に語られたのは、こうした問題に対して教員たちが特に重要な意味づけをしていることの表れだろう。すなわち、これらの問題は〈しんどい学校〉で仕事をする上で特に重要なことがらであり、〈しんどい学校〉の学校環境の中核的な要素であると考えられる。

　さて、ここで描かれた〈しんどい学校〉の子どもたちは、これまでの学校研究や生徒文化研究で示されてきた生徒像と類似する点が多くみられる。例えば、Willis（1977=1996）が描いた労働者階級の「野郎ども」や、池田（1985）が描いた漁村部落の青年たちの反学校的な姿は、〈しんどい学校〉の子どもに重なる点が少なくない。概括して言えば、〈しんどい学校〉の中で問題の中心となる子どもたちは、伝統的な「反学校文化」を有している存在と言えるだろう。

　ここでシカゴの教員たちの仕事やキャリア検討をしたBecker（1952b）の研究と比較しながら、日本の〈しんどい学校〉の学校環境の特徴をさらに吟味してみたい。Beckerは、校区の社会経済的背景によって、子どもや保護者との問題の生じ方は異なり、教員は低階層の学校（スラムの学校）の場合、「ティーチング」「規律」「モラル」といった教員－生徒関係の問題が生じやすいと言う。これらの特徴は、本章でとりあげた事例と類似点を多く有して

いる。このことは日本とアメリカで国や文化的な違いはあるものの、校区の社会経済的背景の厳しい学校で教員たちに求められる職務に、ある程度の共通性があることを示唆している。

　ただし、Becker の知見と違いが大きいのが「保護者との関係課題」である。Becker のシカゴの教員たちも、確かに保護者との関係に課題を抱えていたが、ここでの対象者と比べると保護者と関わる機会は制限されており、その問題の序列はやや低いものとなっていた。他方、日本の場合、「生活指導」「生徒指導」という言葉があるように、子どもの生活も「指導」の対象とする文化が根づいており（志水 2002、酒井 1999）、家庭訪問も一般的な教員の仕事となっている。こうした日米の学校文化の違いから、日本ではより保護者との関係づくりの職務上の比重が高くなり、特に〈しんどい学校〉の場合、その問題が尖鋭化しやすくなっていることが考えられる。したがって保護者との関係課題は、〈しんどい学校〉の学校環境の日本的な特徴の 1 つと言えるだろう。

　本章の知見の留意点について、本章では教員の語りを学校種によって区別せずに記述してきたが、もちろん、教員の学校環境は小学校・中学校の学校段階によって異なる。例えば、一般的に小学校では、より児童中心主義的な指導文化があり、一方中学校では上下関係や組織・集団の中でのルールを強調する指導が主流となる（Le Tendre 1994：57-58）。また、中学校では小学校よりもより人材の選抜や配分作用（学力による選抜）が要請される場でもある（志水 2002：1-4）[13]。

　教員の語りの中でも、教員の経験する困難は、学校段階による違いがみられるものもあった（例えば、中学校では進路指導の問題が、小学校ではより基本的な生活習慣に対する指導が問題となる等）。しかしながら、本章で小学校と中学校で分けて記述しなかったのは、校区の社会経済的背景によって表出する問題と、それによって教員に求められる仕事の内実はむしろ共通する点の方が多く存在したからである。そのため、ここではまず校種を超えた〈しんどい学校〉に特有の学校環境を記述し、彼らの主観的な世界を把握することを優先した。

このように、全体的な傾向から言えば、〈しんどい学校〉の学校環境は、教員の労働的な側面をみれば、一般的な学校と比べると、より職務上の困難を伴う環境にあることがわかる。それでは、〈しんどい学校〉の教員たちは、こうした学校環境の中でどのように日々の仕事に向き合っているのだろうか。次章では、彼らの指導観や教職観にフォーカスをあてながら、〈しんどい学校〉の教員たちの教職アイデンティティの様相を描いていく。

(注)

1) OECD 国際教員指導環境調査（TALIS：Teaching and Learning International Survey）は、学校の学習環境と教員の勤務環境に焦点をあてた国際調査である。2008 年に第 1 回調査が実施され（参加 24 か国・地域、日本は不参加）、2013 年に実施された第 2 回調査には日本を含む 34 か国・地域が参加している。調査の概要や設計については国立教育政策研究所編（2014）、OECD（2013）に詳しい。調査は層化二段階抽出法で行われており、第一段階として学校情報に基づく層化、第二段階として学校内の教員基礎情報（年齢、性別、指導教科）を考慮してサンプリングされており、原則各校 20 名の教員が無作為抽出されている。なお日本のサンプル数は合計 3521 人でとなっている（国立教育政策研究所編 2014：5-7）。全国規模の抽出調査でデータの信頼性が高いこと、さらに子どもの社会経済的背景に関わる質問項目があることから、ここでは 2013 年度の調査から日本のデータを使用している。
2) 質問文は、「対象学級の構成についてお尋ねします。以下の特性を持つ生徒の割合を推定してください」となっている。ここでの「対象学級」とは、「先週の火曜日の午後 11 時以降、あなたが最初に教えた中学校の学級」と設定されている（国立教育政策研究所編 2014：228）。なお、ここでの回答は「生徒の背景についてあなた個人としての理解をお尋ねするものです。およその推定値で回答頂いて結構です」と断られている（国立教育政策研究所編 2014：228）。したがって、この質問項目では、あくまで回答者の主観的な生徒理解が示されているものとして、本書では捉えていく。
3) 分析は「重み付け」（weight）を加味した結果を示しており、回答の割合や関連係数はこれが反映されている。データが「重み付け」されている場合、検定結果が有意になりやすくなるが、次のような処理を施して対応している。すなわち、カテゴリー変数間のクロス分析における推定については、SPSS Ver. 24 Custom table の「有効ベース」を用いている。重み付けによってケース数の修正がなされる場合、統計的検定の結果が有

意になりやすくなるが、有効ベースではこうした問題に対処するため推定・検定のための調整が施されている。従属変数がスケール（連続変数）の推定の場合は、SPSS Ver. 24 の「重み付け推定」を用いて、同様の調整を行っている。
4) 回答分布をみると、日本は「なし」の割合が他の先進国と比べても非常に高い。ここでの結果はあくまで教員の主観的な生徒理解を尋ねているため、客観的な実態と必ずしも一致するものではない。仮にその不一致が大きいのであれば、それ自体が日本の教員文化の特性として分析課題とすることができるだろう。ここでは、あくまで教員の主観的な側面において、学校状況（社会経済的に厳しい生徒の割合）と教員の経験する困難の関連を示している。
5) 本書では役割概念をシンボリック相互作用論の立場から用いていく（Biddle 1986）。すなわち、制度やシステム上想定される機能主義的な役割ではなく、対象者の主観的な行動・態度を重視し、分析では対象者に語られる重要な職務の内実、職務上の信念や指導観、他者から求められる期待などによって特徴づけられる、教員たちにとって重要な教員役割を記述していく。
6) 図表の下部には、変数間の関連度合いを示すために、SES 指標と対象変数のクロス集計から算出されるχ^2乗検定の結果と、関連係数として Cramer's V の数値も合わせて表記している。
7) TALIS 2013 では、学級の秩序や規律を測るため「学級規律の高さ」（Classroom Disciplinary Climate）という指標が用いられている。これは下記の 4 つの質問を合成して作成されており、点数が高いほど学級の秩序や規律が保たれていることを示している（国立教育政策研究所編 2014：185）。各変数はもともと、1：「全くあてはまない」、2：「当てはまらない」、3：「当てはまる」、4：「非常によく当てはまる」と数値が割り当てられており、（†）の項目は数値を反転して処理されている。

「学級規律の高さ」（Classroom Disciplinary Climate（TCDISCS））

「授業を始める際、生徒が静かになるまでかなり長い時間待たなければならない」（†）
「この学級の生徒は良好な学級の雰囲気を創り出そうとしている」
「生徒が授業を妨害するため、多くの時間が失われてしまう」（†）
「教室内はとても騒々しい」（†）

8) 対象変数が連続変数の場合、図表の下部に、変数間の関連度合いを示すために、SES 指標を独立変数（「なし」＝ 0、「1～10%」＝ 5、「11～30%」＝ 20、「31～60%・60% 以上」＝ 45、と操作化）、対象変数を従属変数とした回帰分析の結果も合わせて表記している。
9) Becker（1952b）はこうした言葉遣いや基本的なマナーの問題を「モラル」の問題として整理している。
10) 質問文は「対象学級において、通常、以下のことに授業時間の何%を費やしていますか」。回答者は「事務的作業（出欠の記録、学校からのお知らせの配布など）」「学級の秩序・規律の維持」「学習指導」、各活動の割合を、合計が 100% になるように数字で回

答する。
11) 質問文は、「直近の『通常の1週間』において、あなたは、以下の仕事に合計およそ何時間従事ましたか。週末や夜間など就業時間外に行った仕事を含みます」。回答者は1週間の中で従事した各活動の時間数を回答する。
12) 行政の福祉機関で、児童福祉司などが子どもや保護者や家庭の問題に関する相談業務を行っている。相談の対象は、主に児童虐待対応、配偶者からの暴力（DV）被害者支援など、重篤なケースが多い。相談者の対象は本人、家族、学校の教員、地域住人など様々である。
13) 志水（2002：1-3）では、中等教育機関には異なる教育論理が働いていると整理している。第一に、高等学校との関係において「完成教育」（職業教育）と「準備教育」（普通教育）の対立があり、第二に、主に初等教育との関係において「平等主義」と「能力主義」の対立がある。第三に、義務教育の初等教育と、義務制ではない高等教育の中間地点として中学校という組織的位置づけがある。こうした制度的位置づけから、中学校は「教育（社会化）」機能と、人材の「配分・選抜」機能という2つの矛盾する要請が尖鋭化する場としている。

第4章　〈しんどい学校〉の教員たちの教職アイデンティティ

1. はじめに

　第3章では、〈しんどい学校〉の学校環境を概観し、学級規律の問題、学習指導の問題、保護者との関係課題が生じやすい学校環境の中で教員たちは仕事を行っており、〈しんどい学校〉の教員が直面する職業上の課題は、一般の学校とは異なることを確認した。もちろん先に取り上げた事例の数々がすべての子どもや保護者にあてはまるわけではなく、〈しんどい学校〉の中には向学校的な子どもや学校に協力的な保護者も一定数存在することも忘れてはならない。しかしながら、日々の仕事の中で上記のような問題が他の学校よりも表出しやすく、その対応に迫られる学校環境であることを、ここでは強調しておきたい。〈しんどい学校〉の教員たちはこうした問題への対応を要請されながら、日々の仕事に取り組んでいる。

　それではこうした学校環境の中で、〈しんどい学校〉の教員たちはどのような意識や態度で子どもや保護者、そして教職という仕事に向きあっているのであろうか。ここでは前章と同様のデータを用いながら、指導観や教職観といった〈しんどい学校〉の教員たちの教職アイデンティティの特徴を描いていく。その上で、〈しんどい学校〉の教員が、教員世界の中でどのような事例に位置づけられるか、教員たちが共有する「特有の行動様式（思考・信

念・感情）」（永井 1986：224）の特徴を把握する。

　〈しんどい学校〉の教職アイデンティティの特徴を把握する上で、本章ではWhittyの教員の専門性論を参照するが、ここではまずその概要を説明しておきたい。これまで教職アイデンティティを類型的に把握した先行研究がいくつか蓄積されているが（Coldron & Smith 1999、Sachs 2003、Moore 2004、Whitty 2009=2009、佐藤 1997）、ここでは教育と社会階層の議論が視野に入れられ、本書の事例との比較が可能であるWhittyの議論（Whitty 2002=2004、Whitty 2009=2009、ウィッティ・ウィズビー 2008）を取り上げる[1]。Whittyは近年の教育改革の動向や学校研究をレビューしながら、教員の専門性（professionalism）について次の3つの類型を提示している。

　第一は、「伝統的専門性（traditional professionalism）」（Whitty 2009=2009：191）である。この専門性では理論的な知識やスキルを有し、強力な専門職集団が組織され、職業的自律性の高い職業への「教職の専門職化」を志向される。しかし、それは一方で「エリート主義、パターナリズム、権威主義、極めて排他的な知識」（Davies 1996）という専門性の「負」の側面も内包している。子どもや保護者の「声」が相対的に軽視されるため、結果的にこうした専門性のあり方が、社会的不利層の子どもの排除と結びつくこともあると言う。

　第二に近年の教育改革で志向されているのが「経営管理的専門性（managerial professionalism）」（Whitty 2009=2009：191）であり、この専門性では、教育に対しても市場原理を導入し、アカウンタビリティや成果を測る明示的な基準が重視される。そして、アウトプットによる管理を一層重視する新しい経営者主義と親和的で、特定のクライエントのニーズを他よりも優先し、これまで視野に入れてこられなかった、学校の構成員（とりわけ親や産業界）の意向が重視される。

　第三に「民主的専門性（democratic professionalism）」（Whitty 2009=2009：191）がある。民主的専門性とは「これまでの学校教育の中で意見が尊重されてこなかった人々を含む、より広い利害関係者への配慮を志向」する教員像であり（ウィッティ・ウィズビー 2008：34）、これまで排除されてきた子どもや保護者、地域の住人との連携が重視される。民主的専門性は、単に強力な専

門家集団を形成するのではなく、社会のより広い関係者との協働を構築することに取り組んでいく。民主的専門性の観点からは、教員をより積極的な「変化のエージェント」として捉え、排除されてきた人々の包摂といった社会的公正を目指す教員像が示される。

このようにWhittyの議論は、教育と社会階層の議論が視野に入れられた教員の専門職論で、校区の社会経済的背景を軸として教員文化を把握しようとする本書と親和性が高い。本章では、以上の議論を念頭におきながら、教員のインタビューデータを分析し、最後に〈しんどい学校〉の教職アイデンティティがどのような特徴を有するのか考察を行っていく。

2. データの概要

本章でも第3章と同様に、調査1、2で得られた小学校2校、中学校2校の教員20名のインタビューデータと、一部TALIS 2013のデータを分析していく。

ここでは本章で中心的な概念である教職アイデンティティの議論と、それを踏まえた本章での分析の視点を述べておきたい。

教員の教職アイデンティティに関する研究は、近年活発に議論されており、特に海外で研究が蓄積されている（Beijaard et al. 2004、Day et al. 2006）。実証的な研究では、例えば、Søreide（2006）がノルウェーの小学校教員を対象に、「ケアと思いやりのある教員」「創造的・革新的な教員」「専門職としての教員」によって構成される彼らの教職アイデンティティの構成要素を示している。またWoods & Jeffrey（2002）は、英国の小学校教員たちの教職アイデンティティを、個々の子どもに対して愛情やケアの精神をもって接するヒューマニズム（Humanism）と職業への強い感情的なコミットメント（Vocationalism）によって、その特徴を整理している（Woods & Jeffrey 2002：104）。

教職アイデンティティの定義は、教員の有する自己イメージ、教員役割、

自己評価、教員自身が考える専門性（教員は何を知り、すべきか）など様々だが（Beijaard et al. 2004：108）、本書では包括的な定義として Sachs（2003）の定義を採用する。その定義は下記の通りである。

> 　教職アイデンティティ（teacher professional identity）は、『どのような教員になるか』『どのように振る舞うか』『どのように解釈するか』といった、社会における教員の自己認識を構築する枠組みを与えるものであり、それは教職の専門性の中核に位置づけられる。また、教職アイデンティティは、固定的で付与されるものというよりは、むしろ、経験に基づく自身の感覚を通じて交渉されるものである。（Sachs 2003：135）

　上記のように、本書では教職アイデンティティを、自身の教職観や指導観、自分の理想や信念などのまとまりによって示される「教員としての自己」と捉える。具体的に言えば、指導観や教職観の志向性や「教員自身が自分をどのような教員として認識しているか」という自己意識などがそれにあてはまる。

　分析では、特に教員の教職観や指導観を中心に〈しんどい学校〉の教員たちの自己認識や志向性の特徴が表れるデータを包括的に整理し、〈しんどい学校〉の教員たちの教職アイデンティティの様相を描写していく。また自己認識や志向性を捉える上で、前章で扱った〈しんどい学校〉の学校環境やそこでの教職経験の特性を踏まえながら、分析を進めていく。

　具体的にはインタビューデータの中から、彼らの「自己の語り」（自分の教職観や指導観、価値観や信念など自身について語るデータ）に注目し、その特徴を類型化していった。また分析の際は、教員一人ひとりの教職アイデンティティの特徴を整理するのではなく、むしろ、教員たちに共通する項目を整理していくことに主眼をおいた。また本章においても適宜 TALIS のデータを用いながら、インタビューデータを捕捉していく。

　インタビューで得られたデータを吟味した結果、1）働きがい、2）パースペクティブ、3）同僚性、以上3つのカテゴリーを抽出した。以下では、上

記のカテゴリーの特徴を記述し、〈しんどい学校〉の教員が有する教職アイデンティティの特徴を描いていく。

3. 働きがい－子どもや保護者との関係・変化の実感・同僚性

まずは〈しんどい学校〉の教員の働きがいや職場満足度について、TALISのデータから全体的な傾向を確認しておこう。最初に、全般的な働きがいに関わる質問として、「全体としてみれば、この仕事に満足している」（図表4-1）「教員であることは悪いことより、良いことのほうが明らかに多い」（図表4-2）「教員になったことを後悔している」（図表4-3）を取り上げる。前章と同様にSES（「（学級の）社会経済的に困難な家庭環境にある生徒の割合」）別にこれらの回答をみてみると、ここには2つの傾向が認められる。

第一に、働きがいや職業満足度に対して否定的な回答は、SESが厳しい学校ほど増加している点であり、厳しい学校環境ほど働きがいや職業満足度が低まっていることがわかる。これは第3章で確認したように、他の学校より

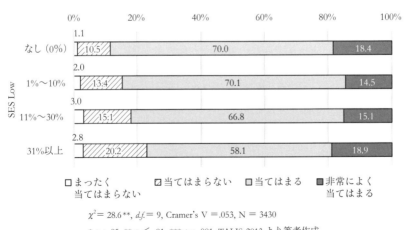

$\chi^2 = 28.6^{**}$, $d.f.= 9$, Cramer's V $=.053$, N $= 3430$
* $p < .05$, ** $p < .01$, *** $p < .001$, TALIS 2013 より筆者作成

図表 4-1　全体としてみれば、この仕事に満足している × SES

第 2 部　〈しんどい学校〉の教員の適応キャリア

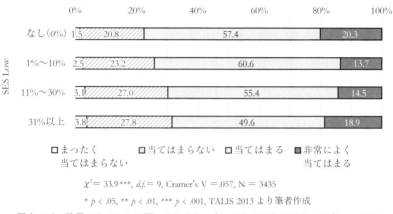

$\chi^2 = 33.9***$, $d.f. = 9$, Cramer's V $= .057$, N $= 3435$
* $p < .05$, ** $p < .01$, *** $p < .001$, TALIS 2013 より筆者作成

図表 4-2　教員であることは悪いことより、良いことのほうが明らかに多い × SES

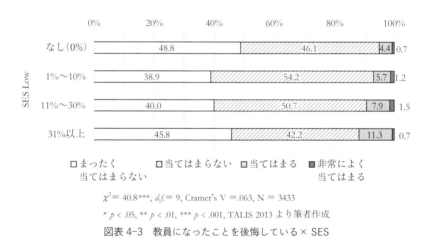

$\chi^2 = 40.8***$, $d.f. = 9$, Cramer's V $= .063$, N $= 3433$
* $p < .05$, ** $p < .01$, *** $p < .001$, TALIS 2013 より筆者作成

図表 4-3　教員になったことを後悔している × SES

も、様々な問題が表出しやすい学校環境であることが、〈しんどい学校〉の教員の仕事の負荷になっていることが推察される。

　しかしながら、第二に「31%以上」の最も厳しい SES の学校では最も肯定的な回答（例、「非常によく当てはまる」）が他の学校よりもやや多くなっている。これは第一の点とは矛盾するが、〈しんどい学校〉環境の中でも、その中で働きがいを見出し、その職場環境に魅力を強く感じている教員が一

第 4 章 〈しんどい学校〉の教員たちの教職アイデンティティ

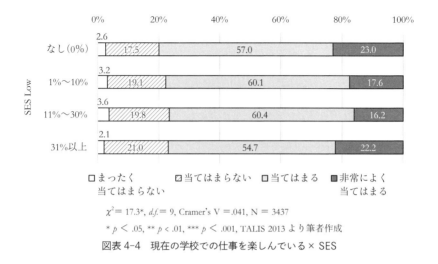

図表 4-4 現在の学校での仕事を楽しんでいる × SES

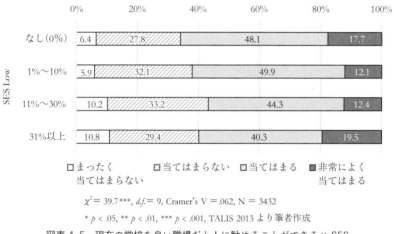

図表 4-5 現在の学校を良い職場だと人に勧めることができる × SES

定数存在していることを示唆している。

　こうした傾向は現在の職場環境に関わる質問についても、同様の傾向が認められる。「可能なら、別の学校に異動したい」（図表 4-4）では唯一、ゆるやかな負の相関が成立しているものの、「現在の学校での仕事を楽しんでいる」（図表 4-5）「現在の学校を良い職場だと人に勧めることができる」（図

第 2 部 〈しんどい学校〉の教員の適応キャリア

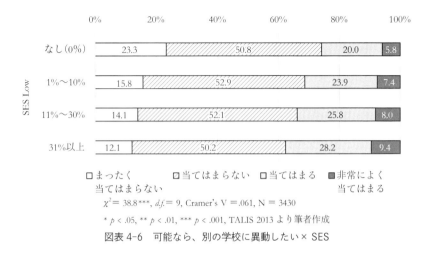

図表 4-6 可能なら、別の学校に異動したい × SES

表 4-6）といった質問でも同様に、全体的な傾向としては負の相関がみられるが、特に厳しい SES の学校では「最も肯定的な回答」が増加していることがわかる。

これらの結果からは、学校環境と教員の働きがいや職場満足度について、次のような傾向が見出せる。第一に、関連性はそれほど強いわけではないが、相対的に〈しんどい学校〉ほど働きがいや職場満足度を感じにくくなり、別の職場環境への異動を希望しやすくなる。これは水平キャリアにあてはまる事象であるが、特に図表 4-6 にみるように、実際に SES の厳しい学校では、一定数の教員が他校への異動を希望していることが確認できる。

この背景には、前述したように学校環境の厳しさが関連していると考えられる。例えば、Matsuoka（2015）は、校区の社会経済的背景が厳しい（低階層）学校に勤める教員は、校区の社会経済的背景が豊かな（高階層）の学校に勤める教員よりも職業満足度が低く、その背景として、前者の学校では生徒の問題行動も多く指導上の困難を抱えやすいことや、教育効果が明確にみられないため自己効用感が得られにくいことが要因となっているという。この指摘は、上記の一連の結果と同様の傾向を示している。

第二に、他方で特に〈しんどい学校〉では、その学校環境の中で働くこと

や教職の意義を強く見出している層が存在している。SES 指標と各質問項目の相関係数をみても、その数値はそれほど大きくなく、2つの変数間には「ゆるやかな関連」に留まっている。それは、〈しんどい学校〉においても、その学校環境にやりがいや意味を見出している教員が一定数存在しているからである。彼らは前者の教員とは異なる働きがいや職場に対する意味づけを有している。

こうした全般的な傾向に対して、インタビュー対象の教員たちは、概して言えば後者の教員層にあてはまる。多くの教員は前述したように学校環境の厳しさを語りつつも、〈しんどい学校〉で教員をすることに働きがいを感じている教員が非常に多かった。彼らは厳しい学校環境の中でいかに働きがいを見出しているのだろうか。次にインタビューデータから見出されたいくつかの特徴をみていきたい。

先行研究では教職が「人と関わる仕事（Interpersonal theme）」であることが教職への動機づけとして指摘されるが（Lortie 1975：25、Troman & Raggl 2008）、〈しんどい学校〉の教員たちはより、子どもや保護者との関わりに面白さや魅力を感じている。というのも、〈しんどい学校〉の子どもたちは、より感情表現がストレートな場合が多く、より濃密なコミュニケーションや関わりが行われやすいからだ。これには子どもへの「怒り」や「笑顔」といった感情表現、すなわち教員の「感情労働」（Hochschild 1983=2000、伊佐 2009）を伴うが、そのような子どもとの関わりが大きな魅力として感じられている。

　　　（ここの子どもたちは）感情表現が自由なんですよ。中学生にもなってくると、これは言ったらあかんとか、言っていいとか、大人の顔をうかがうことがあるじゃないですか。（…）けどこの子らって、相手が先生でも、校長先生でも、誰でも、思ったことを言うんですよ。でーんって。それがすごい良いなって思うときと、大変やなってときと。自分が言われてしまうと、しんどいときあるけど。ただやりがいとしては、その分話をしてくれるから、（子どもと）話ができたとき、すごく伝わる

んですよね。だから、すごい表裏一体で彼らが感情表現するので、こっちはすごい精神的に追い詰められるときもあるけれども、良い子ちゃんぶりっ子は絶対しない子らやから、親しみやすいから話ができて。おかげで何かできるようになったりしていくときに、「良かった」って達成感をこっちも一緒に味わえたりするので。(B1 教諭)

　こうした関わりの魅力は子どもだけでなく、保護者との関わりも同様である。最初から学校へ協力的な保護者ばかりではないが、保護者と深く関わり、話し合いをしていくそのプロセスや、その中で形成されていく保護者との関係性が、彼らの働きがいの源泉となっていることも多い。

　(仕事が忙しいことはあるものの) ただ、やっぱりその家庭に関わらせてもらえるのってすごいありがたいことやなって自分は思うんですね。それは、なかなかない経験かなと思ってて。いろんな家庭に入らせてもらって、いろんなお話聞かせてもらって。その保護者の方の生き方であったりとか、いろんなことを聞く中で、自分もやっぱり成長するし、その成長って子どもにすごく返っていくし、子どもの見方も変わるし。お母さんのしんどいことであったりとか、つらいことを聞くことで、自分も成長させてもらってたり。それはすごいありがたいなと思って。だから、家庭訪問行くことであったりとかは、全然苦じゃなくて。(C1 教諭)

　先に述べたように、指導の有効感(「指導がうまくいった」)を〈しんどい学校〉では簡単に感じられるわけではない。むしろ、子どもや保護者との関係の中で「指導が通らない」状況も少なくないため、短期的な指導の中では、有効感を感じにくい場合も多い。しかしながら、彼らの働きがいはより子どもや保護者との長期的な展望の中で見出されている。長期的なスパンの中で、課題のある子どもや保護者との関わりを重ね、その中で彼らの変化を感じることで、〈しんどい学校〉でのやりがいを見出している。

第4章 〈しんどい学校〉の教員たちの教職アイデンティティ

　「変化の実感」の代表的な例として、第一に教員に反発的な子どもの変化がある。生活・生徒指導や部活動での指導などがその典型であり、長期間の子どもとの関係がドラマチックな物語とともに語られ、そうした子どもの変化を教職のやりがいとして実感する教員が多い。例えば、A1教諭が経験した、中学校3年間の子どもとの関わりと、その中で実感した子どもの変化は、彼の重要な体験として位置づけられている。

　　（最初の担任をした子どもたちについて）赴任したときに学校がすごい荒れていて。学校行ったら「サッカー部顧問で」って最初の時点で言われて、その学校のしんどい子らがサッカー部の子らで。その頃はその中学に警察が来たりとか、学校の木が燃えたりとか、先生たちの車のボンネットが傷いかされたりとか、校門が街のどっかに運ばれたりとか（笑）。体育館の屋根にのぼって教師の名前よんで「むかつくんじゃー」とか。教師に対する暴力とかもあったりとか。結構やんちゃな子たちだったけど。

　　それで最終的に「しんどかったな」で終わるというより、（部活動での関わりを通じて）その子らとの間でちょっとずつ信頼関係みたいのがでてきて。（…）子どもらもサッカー卒業した後も、正月の三箇日以外はずっと一緒にいたような子らやったんで、一番しゃべったりとかしながら。卒業式の日とかはみんなでA2先生コールをしてくれて、皆で胴上げをしてくれて、なんか金八先生みたいな感じで（笑）。良い思いを、一番最後は一番良い思いをさせてもらって。（…）

　　最初のしんどかった五月のあたりは、今でも覚えているけど、僕がバイクで走っていて、向こうからサッカー部の7人くらいチャリできて、「うざいな」「きもいな」っていってきて。「むかつくわー」とか思いながらやったんが、最終的には「先生」って呼んで、そういう風に卒業していってくれて。そういうなんか、色々な事件とか関わることがあったけど、自分が一生懸命やっていたら、子どもには伝わるんだなとか、子どもも変わるんだなとか、そういうのを教えてもらって。（A2教諭）

第二に、学習指導の変化もある。確かに〈しんどい学校〉の子どもには学習指導の難しさがつきまとうものの、長期的な関わりの中で感じられる子どもたちの日常的な「小さな変化」が教員にとってのやりがいとなっている。

　　やりがいはそうですね。でもやっぱりちょっとした変化というか、高いものを求めてしまうと全然だけど、本当に集団登校で来られなかった子が今日は来られたとか、クラスの中に入れてなかった子たちが、周りの子たちが「あいつ変わってきたよな」って認められるようになったりとか、なんかそういう本当に少しの変化というか。机に何か分かんなかったら伏せてた子たちが「もう一回ちょっと教科書読んでみよ」ってぼそっと言ったりとか、もうそういう本当にちょっとした変化がすごいうれしいですね。(D1 教諭)

　〈しんどい学校〉の教員たちはこうした子どもや保護者との社会関係の中に、働きがいややりがいを見出しており、一見外からみれば手間暇がかかり困難にみえる子どもへの指導の方法や保護者への関わり方も、彼らの働きがいの源泉となっている。その結果、〈しんどい学校〉だからこそ、行える実践や指導方法があることに気づいていく。そして次の赴任校も、勤務校と似たような学校環境の学校を希望するケースも多い。B1 教諭は、そうした〈しんどい学校〉の教育実践にやりがいを見出した 1 人である。

　　自分の中で、2 つ夢があって、1 つはやっぱりできるだけ、しんどめの学校に行きたいなっていうのが自分の中にはあるんです。だから人権教育すごい盛んにしてあったりとか、いわゆる元「同推校」(同和教育推進指定校) と言われる所とかの方が多分合うんやろなって。「勉強だけ頑張ればいいねん」みたいな学校より、「人間」として頑張っていこうっていう学校のほうが好きやから、人権教育盛んにしてる学校がいいなって。それはどこの市に行ってもですけど、人権教育が主体にあって、そこに授業が「二輪」になるんやでっていう考え方の学校のほうが

第 4 章 〈しんどい学校〉の教員たちの教職アイデンティティ

自分に合うなって思うので、転勤するならそういうところの方がいいなって。(B1 教諭)

また〈しんどい学校〉へコミットメントは、上記したように教育理念だけでなく、〈しんどい学校〉が有する一体感のある同僚関係も大きい。これは後述する様に、〈しんどい学校〉の同僚性の特徴と重なる点であるが、子どもや保護者だけでなく、同僚との社会関係が〈しんどい学校〉で働くインセンティブになっている。次にみる D3 教諭はその典型であるが、そこには教育理念への愛着だけでなく、教員同士の一体感のある関係の中に、〈しんどい学校〉で働くことの働きがいを見出していることがわかる。

　私が初任のとき、もうすごい「チーム D 小」って言うてて、すごく助けてもらって。いろいろ授業とかも結構しんどいときに、他の担任でない先生が一緒に遅くまで残ってくださったりとか、そういうのがあったので。(…) 例えば、子どもには「悪口言うなよ」って言ってるのに、職員室の中ぎすぎすしてるとか、そういうのじゃなくて。本当に子どもにも大人にも同じように向かっているのが、私は結構すんなりストンときて。だから、そのまま今もいるっていう感じなんですけど。それ何なんでしょうね？ (D3 教諭)

以上のように、〈しんどい学校〉における教員の教職アイデンティティの 1 つ目の特徴は、〈しんどい学校〉で働くことへの意味づけの中身にある。子どもや保護者との濃密で「近い」関係性は教員に「しんどさ」をもたらすものの、他方でそこで経験される子どもや保護者との近い関係性や子どもや保護者の「変化」は、他校では経験できない独特のやりがいにつながっていた。また、詳しくは後述するが〈しんどい学校〉の協働的な同僚性は、教員に組織の一体感を感じさせるものであり、それが〈しんどい学校〉での働きがいの一部となっている。

101

4. パースペクティブ
　　－家庭背景を把握する・包摂・つながり

　〈しんどい学校〉の教職アイデンティティの2つ目の特徴は彼らのパースペクティブである。パースペクティブとは、「人々が世界を解釈するための枠組み」(Woods 1983：7) を意味し、教員の思考やその思考にいたるプロセスやパターンを表すものである。教員はこの枠組を通して彼らの現実を理解し、状況を定義し、自身の行為や実践を展開する。Woods (1983：42-54) は、教員のパースペクティブを「ティーチングの型」「生徒の類型の仕方」「逸脱に対する見方」といった、主に指導観や子ども理解の仕方に関わる3つの側面から整理している。ここでも同様に、指導観や子ども理解に関わる教員のパースペクティブを検討していく。以下ではインタビューから見出された、〈しんどい学校〉の教員に共通する、1) 子どもの社会階層へのまなざし、2) 指導観、3) 指導スタイルの特徴を記述していく。

4-1　社会階層へのまなざし－子どもの家庭背景を把握する

　〈しんどい学校〉の教員に最も特徴的なのは、階層的背景をめぐる子どもの理解である。〈しんどい学校〉では、貧困家庭や複雑な家庭背景など低階層の子どもたちが少なくない。こうした学校では、子どもや保護者の階層的な背景に対する教員の「まなざし」が問題となってくる。先行研究からは、階層をめぐる教員のパースペクティブを、それぞれ3つのモデルに整理することができる。
　モデル1は、低階層の子どもに対して意図的な偏見や差別を有するタイプである。西田 (2012) は戦後の在日韓国・朝鮮人の子どもたちが経験した教員からの偏見や差別について触れているが、マイノリティの子どもへの否定的なラベリングや学習機会の制限が、教員によって意図的に行われるのが、このタイプである。

モデル2は、低階層の子どもに対する無意識的なステレオタイプを有するパターンである。これは英国の労働者階級や米国の貧困層に対する教員のまなざしに代表されるもので（Cicourel & Kitsuse 1963=1980、Rist 1977=1980、Oates 2003、Dunne & Gazeley 2008）、このタイプでは、教員は子どもに対して、あからさまに差別的な発言を向けることはないが、自身の経験に基づいた階層に対するステレオタイプを潜在化させている。教室では、労働者階級の子どもに低い学習期待を抱いたり、結果的に階層間で不平等な学習機会を与えるなど、無意識的な実践が行われる場合が多い[2]。

　モデル3は、階層的背景に目を向けない「形式的平等」タイプである。これは日本の教員に特徴的なモデルであり、子どもの言動を階層的なものと結びつけて語ることは「差別的」であると捉え、子どもに対する画一的な指導を「平等」と見なす形式的な平等観のもとで子どもを処遇する（苅谷 2001）。教室では子どもたちに形式的には平等な扱いがなされるが、その中で低階層の子どもたちへの「特別な支援」も忌避されやすい（志水・清水編 2001）。

　〈しんどい学校〉の教員たちの語りには、上記したような3つのモデルとは異なるパースペクティブが観察された。その特徴の第一として、彼らは日本的なモデル3とは異なり、子どもの階層的な背景を積極的に把握・理解しようとする姿勢を有している。インタビューの中で、彼らは子どもの階層問題について自然に語っており、その子どもの階層的な背景に意識が向けられていることがわかる。

　　（子どもへの指導に関して）「ムラの子」（被差別部落出身の子ども）って言うのは、家では学校文化に適応できる教育を受けてこなかったわけで、そういう背景をもっている子らに、「学校だからちゃんとせえ」って言ったって無理な話で。そこらの背景も教師が理解した上で、その中でまず（子どもとの）関係をつくるところからはじめていく、というのがこの地域の考え方だと思うので。（A2教諭）

　「形式的平等観」のもとでは、子どもの階層的背景を語ることは、個々の

子どもの差異に言及することであり、それは差別的なものとして忌避されやすい（苅谷 2001）。しかしながら、〈しんどい学校〉の教員がこのように家庭や生活背景をといった階層問題を自然に語るのは、課題を抱える子どもの実態やその背景を正確に記述しようと努めているためである。

　詳しくは第5章で論じるが、教員たちは子どもや保護者との関わりの中で、彼らの生活の実態を経験していく。その中で、子どもの家庭背景を把握することの重要性を認識していくケースが多く見られる。

　　　（元々）青少年センターに勤めてたのもあるけど、そこではまたちょっと違う感覚でおったなっていうのはあるので。まだそのときは「親がちゃんとしっかりせえよ」っていう感覚があったかなと。部落の子でしんどい子で、その子だけ上履きが、いうたら、白い上履きが茶色とか黒いすすけたままでおって。「親、ちゃんと洗ったれよ」っていうのが一般的な感覚じゃないですか。でも、やっぱりここに来ていろんなこと知っていったら、もう親がそれをできない環境にあったりとか、考え方っていうか、生活背景にそれがあるんだなっていう。そこに何があるのかっていうのは、知っていく中でわかることかなとは思うんで。（B2教諭）

　他校での勤務経験がある教員からは、インタビューの中で子どもや保護者に対してステレオタイプ的な見方をする同僚の存在も語られた。そこからは、子どもの家庭背景を把握する子ども理解の仕方は一般的なものではないことが伺える。〈しんどい学校〉の教員たちは、こうした教員たちと自分を対置させながら、自戒を込めつつ自身の位置づけを確認している。

　　　結局、どんなに校区的に、例えば、土地が高いとか、生活水準が高いっていっても、格差はやっぱりすごいあって。C小の校区は、厳しい子どもたちが多いんだけれども、その厳しい子らの中でつながってて、一体感っていうか、そういったものがあると思うんですよね、僕は。でも、

前任校の場合は、本当に生活自体が厳しい子であったりとか、ひとり親家庭の子どもであったり、周りからなかなか理解されない余計に格差の中で苦しんでる子どもがいたんですよね。で、親御さんも、子どもがこんな状況で荒れてて、苦しんでるって伝えようとしても、親御さんも本当にその生活を守るために必死になってはって、会えなかったり。(…)で、結果として「あの親あかんわ」っていうふうに思ってる先生も少なからずおったんちゃうかなっていうふうに思うんですけど、(尊敬する同僚の先生は)そうじゃなくて、「いや、今置かれてる状況がどうやねん」っていう、その家庭背景をしっかりと見据えた上で、ちゃんと寄り添ってはりましたね。(C2教諭)

以上のように、〈しんどい学校〉の教員たちは学校での子どもたちの言動を、学級内の事象だけで表面的には理解できないことを経験的に知っており、家庭や地域の背景も含めて多面的に理解しようとしている。さらに、こうした理解に教育的な意味づけがなされているのは、次にみる指導観とのつながりがある。

4-2　指導観－しんどい子の包摂

〈しんどい学校〉の教員が有するパースペクティブとして、第二に、教育実践の志向性、すなわち、指導観がある。上記したような子どもの実態を社会階層と結びつけて解釈する見方は、モデル1や2のように、これまで教員の階層的バイアスとして否定的に捉えられてきた。階層的バイアスが働く場合、教員は客観的な基準よりも主観的な基準によって子どもを評価するが、その評価は社会階層と対応しており、結果的に子どもたちへの教育期待は低くなりやすい（Cicourel & Kitsuse 1963=1980、Rist 1977=1980、Dunne & Gazeley 2008）。

他方、〈しんどい学校〉の教員たちには、子どもの家庭背景を把握するだけでなく、その現状からいかに子どもを支援できるか、という積極的な支援

が意識されている。学校適応が難しい子どもも学級に位置づけ、学力の保障を行っていく「包摂」の志向性が共有されている。階層問題を語るのは、上述したように、子どもの実態を「正確に」記述するためであり、その上で社会的に不利な立場にいる「しんどい子」への支援が志向されている。

> （困難校で学んだことについて）そうですね、子どもを切り捨てないというか、「この学年だったらこうあるべきだ」「なんでできない」みたいじゃなくて、その子どもがわかるためにどう授業をつくっていくか。いつもその観点なんですね。（…）子どもの今の実態、「しんどい子どもがわかる授業をどうしようか」みたいなことが常に問題意識にあって。学年の中で話するときもやっぱり子どもの話がいつも出てて。家庭訪問に行くっていうのが当然のことで、ただ、その現象だけを見るんじゃなくって、家庭の様子とか、子どもの背景とかをしっかり見ていこうっていうのは、学ばせてもらったことかなって。（D4 教諭）

> 授業に出れない子がいてたら、授業に入れるように。学校に来られへん子がいてたら、学校にこられるように。授業に入られない時に、「はいれ」ではなくて「なんで入られへんか」を考える。その子にはその子なりの生活背景、クラスでの人間関係とか色々あるからね。（A3 教諭）

こうした姿勢は、保護者への関わり方にも及んでいる。子どもの実態を階層的な問題として捉えることは、保護者を問題の原因としてみる視点につながりやすいが、対象の教員たちは、保護者の養育態度や子どもへの関わり方に時に葛藤を抱えつつも、その上で保護者に対する理解や支援を志向する姿勢がみられる。

> 保護者との関わりは、なるべく「ああしてください、こうしてください」っていうのではなくて、保護者の方のしんどさを聞きたいなと思ってて。お母さんのしんどさであったり、いろんな困ってることを聞いて、「ほんで、じゃあ、僕何できますか」っていうことで、学校も一緒

にやるっていうのを保護者にも感じてほしいなと思って。「学校と家庭で子どもを見ていきましょう」「1人で抱え込まないでください」っていうのはいつも保護者と話しするときは心掛けてることで。(C1教諭)

(今年度)終業式が終わっても、(トラブルがあって)親御さんと会わなあかん子が6家庭ぐらいあったんやけど。子どものトラブルそのものは嬉しいとは思わないけど。ないにこしたことはないと思うけど、トラブルがあったおかげで、その子と話ができて、その子のことがわかって、親御さんと話ができて、親御さんのことが理解できたりするから。何もなかったら接点なんてなにもないやん。会って話をしたら2、3時間すぐ経つやんか。その中で他のいらん話もしたりしながら。たいへんやけど、だけど、それはたいへんやとは思わへん。(A8先生)

このように〈しんどい学校〉の教員たちは、学校から排除されやすい社会的に不利な立場にいる子どもや保護者の存在を意識しており、彼らへの支援やケアを志向する指導観は、社会的包摂と重なる特徴を有している。もちろんすべての社会的に不利な立場の子どもたちを彼らが包摂できているわけではなく、教員たちからはこれまでの教職経験から、様々な後悔や反省が語られた。

しかしながら、彼らは形式的にどの子どもにも同等に関わるのでは、そうした子どもたちが排除の対象になってしまうことに自覚的であり、家庭背景の厳しい子どもへの積極的な支援を意識している。そこには形式的な平等観とは異なる包摂の志向性をみてとることができる。そして、次にみるように子どもや保護者との関わり方も、〈しんどい学校〉に特有の実践が共有されている。

4-3　指導スタイル―つながりを意識する

〈しんどい学校〉の教員が有するパースペクティブの特徴として、第三に子どもとの関わり方があげられる。日本の小学校の教員文化として、「つな

がり」「絆」といった人間関係を基調とした指導の文化が根づいていると言われている（Shimahara & Sakai 1995）。一方で困難校の事例では、管理的な指導体制を敷きながら、制度的な権威によって教員―生徒関係を成立させる場合もある（古賀 2001）。

　一方〈しんどい学校〉では、小学校の教員だけでなく、組織の規範やフォーマルな規則を重視した指導が行われやすい中学校段階（Le Tendre 1994）においても、「つながり」が意見されていた。〈しんどい学校〉の教員たちは、子どもとの関係構築が優先される学校環境の中で、こうした指導スタイルを強く意識しており、学習指導や生活・生徒指導の基盤となるものとして、様々な「つながり」を捉えている。

　まずは教員と子どもとの「つながり」である。教員たちのなかでは、しんどい子を学級に位置づける上で、まず「子どもと話をできる関係性」をつくることに重要な意味づけがなされている。教員は普段の会話や学級づくり、学校内外での関わりの中で、子どもとの信頼関係の構築を、時間をかけて行っていく。

　　　子どもが荒れてて、まず子どもを理解せなあかんときには、最終子どもとつながれているかどうか、子どもと話をできるかどうかが、最後の砦というか。それがなくなるとホンマに子どもがはじけてしまうので、そういうところが一番大事。（A2 教諭）
　　　（初任校での失敗談から）ただね、（初任校では子どもが）荒れている中で必死やったんですね、きっと。みんながそういう状況で、先生もそういう風（権威的、管理的）にふるまって、ホンマにしんどかったから必死で過ごしていたという気はしますね。それしかなかったかな。子どもに言うことをきかす。授業を成立させるというような。（…）で、子どもとも、こういうことをしていては、本当の意味でつながれないということを学んだ時代ですね。（A4 教諭）

「教員―子ども」関係だけでなく、「子ども―子ども」関係の中でもつなが

りが意識されており、子ども同士の関係を豊かにすることが、逸脱や不登校などの問題の抑制につながるものとして理解されている。

> あと、授業で心掛けてるのは、子ども同士をつなぐっていうのはすごく意識してます。どんだけ教師と1人の子がつながっても、結局最後学校に行こうと思えるのは友達同士のつながりが大きいので。「こいつがおるから安心できる」って、「こいつがおるから学校に行きたい」って思えるような子を1人でも2人でもつくって、そういうつながりを何とかサポートできるように、子どもたちがつながっていけるようにはしたいなと思ってますね。(C2教諭)
>
> (現在の取り組みを学んだ前任校での経験について)だから集団づくりのための「班ノート」(生活班で自分の思いや悩みを共有する活動)であったり、学級通信であったりとか、クラスミーティング(学級の中で自身や学級の抱える課題を語りあう授業)であったりとかっていうのはもう、(前任校でも)普通に当たり前にやってはることやから。その学年の子たちも(家庭)背景が、すごいしんどい子いっぱいいたんだけど、すごく丁寧に学年の先生がたが育ててきはってて。3年になったらもうすごく良い学年になって。そこに入れてもらっていろいろ学ばせてもらったかなというのもあるし。(B2教諭)

対象の校区には、人権教育を重視した取り組みを行っている学校も含まれている。人権教育の取り組みに関しては、関西地区の学校を中心にその実践例に蓄積があるが(中野他 2002、志水 2003)、子ども同士のつながりをつくる実践については、先行研究で示されている実践と類似の特徴が観察された。

またこうした人間関係を基盤とした指導スタイルは、教員－子ども関係の成立といった生活・生徒指導に関わる実践だけでなく、学級での学習指導にもみられる。対象の学校では、特に学級での班づくりを重視しており、授業内でもグループ学習が意識的に取り入れられていた。日本の学校でもグルー

プ学習は取り入れられているが、対象校では授業にコミットしない子どもたちを授業に巻き込むために、より意図的にグループ学習が取り組まれていた。次の事例は、やや長いがC3教諭が「班学習」の中で子ども同士の関わり合いの効用を実感した際のエピソードである。

　　（C小で学んだこと）例えばですけど、子どもで言うと、ここって班学習とかペア学習とかやってるじゃないですか。そんなん前の学校、当然何にもなくて、子ども同士が騒がしくなったら机を離す。離して、隊形組んでたんですよ。「しゃべるな」ということで。前で先生が、黒板で授業する。騒がしいところは離す、切る、でやらせる。子どもは静かにはなるし。(…)今でも忘れもしないですけど。初めてここで班学習をしたときに子どもら同士が、本当にきれいな言葉で、ありきたりで申し訳ないですけど、目がほんまに輝いてたんですよ。あの表情を見たらね。私語は一切なかったですね。「これちょっと一回班になって机動かしてくっつけて、やってみよか」って言ったときに、騒ぎながら机くっつけて、でもその出された発問に対して、みんなでいきいきと「こう思うんやけどどう？」みたいな話が始まったんですよ。「なんやこれ」と思って。教師6年目で初めての班学習で。あの子らの中にはね、この4人で話していいっていうその自由さが、子どもにとってすごく心地良かって、自由に思ったことが言える空間を、班の中で自分ら同士で作りあげることができてたんですよ。
　　これはC小の積み上げやなと思ったし、急にはできないんね。(…)子ども信じるっていう言葉前から聞いたことがあったけど、こういうことなんかなって思って。先生が全部チェックして「あかんぞ」とか見て回って言うんじゃなくて、子どもらに自由な空間を与える中で、子どもが開放的に自分の思ってることを出せる。その機会をちゃんとつくるっていうことが、子どもを信じるっていうことなんやなと思ったんですよ。あれはもう衝撃でしたね。(C3教諭)

以上のように、〈しんどい学校〉の教員たちは、子どもの階層的な背景を積極的に理解しようと努め、その上で家庭背景の厳しい子どもやその保護者への支援を志向する包摂の指導観を有していた。またその包摂のために、子ども同士の紐帯を意識した教育実践が重視されている。〈しんどい学校〉の教員のパースペクティブは、このような子ども理解、指導観、指導スタイルによって特徴づけられるものである。

5. 同僚性－対向的協働文化・相互サポート・連携

　教員の職員間の同僚関係、すなわち同僚性にも〈しんどい学校〉の教員たちの特徴がある。海外では個人主義の傾向が強いため、同僚間の交流は非常に限定的だと言われてきた（Lortie 1975）。対照的に日本の教員組織には、校内研修や学校行事などを通じて同僚間の交流が海外よりも活発である一方で（Shimahara 1998、Shimahara & Sakai 1995）、教員集団の方針や意向が優先され、ときに個人の意見が制約される集団主義的な文化を有することが指摘されてきた（永井 1977、今津 2000）。

　先行研究では、校区の社会経済的背景と教員集団の特性などについては、詳しい検討がなされていないのが現状である。そこでまず、TALIS のデータから全体的な傾向から確認することとしたい。TALIS では、同僚関係を測る変数として、「学習指導のための意見交換・調整」（主に学習に関わる同僚間の交流。例、「同僚と教材のやりとりをする」）、「専門的協働」（上記以外の交流。例、「学級内でチーム・ティーチングを行う」）、2つの指標が用意されている[3]。

　SES ごとに2つの同僚性指標（図表 4-7）をみると、〈しんどい学校〉ほど、同僚間の関わりが多くなっていることがわかる。ゆるやかな関連性ではあるものの、学習に関わるものも、それ以外の関わりも類似の傾向が認められる。

　上記のデータと、インタビュー対象の教員たちも同様の特徴が見出せる。インタビューでは多くのケースで、同僚間の関わりの多さ、協力体制の良さ

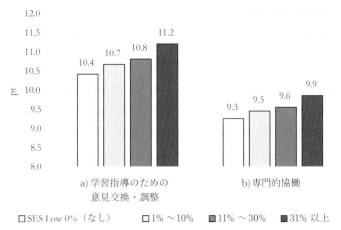

a) $F = 27.9***$, Adj $R^2 = .008$, N = 3445, b) $F = 30.4***$, Adj $R^2 = .008$, N = 3445, * $p < .05$, ** $p < .01$, *** $p < .001$, TALIS 2013 より筆者作成

図表 4-7　教員の同僚関係 × SES

が語られた。では、なぜ〈しんどい学校〉ほど同僚性が高まるのか。それは規律の問題など学校環境によるところが大きい。

〈しんどい学校〉では学級内の規律の問題や保護者と関係課題が生じやすく、特に新人の教員はそうした問題に対処する術を身に着けておらず、新任当初、精神的に苦しむケースも少なくない。彼らのそうした危機は、ともに指導にあたっている教員集団が支えとなって乗り越えられており、同僚間の相互サポートが日常的に行われている。D2 教諭は、勤務した他校との比較から D 小の特徴を次のように語っている。

> でも、1人じゃないっていうのがすごい大きいと思います、やっぱり。他市のときとかやったら、保護者対応があったときでも、学年の先生はそこまで、すごい親身になってっていったら変ですけど、聞いてくれないというか、教頭先生だけがすごい助けてくれて、あとは別にやし。私がそうやって悩んでることも知らない先生もいっぱいいるっていうか。そういうのがあったけど、ここ（D 小）はほんまに教職員集団というか、そこが違うかなというのはありますね。ここでは、週1回、自分が悩ん

でることとか、クラスの状況とかを話す低中高部会って言って、低中高、1、2年、3、4年、5、6年で教員が分かれて話し合うんです。(D2教諭)

　上記の語りにもみられるように、協働や助け合いなどの「良き」同僚性がつくられていない他の勤務校の存在もインタビューでは語られた。紅林(2007)や久冨編(1988)では、同僚間で互いに干渉し合わない限定的な日本の同僚性について言及されているが、他方〈しんどい学校〉では、学級内で日々起こる問題行動に個人で対処するには限界があると教員たちは語る。
　教員たちは子どもの生活・生徒指導に関わる事案を中心に、同僚と協働して子どもの指導にあたったり、互いの学級の問題や悩みを共有したり、指導の方法を相談するなど、協働関係を形成していく。特に、学校の荒れた状況下においては、こうした同僚間の協働関係が非常によくみられると言う。ここでは、学級の「荒れ」に対応する形で形成される同僚間の協力的な関係性を「対向的協働文化（counter collaboration culture）」としておく[4]。

やっぱり、同僚の関係でいうと、どの学校もそうなんですけど、やっぱり仲がいい。仲がいいっていうのは、手ごわい相手ほど自分をさらけ出さへんと、何とかできないじゃないですか。もう力で抑えてとかできないんですよ。だから、弱い部分とか自分を隠しても（だめで）。だから（子どもに）やられてクラスから帰ってきたら相談するし、逆に誰か泣いとったら、「何あったん」って聞くし。その関係を自然に。最初は、自分はやっぱり聞いてもらう方ばっかりで。そこで学んで、何とか最初の4年間乗り切って。次の学校にいったときは、ちょっと下の代の子が入ってくるじゃないですか。たった4年ですけど。今度はそういうふうに、ちょっとはなれたらいいなと思って、上（先輩）に相談しながらも（後輩に）たまに聞くみたいな。そうやってるうちに自分も聞いた部分、次の代から若い先生へ返せることも多いし、聞いてもらったらやっぱり助かるし、みたいな。ほんまに同僚の関係は大きいですね。(B3教諭)

対向的協働文化の中では、様々な立場を超えて、同僚間の連携がなされる。教員集団内でも考え方や立場、価値観は一枚岩ではなく、同僚間で日々の指導のあり方や方針が協議されていくが（鈴木 2012）、特に学校の荒れが厳しい状況下においては、そうした個人のこだわりや考えよりも、学校の秩序維持のために教員間の連携が成立している。

> A中に赴任してきたときに、それは、生徒の荒れがすごい時期だったのもあったんだけど、よく周りの先生とかに「A中いってたいへんやろー」とか言われてね。でも、僕の中ではね、（…）教師同士が、仲良くではないんだけれども「お互い反発しているやろうな」「僕のやり方気に入らんやろうな」とか思いながらも、A中の先生がね「一緒に仕事していかなあかん」「そうじゃないととてもやっていけない」という意識の方が強かったから、「一緒に仕事している」と言う感じがすごくしたんですよね。前任校ではバラバラいうか、ひどかったから。（…）しんどいけど、これでお互い仲違いしていたら、「これは話にならんで」「明日はない」というね。「どん底落ちるしか無いやろう」という。そこでなんとか、傷のなめ合いでもなんでもいいから、お互いやり方や考え方が違うっていうのがわかっていても、ともかく一緒に頑張ろう、困っていたらすぐ助けにいこうということで。生徒に胸ぐらつかまれていたら、日頃の対立なんかそんなん関係ない。ともかく助けにいくみたいなね。そうやね、「行動としてのまとまり」があったね。考え方の違いはおいて。（A6 教諭）

〈しんどい学校〉ではこうした対向的協働文化が学校の教員文化として根づいている場合が多い。荒れが収まった場合でも、「いつ荒れ出すかわからない」という危機感があり、またそれに加えて、協働することで享受できるメリットを教員たちは理解している。また先にみたように教員の中には、勤務校の居心地の良さの理由として、協働的な同僚性をあげる教員が非常に多い。次にみる C2 教諭もその 1 人である。

（退職して再び勤務校に講師採用になったベテラン教員が）朝、地域の家庭に出ていってくださって「朝誰が来てへん」とか。そういうふうなことから朝はスタートして。だから、朝一に僕が学級や校門に行って、「うわあー」（状況がわからない）っていうことは、ほぼないんですよ。本当にいろんな仕事を、いろんな先生がシェアして。仕事を分担って感じで、それぞれがやってるんではなくて、「今日どうやった」っていうのを職員室でその会話ができる。100 あったら 100 わかるわけではないんだけど、でも、概略が今の校区の中で起こってることっていうのが、職員室の中にいててもわかる。もうそれが管理職にもちゃんと伝わっている。だから、そういう意味でいうと、本当に風通しがいいですよね。【そしたら、（この学校は）そんな大変じゃなくて、むしろ楽しいっていう感じですか。】それはありますね。間違いなく楽しいですね。（C2 教諭）

またこうした協働文化を有している教員たちは、外部の関係者との連携も有益なこととして認識している。外部の専門職と教員との連携は、その責任の主体や役割、異業種間の連携をめぐって、その連携のもつ難しさや問題点を指摘するものもある（保田 2014）。

対して〈しんどい学校〉の教員からは、基本的には外部の人材を歓迎する声が多く聞かれた。その背景には、彼らが連携をすることで子どもや保護者を支援するための人的資源が増えることや、子どもや保護者に関する様々な情報が得られることなど、多様な人材が学校に関わることを積極的に評価していることがある。特に管理職やミドルリーダーの教員といった、組織をまとめる立場の教員たちは、外部の人材をより積極的に評価する傾向がみられる。例えば次の語りでは、厳しい家庭環境の子どものケースにあたり、児童相談所と連携したり、教員を支援したりする福祉の専門家であるスクールソーシャルワーカー（以下、SSW と表記）や、学校などで心理相談業務に従事する心理職の専門家であるスクールカウンセラーなどに対する教員の認識が示されている。

うちはもう本当 SSW の方とも密にお話しさせてもらって、子どものことを話しできるのでありがたいなと思ってて。で、いろんなケース会議とかも学校だけでできないケース会議、市のケース会議なんかも設定してもらったりしてるので。(…) 専門的な知識をすごくお持ちなので、SSW の方は。「こういう場合は、ここに相談しましょう」とか、「ここと連絡取ってきます」とか、いろいろと言ってくださるので。【やっぱりいるのと、いないとではだいぶ違いますか？】もう全然違いますね、それは。ありがたいです。(…)（教員の）家庭に行く回数はそんなに減らないかもしれないですけど、機関とつなげてもらえるのはありがたいですね。いろんなところからやっぱりアプローチしてもらうと、やっぱり家庭も変わりやすいので。(C1 教諭)

なるべく、僕は「門戸」は広くしようとしているんよ。(…) こうやって一緒に仕事をした仲間だから。いろんな場所の子どもらの状況を聞けるやん。(…) カウンセラーさんとか、違う業種の人から聞けるじゃないですか。ボランティアでも、「活動してこういうことあったんですよ」って言ってもらえたらめっちゃ嬉しい。(A4 教諭)

以上のように、子どもの規律の問題などが頻出する学校環境に対して〈しんどい学校〉の教員たちは、子どもの荒れに対応する形で対向的協働文化と呼びうる同僚性を形成しており、彼らは同僚間の相互のサポートや外部人材と連携することを強く意識している。教員たちは、集団的な規範の中で同僚と関わっている、というよりはむしろ子どもや保護者の実態に対応するために集団を形成し、互いに関わり合っている。また、教員たちは外部の専門家やボランティアなどと連携し、外部の人的資源を学校の取り組みに活用することを肯定的に捉えている。それは海外で観察される個人主義や、日本での集団主義的な同僚性とも異なる形態のものであり、〈しんどい学校〉の教員たちは、こうした対向的協働文化の中で、次第に〈しんどい学校〉で働くことの意味ややりがいを見出していく。

6. まとめ

　本章では、〈しんどい学校〉の教員の教職アイデンティティを、1）働きがい、2）パースペクティブ、3）同僚性の3つの観点から記述してきた。本章で示してきた彼らの教職アイデンティティの構成要素を整理すると図表4-8のようになる。これらの観点は明瞭に区別できるものではなく、互いに重なり合っている部分が少なくない。彼らの教職アイデンティティはこれら3つの観点が重なり合って形づくられていると言えよう。

　改めて、ここで示した教職アイデンティティの様相を整理すると次のようになる。まず働きがいについて、TALISの分析結果では、校区の社会経済的背景が厳しい学校環境ほど働きがいや職場満足度が低まる傾向があるものの、〈しんどい学校〉の教員は厳しい学校環境の中においても、その学校での働きがいや職場満足度を有していた。教員たちは、課題を有する子ども・保護者との「近い」関係性やそこでのコミュニケーションにやりがいを感じつつ、また他方で長期的な関わりの中で子どもや保護者の変化を経験していく。こうした子ども・保護者との関係性の中で、〈しんどい学校〉で働くことの意味やその学校独自のやりがいを見出していた。

　こうした教員の子どもや保護者との社会関係は、彼らの有するパースペクティブの特徴とむすびついている。彼らのパースペクティブの特徴として、子どもや保護者の言動を階層的な視点を介在させながら理解・把握している点があげられる。またこうした子どもや保護者理解のあり方は、よりしんどい子どもたちの実態を正確に把握し、彼らを包摂するための手立てでもある。そして、子どもや保護者とのつながりや信頼を基調とした実践によって、子どもたちを包摂する取り組みが具体化されていた。

　また同僚性のあり方にも特徴があり、子どもの「荒れ」に対処する形で教員間の協力関係が形成される「対向的協働文化」が共有されていた。教員たちはこうした同僚や他業種との協力体制の中で協働することの有用性を実感しつつ、また他方で、相互の助け合いや教員集団の一体感など、同僚との関

第 2 部 〈しんどい学校〉の教員の適応キャリア

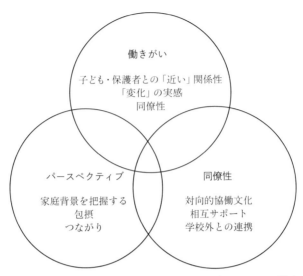

図表 4-8 〈しんどい学校〉の教員たちの教職アイデンティティの構成要素

係性の中にも職場の魅力を見出していた。

　以上のような〈しんどい学校〉の教員の教職アイデンティティは、先行研究の中で指摘されてきた教員像とどのような違いがあるのだろうか。「働きがい」については、Lortie（1975）などで指摘されてきたように、教員－子ども関係に働きがいを見出すのは、一般的な教員文化と類似している。しかし、低階層の子どもや保護者との関係においては、その関係性にコンフリクトが生じ、職業的満足度が得られないといった指摘もある（Becker 1952b、Matsuoka 2015）。これらの先行研究からみると、子どもや保護者との階層的な不一致を越えて、その関係性に働きがいを見出している点に〈しんどい学校〉の教員の特徴を見出すことができる。

　次に「同僚性」について、日本では「共同文化」（今津 2000）と呼ばれる集団主義的な同僚性の特徴が指摘されてきた。それは力量形成の観点から言えば肯定的な評価がなされる場合もあるが（Shimahara 1998）、相互不干渉といった限定的な同僚性（紅林 2007）や、外部の専門家との協働の難しさ（保田 2014）といった課題を指摘するものもある。

118

このように一連の先行研究で指摘されてきた同僚性と比べると、〈しんどい学校〉の教員は同僚間のサポートや外部機関との連携など、より協働的な文化を有していると言えるだろう。特に特徴的なのはその協働文化が形成されている背景にある。これまでに教員集団の協働文化は自然発生的で、意図的に協働的な同僚性をつくることが難しいと指摘されてきた（Hagreaves 1994:192-3）。一方〈しんどい学校〉では、学校の「荒れ」といった教員－子ども関係の難しさに対向する形で、その同僚性が醸成されていた。協働文化が単に自然発生的に存在しているのではなく、環境的な要因とセットで観察された点に本事例の特徴があると言えよう。

　最後に最も特徴的だったのが、「階層的背景を把握する」パースペクティブである。従来の研究では、学校現場に根づいている「形式的な平等観」によって、階層的な視点が無効化され、社会的に不利な立場にいる子どもへの積極的な支援がなされにくい実態が指摘されてきた（苅谷 2001、志水・清水編 2001、盛満 2011）。本事例においてはこうした傾向とは対照的な特徴が見出され、〈しんどい学校〉の教員は積極的に子どもや保護者の家庭背景（階層的な背景）を把握しようと努める姿が見られた。子どもの生活や家庭の実態を知った上で、彼らを学級に位置づけようとする彼らのパースペクティブは、「形式的な平等観」とは大きく異なる〈しんどい学校〉の教員の特徴である。

　さて上記のような教職アイデンティティを有する〈しんどい学校〉の教員たちは、教員世界の中でどのような位置づけになるのだろうか。本章の冒頭では、Whittyの3つの専門性、すなわち、職業的自律性や教員の専門職性を前面に出す「伝統的専門性」、成果主義やクライアント主義の「経営管理的専門性」、社会的マイノリティの包摂を志向する「民主的専門性」の3つの類型を提示した。

　こうした教員の専門性の類型から本書の〈しんどい学校〉の教員を位置づけるならば、伝統的専門性、経営管理的専門性とは異なる、民主的専門性に類する特徴を有していると言えよう。Whittyは、民主的専門性とは「専門性を脱神話化して、教師とその他の多様な利害関係集団（生徒、補助教員など

の学校スタッフ、それに保護者や地域住民などの外部の利害関係性）の間に協調関係を確立すること」であり（Whitty 2009=2009 : 202）、特にこれまで社会の中で周辺化されてきた人々との関係構築が強調されているが、〈しんどい学校〉の教員の教職アイデンティティは、こうした特徴に重なる点が多くみられる。

特にその特徴が見出せるのが、彼らの働きがいや、パースペクティブに関わる点である。前述したように、日本の学校現場では、子どもや保護者の階層的な背景を考慮することを忌避する文化が根づいていることが指摘されてきたが（苅谷 2001）、これは Whitty の伝統的専門性と大きく重なる特徴である。

他方で、対象の〈しんどい学校〉の教員たちは、学級での規律や学習指導や保護者関係などの課題を抱えつつも、その子どもや家庭の階層的背景を意識し、彼らのケア・包摂を志向していた。こうした社会的に不利な立場に置かれた子どもや保護者との関係に重要な意味が置かれている〈しんどい学校〉の教員の教職アイデンティティは、Whitty のいう、「排除されてきた子どもや保護者の『声』を聞き、協働をつくりあげる」という民主的専門性の特徴に類するものである。経営管理的専門性においても、消費者のニーズが重視されるものの、基本的には競争原理が働いているため、排除されている社会的不利層の子どもや保護者の存在が志向されるわけではない。そのため経営管理的専門性も、社会的不利層への志向性が強い〈しんどい学校〉の教職アイデンティティとは大きく異なっている。

以上のように〈しんどい学校〉の教職アイデンティティは、Whitty の民主的専門性のモデルと重なる点が多いことがわかる。もちろん、相違点もないわけではない。

第一に、Whitty は民主的専門性においては、「教師は自分の学級の児童以外の存在（例えば学校全体、他の生徒、教育制度全般など）に対する責任、さらにいえば、教師集団としてより大きな社会問題に対する責任を自覚する」（Whitty 2009=2009 : 203）と述べ、Sachs（2003）などの議論を引用しながら[5]、学校外の関係機関と連携しつつ社会問題を共有し、社会変革を目指す

より運動的な教員像をモデル化している。

　〈しんどい学校〉の教員も、社会的な排除や差別に対して意識が比較的高い。しかしながら、彼らの意識は学校外の運動に参加するといった行動よりは、むしろ学校内での活動や取り組みに主眼が置かれていた。今回対象とした教員の中でもそうした運動的な教員の語りも聞くことができたが、それは一部の教員であり、〈しんどい学校〉の教員全体に共有されている教職アイデンティティとは言い難い。確かに、運動的な素地が〈しんどい学校〉にはあるかもしれないが、その点については更なる検討が必要な課題であり、本章のケースからは、民主的専門性の運動的な要素については限定的な特徴に留まっていると言えるだろう。

　第二に、学校経営のあり方ついても留意が必要である。Whitty は民主的専門性を目指す上で、様々な関係者が学校の経営や取り組みへ参画することも積極的に評価している（Whitty 2009=2009 : 200-2）。Whitty がどの程度の経営参画を想定しているかは十分に議論されているわけではないが、海外の文献に紹介されているようなよりリベラルな実践（例えば、Apple & Beane Eds 2007=2013）が想定されているとすれば、そこには相違がある。確かに〈しんどい学校〉教員たちは、様々なアクターの参加を一般的な学校と比べてより積極的に受け入れる傾向は見られるものの、学校の取り組みや教員の指導の方針などは基本的に学校主導と言えるものであり、むしろ、日本版の「効果のある（力のある）学校」（志水編 2009）の事例に近いケースである。こうした差異はカリキュラムや教育課程の中央統制の強さに関わる内容であり、日本と海外の学校制度の相違による違いかもしれないが、Whitty の議論との相違点として留意すべき点である。

　こうした留意点はありつつも、〈しんどい学校〉の教員の志向性や実践の特徴は、Whitty の示した３つの専門性のモデルから言えば、民主的専門性と重なる点が大きいことは違いない。本書では、社会的不利層の包摂といった社会的公正が意識された彼らの教職アイデンティティを、「民主的アイデンティティ」と呼ぶことにしたい。〈しんどい学校〉においては、教員の共有された信念や志向性があり、それは民主的アイデンティティに根ざしたもの

となっている。こうしたアイデンティティが個々の学校組織や教員集団の中で共有されていくなかで、〈しんどい学校〉の教員文化が成り立っていると言えよう。

　さて Becker が観察したシカゴの教員の事例では、社会経済的背景が厳しい校区の学校で様々な課題に直面する中で、より自身の仕事のしやすい学校環境を求めて他校への異動を選択する、教員の水平キャリアの実態が指摘されていた。ここで取り上げた教員たちは、それとは異なり〈しんどい学校〉の環境に適応し、さらにその中で仕事をすることにやりがいを見出していった教員たちである。それでは、彼らはいかに〈しんどい学校〉に適応し、その中で勤務校へのコミットメントを高めていったのだろうか。次章では教員たちが〈しんどい学校〉に適応していったプロセスを検討していくこととしたい。

（注）

1) Whitty の専門性論は、あくまで教員にとって必要な唯一の資質や能力を探求する本質論的専門性論ではなく、ある特定の社会や時代の中で生起する「理想の教員像」を把握しようとする相対的な専門性論と呼べるものである。こうした視点は、教員言説研究（Moore 2004）として位置づけられるもので、この種の研究ではより多様な教員像が検討されており、例えば、Moore（2004）では、「教員＝カリスマ」「教員＝有能な技術者」「教員＝反省的実践家」以上 3 つの教員言説を見出している。また Sachs（2003）は、現代の教員言説として「企業家的アイデンティティ（Entrepreneurial Identity）」「アクティビスト・アイデンティティ（Activist Identity）」の存在を指摘している。本研究では、教育と社会階層が射程に入れられ、かつ包括的な議論を行っている Whitty の教員言説を取り上げた。
2) 日本でも、教員が貧困家庭をステレオタイプ化し、子どもの不適応の原因として否定的に言及する一方、彼らに積極的な配慮がなされない事例が報告されている（久冨編 1993、盛満 2011）。
3) TALIS 2013 では、教員の協力関係を測るため「学習指導のための意見交換と調整」「専門的協働」という指標が用いられている。それぞれ下記の 4 つの質問を合成されてい

る。(国立教育政策研究所編 2014：180.)。各変数はもともと、1：「行っていない」、2：「年に1回以下」、3：「年に2〜4回」、4：「年に5〜10回」、5：「月に1〜3回」、6：「週に1回以上」と数値が割り当てられている。

「学習指導のための意見交換と調整」(Exchange and Coordination For Teaching (TCEXCHS))

同僚と教材のやりとりをする
特定の生徒の学習の向上について議論する
他の教員と共同して、生徒の学習の進捗状況を評価する基準を定める
分掌や担当の会議に出席する

「専門的協働」(Professional Collaboration (TCCOLLS))

学級内でチーム・ティーチングを行う
他の教員の授業を見学し、感想を述べる
学級や学年をまたいだ合同学習を行う
専門性を高めるための勉強会に参加する

4) 「対抗的」(opposite) ではなく「対向的」(counter) としたのは、前者は「対立」「抵抗」「敵対」といったニュアンスが含まれるのに対して、後者は「対応」「反応」「反動」といった意味合いが強い。〈しんどい学校〉の教員の同僚性を表現する際に、競合的な意味合いのある前者はなじまないことから、ここでは後者の語彙を選択した。

5) Sachs (2003) では、近年の教育に関する議論、政策、実践の中で支配的な「管理主義言説」と「民主主義言説」の2つの言説がそれぞれ、企業家的アイデンティティ (Entrepreneurial Identity)、アクティビスト・アイデンティティ (Activist Identity) の2つの異なる教職アイデンティティを構成していると言う。管理主義言説とは、市場主義、説明責任、経済、効率性や効果を基調とするもので、企業家的アイデンティティとは、学習の内容や教員の資質の基準化、学校外部からの統制や規制、学校や教員の実践の個別化、学校や教員間の競争によって示される教職アイデンティティである (Sachs 2003：127-30)。他方、アクティビスト・アイデンティティとは、民主主義言説によって促進される教職アイデンティティであり、次のような特徴を有する (Sachs 2003：130-4)。第一に、「民主主義に根ざしていること」であり、アクティビスト・アイデンティティは、搾取、不平等、抑圧に対する批判的な態度を有し、社会的平等や正義を志向する「解放」を目的とする民主主義言説を基盤としている。また、民主主義の構造と過程、および生徒に対して民主主義的な経験を提供するカリキュラムの創造、包摂や参加の重視といった民主主義的な原理を基調とする。第二に、「交渉や協働」があり、教育に関わる様々なアクターによる討議を重視する。第三に、「将来志向と社会的批判志向」がある。過去の足枷をなくし、未来に向けた変革を志向しながら、特定の個人や集団による不当な支配に批判的な姿勢を有する。第四に、「戦略的で計画的であること」があげられ、

上記のような民主主義的な目標を達成するため、アクターのナラティブを重視し、ナラティブを通じて、教員が社会的、政治的、専門的なアジェンダを生成すること、そしてコミュニティによる実践を通じて、教員・官僚・組合・学識界・他の集団との協動の中で、教員の専門性を定義づけることを重視する。Whittyはこの Sachs のアクティビスト・アイデンティティと、民主的専門性は重なる点が大きいとしている（Whitty 2009=2009：203）。

第5章 〈しんどい学校〉の教員への社会化過程

1. はじめに－対象校での水平キャリア問題

　前章までで確認してきたように、〈しんどい学校〉の教員たちは厳しい学校環境の中で働きがいを見出しながら、特徴的なパースペクティブや協働的な同僚性を身につけ、しんどい子たちの包摂を志向する教職アイデンティティを共有していた。本章では教員たちが〈しんどい学校〉に赴任し、いかにその学校環境に適応していったのか、教員たちの適応キャリアのプロセスに焦点をあてて、〈しんどい学校〉への教員の社会化過程を検討していく。

　彼らの適応キャリアを吟味する前に、本調査が対象としている〈しんどい学校〉において、水平キャリア問題がどの程度生じているかを確認する必要がある。第3章で確認したように〈しんどい学校〉の学校環境は、Becker（1952a、1952b）の指摘と類似した特徴が認められた。校区の社会経済的背景の影響によって〈しんどい学校〉の教員たちは特有の職業的困難を経験しており、こうした学校環境は教員に他校への異動を選択させうるものでもある。

　本調査では、他校への異動を選択した教員にアクセスできたわけではないが、〈しんどい学校〉の教員へのインタビューから、勤務校における教員の水平キャリアの実情を聞くことができた。そこでは、〈しんどい学校〉における教員の水平キャリアについて、2つのパターンが確認された。

第2部　〈しんどい学校〉の教員の適応キャリア

　第一は、〈しんどい学校〉に赴任して、異動を申し出る典型的なパターンである。詳しくは後述するが、このパターンの教員は、〈しんどい学校〉の子どもへの指導の難しさ、それに加えて、〈しんどい学校〉の特徴的な指導スタイルが合わずに他校へ異動を希望する。次のA7教諭の語りにあるように、特に学校の荒れが厳しいときには、異動を申し出るケースが多くなると言う。また後述するが、どちらかと言えば、新任の教員よりも他の一般校を経験した教員のほうが、こうした異動を希望しやすい傾向がある[1]。

　　　自分が変われない人は、A中とかのしんどい学校は出てってます。
　　　「これ」という分岐点のときに、自分の方向性を見つけられた人は残っ
　　　ていけるし。そうでない人は出ていく。僕がきた一年目に新転任が13
　　　人ほどいてたけど、3年間で3人ぐらいです。残ったの。（出て行った
　　　人は）あわないとかでね。(A7教諭)

　第二のパターンとして、そもそも〈しんどい学校〉への赴任を忌避するケースがある。教職歴を重ねていく中で、教員たちの中では、各校の噂や評判が共有されていき、特徴的な学校に対してはラベリングがなされていく。本調査の対象校でも、子どもの実態や様々な噂から、〈しんどい学校〉としてのラベリングがなされており、それには「濃い実践ができる」というポジティブなラベルもあるが、「指導がしんどい」というネガティブなラベルをもたれる場合も少なくない。〈しんどい学校〉に対してネガティブなラベルをもつ教員たちは、そもそもこうした学校を忌避したキャリアを歩んでいく。次のD3教諭がD小への異動が決まった際の同僚教員の反応には、そうした実態が表れている。

　　　（人事の時）次はD小だよっていうのだけ、送られてきて。僕、その
　　　時あんま知らなかったんですよ。で、同期とかに「なんかD小に決まっ
　　　た」「え、マジで。結構大変って聞いてるけど」って。最初、わからな
　　　いままにね、それで同期会とかしたら「あそこだけは行きたくないと

思ってたとこに行っちゃったね」みたいな。そういうリアクションでしたね。まだそのときにはよくわかってなかったんですけど。(…)(転任してみて)多分周りの先生も、僕が転任者だってこともあって、D小で転任者って久しぶりだったらしくて。ずっと新任の先生、もしくは講師の先生しか配置されてなくて「久々に転任の先生だね」って、僕、来た時言われたんですよ。それぐらい人気がなかったと思うんですけど。
(D3 教諭)

　このように教員の赴任した時期や学校によって程度は異なるものの、本調査が対象とする〈しんどい学校〉においても水平キャリア問題が生じていることを伺うことができる。他方で Becker が観察したシカゴの教員では、厳しいスラム地域の学校から異動していく教員が主流と指摘されていたが、対象校の現状は類似した実態があるものの、下記の点で少し異なっている。
　第一に、まず〈しんどい学校〉から異動を希望するパターンは主流とは言い難く、その学校環境に馴染まないことはあっても、学校からすぐに異動するというのは限定された層であるという。こうした違いは、序章で確認したようにアメリカと日本で異動に関する人事制度が異なることに起因していると考えられる。アメリカの場合は、個人－学校間で異動の交渉が行えるが、日本の場合は基本的に行政が人事の主導権を有するため、すぐに異動が行えるわけではない。異動しない／できない教員の中には、次第にこの教員文化に巻き込まれてコミットメントしていったり、あるいは、学校の様子を見ながら自分の実践を貫く教員もいる。もちろん、異動するか否かは、学校の荒れなど、その時の学校状況に左右される場合が少なくない。
　第二に、これは推察に留まるが、インタビューからは、忌避パターンは異動パターンより多く存在することが予想される。一部の学校では学校の実態が落ち着いてきたことや、ポジティブなラベリングにより中堅の教員が赴任してくるケースもあるが、いずれの対象校も新任の赴任が相対的に多い状況をみると、全般的にはネガティブなラベリングが機能していると言える。
　いずれも実際の数値を割り出せているわけではないが、教員の語りからは

上記のような傾向が推察される。また両方のパターンに共通するのは、水平キャリア問題が顕在化するか否かは、その学校の状況、すなわち、学校がどの程度「荒れているか」に左右される。学校が落ち着いてきたため、異動や離脱する例が少なくなった、あるいは中堅以上の教員が増えたという学校もあれば、その逆の場合もみられた。

　このように全般的な傾向で言えば、対象校の〈しんどい学校〉でも水平キャリア問題は生じているといえよう。こうした状況は、教員の年齢構成が若手に偏ったり、教員の入れ替わりが多くなるなど、学校組織の不安定さをひきおこす場合もある（Becker 1952a, Allensworth et al. 2009）。実際に対象校においても、新任の教員が多かったり、組織のなかで若手を育成する中堅どころの人材が足りていないといった話も聞かれた。

　それでは、異動を選択する教員たちに対して、適応キャリアの教員たちはどのようなプロセスを経て、〈しんどい学校〉の教員になりえたのだろうか。本章では、彼らのライフヒストリーをもとに、〈しんどい学校〉における教員の社会化のプロセスを検討していく。分析では、第4章で確認した彼らの教職アイデンティティのうち、特に特徴的な「家庭背景の把握・包摂・つながり」といったパースペクティブの形成に着目しながら、教員たちが〈しんどい学校〉へ適応していった過程を吟味する。

2. データの概要

　本章では、第3章、第4章と同様に、4校（A中、B中、C小、D小）の教員、合計20名へのライフヒストリーインタビューで聞き取ったデータを用いる。分析では、教員の「教職志望理由」「自らの学校での体験」「大学での体験」「入職後の教職経験」、そして「〈しんどい学校〉での教職経験」に関するインタビューデータをエピソードごとに整理し、語り手にとって「重要な出来事」、すなわち「エピファニー」[2]（Denzin 1989=1992）を抽出した。その上で、適応キャリアの教員が共通して有する経験の特徴や内容を類型化

第 5 章 〈しんどい学校〉の教員への社会化過程

していった。その分析結果の一覧が、図表の 5-1 である。

年齢やジェンダー、学校種の違いなどを考慮しながら分析を行ったが、後述するように、彼らが〈しんどい学校〉に赴任してくるまでのキャリア（学校体験や大学体験や入職後のキャリア）については違いがあるものの、赴任後の教職経験については、それらのカテゴリーによる差異よりも、むしろ類似する共通点の方が多く観察された。

ここではまず、対象教員のキャリアの類型を概観した上で、〈しんどい学校〉における教職経験を分析していく。その際、対象者の共通性の記述を優先し、彼らが有する経験の共通点を中心に記述していく。

図表 5-1　教員の社会化に関わる経験の分析結果

学校名		A中								B中				C小				D小			
教員名		A1	A2	A3	A4	A5	A6	A7	A8	B1	B2	B3	B4	C1	C2	C3	C4	D1	D2	D3	D4
性別		男	男	女	女	女	男	男	女	男	女	女	男	女	女	女	男	女	男	男	女
年齢		30代	30代	50代	50代	50代	50代	50代	50代	20代	30代	30代	40代	30代	30代	40代	60代	20代	20代	40代	60代
キャリアパターン類型		深化	転換	深化	転換	喚起	喚起	喚起	深化	深化	深化	喚起	喚起	喚起	喚起	転換	喚起	深化	喚起	転換	深化
教職志望	家族＝教員の影響	●							●		●		●			●					
	学校教員の影響		●	●						●					●						
	特定の教科が好き							●							●						
	子どもと関わりが好き				●										●	●		●			●
	教えることへの興味			●											●			●			
	学習ボランティア体験																	●			
	公務員志望	●	●											●							
学校体験	勉強好き・教科好き	●							●				●								
	教えることが好き	●																			
	学校内リーダー役割		●																		
	勉強嫌い					●				●							●				
	学校，教師嫌い											●			●						●
	学校内劣等感						●	●													
	マイノリティとの出会い					●								●							
	障害児との関わり										●					●					
	地域の部落意識に触れる										●				●						
大学での経験	ボランティア	●					●							●							
	自主サークル																				
入職後	初任校が〈しんどい学校〉	●									●							●			
	「一般校」での教職経験		●	●	●	●	●	●				●	●	●	●	●	●		●	●	●
(印象的な教職経験)																					
	子ども・保護者とのコンフリクト	●	●	●	●	●	●	●	●	●	●	●	●	●	●	●	●	●	●	●	●
	同僚教員の観察	●	●	●	●	●	●	●	●	●	●	●	●	●	●	●	●	●	●	●	●
	協働での実践	●	●	●	●	●	●	●	●	●	●	●	●	●	●	●	●	●	●	●	●
	職員室や会議での会話	●	●	●	●	●	●	●	●	●	●	●	●	●	●	●	●	●	●	●	●
	家庭訪問										●				●				●	●	●
	校内研究・授業研究会										●	●		●	●	●	●	●	●	●	●
	郊外自主サークル・研修										●				●				●	●	●

3. 教員のキャリア類型

　まずは、対象教員たちが〈しんどい学校〉に赴任するまでの大まかなキャリアの特徴を整理していく。彼らのライフヒストリーを聞いていくと、後述するように教員たちの〈しんどい学校〉での教職経験については類似する点が多くみられるものの、〈しんどい学校〉に赴任するまでのキャリア（学校経験や他校での教職経験等）については違いが見られた。ここではまず、彼らのライフヒストリーから、教員の3つのキャリア類型を記述していく。

　3つのキャリア類型とは、第一に教職への入職前に社会的不利層の子どもへの支援に関心をもち、入職後もその志向性を深めていく「深化型」、第二に入職前には社会的不利層の子どもの存在がそれほど意識されておらず、入職後にそうした子どもへの志向性が高まる「喚起型」、第三に入職後一旦「一般校」で社会化された後、〈しんどい学校〉に赴任し社会的不利層の子どもへの志向性を獲得する「転換型」である。

　以下では、各類型に代表的な1名を取り上げ、彼らのライフヒストリーを「教職志望理由」[3]「学校体験」「大学体験」「入職後の経験」を中心に記述し、各類型の特徴を提示する。

3-1　深化型

　深化型は、教職に入るまでに、社会的不利層の子どもたちを支援することに関心があった教員たちで、〈しんどい学校〉に赴任後もそうした自身のパースペクティブを深めていったパターンである。彼らの特徴は、自身の学校体験や教員養成での体験がそのパースペクティブの形成の核となっている場合が多い。

　60代の女性教員であるD4教諭は、深化型の典型である。彼女の初任校はC小で、4校目の勤務校で現在のD小に赴任した。

　彼女が教職を目指した動機は、「小さい子どもと関わるのが好きだった」

という一般的なものである。しかし、学生の頃は「教師は好きじゃなかった」と語る。当時、自身の通う学校で教員が在日韓国・朝鮮人の子どもに対して露骨に厳しい指導したり、見せしめをしたりするのを目の当たりにしたため、教職に対してはネガティブなイメージを有していたという。

> 私、小、中学校とも在日（韓国・朝鮮人）の方が何人かおられた学校で、そこではっきり言うと教師の「差別性」みたいなものを何となく感じてて。そのときはね、本当にそこまで意識はしてなかったし、学校の中でそういう（人権）教育はなかったので。でもなんか、すごく。（この子が）在日の子とか、明確にはなってないけど、（なんとなく）わかるじゃないですか、いろんなところで。で、いうたら見せしめじゃないけど、そういうのに、そういう子どもたちが使われているなっていうのは、もう、小学校高学年から中学校ぐらいなったら仲間同士の間で話になるんですよね。「あの先生は、なんか、…だよね」みたいな。だから、（教職の）印象としては、良い印象は、私はあんまりなかったんです。（D4 教諭）

大学は教育大に進学したものの、一時はこうした理由から保育士になりたかったが、免許取得の関係で、結局小学校の教員免許を取得することになる。

彼女にとって現在のパースペクティブの核となっているのが、大学での自主サークルの体験である。大学で「解放研」（同和保育研究会）に勧誘され、その当時は解放運動が盛んな時期で、「面白そうだな」と感じて参加した。研究会で勉強した内容と自身の学校体験とがリンクすることが多く、そこでの学習の中で、小・中学校時代の在日韓国・朝鮮人の子の背景や、疑問に思っていた学校での出来事などが「つながっていった」と言う。その結果「教師は学校の中だけではだめで、社会のいろんな問題を知ること、子どもの実態を知ることの大事さ」を学んだと語る。

> 私の場合は、地域に朝鮮の方がいたし、そういういろんな差別的なこ

とを聞いていたことが、大学に入ってつながったっていう感じですね。「あ、こういうことやったんやな」とか。中学校から高校にいくときに在日の子たちが、その、調査書みたいなものを隠すこととか。（…）後でその友達の行動（の理由）がちょっとわかったりとか。なんか、隣の中学校となんかいろいろあるっていうのも聞いてたけど、「あ、あそこは被差別部落のある同推校だったんだな」とか。後でいろいろ結びついてきたっていうのは、大学に入ってから気がついたことですね。（D4 教諭）

　その後、大学を卒業し教員採用試験に合格する。初任で赴任した学校は、同和地区を有するC小だった。子どもの家庭背景は厳しく、自分の授業が全く上手くいかなかったが、それでも、先輩の「子どもを切り捨てない」姿勢や、しんどい子もわかる授業のための教科の自主編成、日常的な家庭訪問などの取り組みを見ながら、次第に実践の仕方を学んでいった。校内の授業研究も盛んで、教員の加配もあったため、担任をしながらも他の教員の実践を観察する機会が多かったと言う。
　課題を抱える子どもも多く、特徴的な学校文化をもつC小への赴任だったが、D4 教諭は当時、他校への異動などは考えず、むしろこうした実践に「違和感はなかった」と語る。それは大学で学びの中で、生活背景の厳しい子どもたちをどのように支援していくか、そうした関心を強く持つようになっていたことが大きいと言う。

　【当時保護者との関わりとかで、大変なことも結構あったと聞きましたが、授業もなかなか…】難しい。そうですね。【それでも、他の学校行きたいなとかは全然思わなかった。】思わなかったですね。それは、やっぱり大学のときにそういう子どもたちと一緒に、どちらかというと生活の厳しい状況の子どもたちを、どう一緒に頑張らせたいか、みたいな気持ちが大きかったからかなとは思うんですけど。だから、今も子どもの貧困とか、そういうのにすごく胸を痛めることがすごく多いんです

第 5 章 〈しんどい学校〉の教員への社会化過程

けど、どちらかというと普通にできる子どもよりも厳しい状況にある子どもをどう支援しようかなっていう関心が高かったので。(D4 教諭)

　その後、D4 教諭は他校への異動を重ねるが、C 小での経験が大きな「核」となっている。その後外国にルーツをもつ子どもへの関わりなど、マイノリティへの支援や理解をさらに深めていき、これらが現在の D 小での実践につながっている。

　一連の語りからわかるように、D4 教諭は〈しんどい学校〉に赴任するなかで確かに様々な指導上の困難を抱えるものの、しんどい子の包摂や彼らを支える実践への志向性がゆらぐことはなく、〈しんどい学校〉への適応をはたしていた。D4 教諭のパースペクティブの形成の契機となっているのは、自身の小・中学校におけるマイノリティの子どもへの差別という体験であり、加えて大学での人権・同和教育を学ぶことにより、社会的マイノリティの存在を意識し、彼らを支援することに対する志向性を強めていった。その後〈しんどい学校〉に赴任し、しんどい子や保護者との関わりの中で、彼女のパースペクティブは深まりをみせていた。

　上記のような「深化型」には 6 名の教員 (A1、A7、A8、B1、D1、D4) が該当し、彼らに共通するのは社会的不利層の子どもたちの存在を意識して教職の世界に入っていること、さらに初任校で社会経済的背景が厳しい学校に赴任し、子どもや保護者とのコンフリクトを経験しながらも、その教職に入る以前の体験がそこでの困難を乗り越える資源となっていたことがあげられる。またその後、赴任校の実践を学ぶなかで自身のパースペクティブを深め、〈しんどい学校〉への適応をはたしたことも共通している。

　ただし D4 教諭のように「大学での体験」の中で「気づきがあった」と語る教員 (A1、B1、D1) と、自身のルーツや学校経験が関連している教員に分けられる (A7、A8、B1)。前者は、学校や地域でのボランティア体験の中で子どもの家庭背景にふれ、その重要性を意識したことが初任校での適応を促していた[4]。また後者の場合は、低学力や劣等感など自身の否定的な学校体験や自身のルーツが教室のしんどい子と重なり、それが初任校での適応を

促していた[5]。

3-2　喚起型

　第二のキャリア類型である「喚起型」は、入職前には社会的不利層の子どもの存在がそれほど意識されておらず、入職後にそうした子どもへの志向性を高めていった教員たちである。喚起型の特徴は、初任校で〈しんどい学校〉に赴任する教員が多く、彼らのパースペクティブの形成は、初任校の〈しんどい学校〉での教職経験によるところが大きい。

　次にみる B3 教諭は喚起型の特徴をよく表しているケースである。B3 教諭は、30 代の女性教員で、B 中へは入職して 3 校目となるが、1 校目、2 校目も〈しんどい学校〉に勤務してきた。

　彼女が教職を目指したのは、消去法的な選択の結果であるという。学生時代は、クラスに居るのも居心地が悪く、中高とも卒業式も出ないような学生で、学校は「全然好きじゃなかった」と語る。大学選択時は教職を目指していたわけでなく、職に困らないように「免許とっておかないと」と思い、管理栄養士の免許を取れる大学を選び、「ついでに」家庭科の免許を取得した。

　大学時代も教職への意識が特に高まったわけではなく、唯一児童館のバイトをして「子どもと関わるのも面白いかも」と感じただけで、最終的に教職を選んだのは、「期待がない分、落胆も少ないだろう」という消極的なものだった。

　講師経験なく採用された B3 教諭は、1 校目に困難校に赴任する。学校は学級崩壊や教員の休職が頻繁に起こる荒れた状況で、自身も「ふらふら」になりながら毎日の指導にあたっていたという。赴任する際、B3 教諭は〈しんどい学校〉の実情や、子どもの家庭背景に関する知識は全くなく、赴任当初は「しんどい子」という言葉が指す意味内容もわからなかったと振り返る。

　　　（初任校では）担任で、やっぱりしんどい学校やったんで。自分の学
　　　年 3 クラスあったんですけど、隣のクラス学級崩壊して、もう 1 つのク

第5章 〈しんどい学校〉の教員への社会化過程

> ラスの先生、病休で休みだして、自分ももう、てんやわんやで、ふらふらの状態で授業準備しながら教室いってるみたいな毎日やったんです。(…)(自分を育ててくれたベテランの)同僚の先生が、「しんどい子を支えるために、小さい子どものうちから、変えてかなあかん」とかいろんな話してくれるけど、「しんどい子」ってまず何がしんどいのかわからへんわけですよ。そっから始まってるんです。「自分の方がしんどいんやけど」、そんなぐらいの感じですよ。(B3教諭)

彼女のパースペクティブの変化は、初任校でベテラン教員の指導のもと、様々な家庭と関わりながら生じていく。まず、彼女は子どもの未収金の会計作業の仕事を割り当てられ、そこで自分の学級の子どもの家庭状況の厳しさに気づいた。また、不登校になった子どもへの家庭訪問では劣悪な家庭環境を目のあたりにし、DVのある家庭、ネグレクト気味の家庭、家が「ゴミ屋敷」状態の家庭など、様々な家庭や保護者と関わることで、当初はその意味内容がわからなかった「しんどい」の意味がイメージできるようになっていく。

> だからやってるうちに、しんどいとか自分の勉強のこととかに集中できへんくて、裏にやっぱりいろいろあるんやなあっていうのが、まだ見えてない子も今もいっぱいいると思うけど、ちょっとずつ「こういうこととかを言うんやなあ」とか、ちょっとずつわかってきた、みたいな。(B3教諭)

しんどい子の家庭背景への関心を高めていったB3教諭は、その子どもたちへの支援の仕方については毎日手探りの状態だったが、同僚の実践を観察することで、子どもとの関わり方も少しずつ学んでいく。赴任した中学校では生徒指導の問題が多発しており、教員たちは空き時間も廊下に待機する「R(廊下)対応」が基本となっていた。そこで子どもと関係のできている教員を見ながら、同僚たちに自身の悩みを自然に話すようになっていたと言

う。

　彼女は1校目、2校目、そして3校目のB中と、いずれも〈しんどい学校〉に赴任しているが、辞めていく先生がいる中で耐えられたのは、同僚同士で悩みを打ち明けられる関係性があったからだという。同僚の存在は子どもへの関わり方を学ぶだけでなく、彼女が〈しんどい学校〉に適応する上で不可欠なものとなっていた。

> （なぜ学校に留まったか）やっぱりその時々に、絶対聞いてくれたりとか、怒ってくれたりしてる人がいてました。最初の3年は、ベテランの先生が、何があっても一番しんどいときの家庭訪問のときとかは、絶対待っててくれるか、ついて来てくれるかしてたし、ほんま育ててもらいましたね。むちゃ振りもむちゃくちゃされましたけど、でも、しんどいときに絶対に逃げずに、目離さず見ててくれるんですよ。それって一番の安心じゃないですか。「どうなるかわからんで」っていうときに、絶対待っててくれる人いるから。あれで待っててくれる人いなかったら、辞めてます。次の日いてませんね。（B3教諭）

　以上のように、B3教諭は、教員になるまで社会的不利層の存在を意識していたわけでなく、また初任校で〈しんどい学校〉に赴任した際も、家庭背景を把握したり、しんどい子の包摂を志向するパースペクティブを有していたわけではない。〈しんどい学校〉で子どもの生活背景や保護者の状況に触れる中で、「しんどい」という意味内容を理解していった。また他方で、指導が困難な毎日の支えになっていたのは同僚の存在であり、先輩教員の実践を観察しながら学ぶなかで、自身のパースペクティブを形成していた。

　このような「喚起型」には、9名の教員（A5、A6、B4、C1、C2、C4、D2、D2、D3）が該当する。彼らに共通するのは、社会的不利層の子どもの存在が意識されないまま入職し、その後初任校で困難校に赴任したり、そこでしんどい子を受け持つ経験を有したりしていることである。多くの場合、彼らのパースペクティブはその初任校で形成されており、その経験がその後の

キャリアを方向づけている。

3-3　転換型

　第三のキャリア類型が、教職に入職後、初任で「一般校」での教職経験を積んだ後に〈しんどい学校〉に赴任する「転換型」のパターンである。転換型の教員はまず、一般校で自身の教職観や指導スタイルを形成した後、〈しんどい学校〉に赴任し、大きな葛藤を経験するも、その中で自身のパースペクティブを組み替えて〈しんどい学校〉への適応をはたしている。彼らの特徴は、初任を〈しんどい学校〉ではなく「一般校」に赴任することで、一度は現在と異なるパースペクティブを形成している点にある。

　ここでは転換型の特徴がよく表れている事例としてC3教諭のキャリアを取り上げていく。C3教諭は40代の男性教諭、C小へは入職して2校目で赴任した。

　幼少期のC3教諭の学校経験は、あまり良いものではないという。「勉強はそこそこできた」ものの、「不真面目でいじめっ子」だったため、先生によく怒られた。「学校の教師嫌いやったんです。怒られたことしかないんで。だから先生のいてないところが楽しかった」。学校には「そんな思い出しかない」と言う。

　こうした学校体験から教職を希望することなく、当初は弁護士を志望していたが、大学受験で挫折する。教職を意識したのは、大学受験のため予備校に通っていたときで、大勢の予備校生がいるなか、C3教諭に的確に指導をしてくれる講師との出会いが大きい。「こういう子どもに自信を持たせられることって、先生1人の力でできるんだ」と「人にものを教えることを意識した」という。結局、大学受験は法学部を受験するが失敗し、半ば消去法で教育大に進学する。

　大学時代はほとんど勉強らしい勉強をせず、教職観や指導観に特に変化のないまま単位ぎりぎりで卒業する。そのまま、教員採用試験を受け、講師経験を経て1校目に赴任する。この当時は「子どもに言うことを聞かせるのが

教師」という現在とは異なる教員像を持っていたという。

> 正直言うと、講師や初任校の5年間はほぼ無知でした。何もわかってなかったと思いますね。「なんで教師になったんかな」っていう人間だったので、何となく子どもが言うことを聞く、子どもにものを教える、それが教師だと思って、何となくでやってたんですよ。若い男が、それなりの馬力で、困ったときに怒れば、子ども怖いですからね。言うこと聞くんですよ。それはね、やむを得ず。それをこの間はたぶんやってたと思いますね。僕自身は自分で良い担任だと思ってました。子どもに言うことを聞かせられる。学級崩壊なんてあり得ない。僕がちょっと「あかん左じゃない右や」と言えば、みんな右を向く。だから、自分はいい教師なんだなと思って、できるほうなんだと思って勘違いしてたんですよ。（C3教諭）

しかしその後、自身が卒業させた子どもたちが中学校で「荒れ」ていることを知る。最初は、逆に「自分の指導力があったんだ」と考えていたが、三度続けて卒業生が荒れていく姿を目の当たりにし、「何かが違う」と強く動揺を覚えたという。先輩教員から自身の指導のあり方を指摘されたが、答えのでないまま、その後C小に赴任する。

赴任したC小では、これまでの自身の指導が全く通じない子どもたちに出会う。これまでの「怒ると怖い男先生」では、C小の子どもたちは何も動じず、学級をコントロールすることができなかった。一方で、同じような子どもと関係をつくっている他の同僚の姿をみることで、自身のパースペクティブに変化が生じたという。

> （C小では）今度は今まで唯一使えていた怖さ。怒鳴ったら言うことを聞くっていう子どもたちがいなくなるんですよね。C小は怒鳴っても親のほうがもっと怖いですから。学校の先生がワー言うたって殴らないのを知ってますからね子どもは。もう全然「ワーイ」ですわ。ほんなら

ね、僕の中に何もなかったんですよ。術が。怒って言うこと聞かせて、おもろいこと言うて、「先生大好き」とか言われて喜んでるばかな教師やったんで。何にもないですよねもう。ほんで、もう一回、一から（ここでやろうと）。他の先生らは、荒れてる子たちとも時間かけてゆっくり話をして、ちゃんとクラスにしていかはったんですよね。その姿を見て、「僕はあんなことしたことないなあ」と思って。もう一回ここで学びなおそうと思いましたね。(C3教諭)

しかし、簡単に自身のパースペクティブが変化したわけではなく、当時は日々葛藤を抱えていたと振り返る。しかし、前任校で自分の卒業生が荒れていった出来事や、C小で子どもたちとの関係をつくり授業を進めている同僚の存在によって、C3教諭は自分を見つめ直して「学び直す」ことになる。

最初は自分の力が全然かなわないことをC小のせいにしてましたけど、「なんやねんこの学校」って。でも他の先生ができてるわけですからね。もう明らかに自分やなっていうのがあって。学ぶしかなかったですね。(C3教諭)

C3教諭はその後、C小での取り組みに目を向けるようになる。子どもへの家庭訪問をすることの意味や、家庭背景を知ることの大切さ、しんどい子が学べる授業づくりや班学習の実践、集団づくりなどを学んでいく。中でも授業研究で、先輩教員に一から授業の作り方を指導してもらったことや、校内の授業研究の中で、他の教員の授業を観察する機会をもらえたことが大きいという。加えて先輩から学校外での人権教育に関わるセミナーを紹介してもらいながら様々な実践に触れていった。

彼にとって印象に残っている出来事は、C地区で行っている識字教室の取り組みに同僚と参加したことだという。被差別部落の中では読み書きができない年配の人たちもおり、地区のセンターでは読み書きを学ぶための識字教室を行っていた。C教諭は同僚とその手伝いに行った際に、その地域の文化

やその地域の中における子どもたちの存在、そしてその子どもたちの将来を見据えることの意味を考えるようになったという。

> それから地域の中でやってる識字活動。おじいちゃんと一緒に、字を学んで、そこで字を教えるんですけど、そのおじいちゃんが勉強嫌いなんで、ちょっと暇を見つけてはしゃべりだすんですよね。でもね、そのしゃべってるのがすごい面白くって。「昔はこうやったんや」っていう昔話をね、すごい聞かせてくれはる。この地域のことを学んで、その先に今のこの子らがここで生きてんねんなってことを教えてもらったり。(…) おじいちゃんとか、地域の人もこんな願いを持ってんねんなとか。「この子らに将来こうなってほしい」みたいなことを、その識字で学んだりね。あと（小・中学校合同の）研修に行ったら、今の子らが中学校行ったときにどうなってほしいとかっていうのを考えたりするんですよ。「そんなん考えたことないわ」と思いながら。
>
> なんかとにかく、子どもはこの先も生きていくんやっていうことを、ほんまに考えさせられましたね。「この先、生きていくときに子どもらに何が必要なのか」とか、「何があったら豊かに生きられるやろな」とか、「じゃあ今こういうことしとこうか」とか。ようやく子ども中心に、僕中心に考えていた教師が、僕さえ良ければ良かったんですけど、やっと子ども中心に、子どもが生きていくために、自分に何ができるかという。（そういう考えに）やっと、なれたかな。(C3 教諭)

以上のように、C3 教諭は一度は一般校に赴任し、そこで「怖い男先生」の教員像を身につけるが、〈しんどい学校〉に赴任することでその教員像を転換し、新しいパースペクティブを形成していることがわかる。しかしその転換には大きな葛藤が伴っており、同僚の存在や地域での取り組み、研修への参加などを通じて、徐々に自らのパースペクティブを転換し、〈しんどい学校〉への適応をはたしていた。

「転換型」には 5 名の対象（A2、A3、A4、C3、D3）が該当する。彼らに

共通するのは、社会的不利層の子どもの存在が意識されないまま入職していること、その後「一般校」にて既存の学校・教員文化の社会化を経験していること、彼らのパースペクティブの変化は必ずしもスムーズなものではなく、赴任校の特徴的な実践と自身のそれまでの実践との間で大きな葛藤を経験するケースが多くみられることである。

4. 〈しんどい学校〉への適応過程

　ここまで3つの教員のライフヒストリーをとりあげて、対象教員のキャリアパターンを記述してきた。確認してきたように、〈しんどい学校〉に赴任するまでのキャリアは同一のものではないが、〈しんどい学校〉に赴任し、その学校環境に適応していく過程については類似したパターンが観察された。分析の結果、彼らが〈しんどい学校〉に適応していく過程には、3つのフェーズがあることが見出された。以下では、順にその内実を記述していく。

1) 葛藤フェーズ
　彼らの適応過程の第一の段階は、勤務校への赴任初期に観察される「葛藤フェーズ」である。この段階では第一に、教員―子ども・保護者とのコンフリクトや、特徴的な学校環境の中で自らの指導が成り立たない状況を経験し、教員たちは葛藤を抱える。第二に、同時に自身の教育実践とは異なる〈しんどい学校〉特有の実践を目の当たりにするが、その実践の意味やその背景が理解できない中で、教員たちは葛藤を深めていく。
　葛藤フェーズに移る契機となるのは、まず子ども・保護者とのコンフリクトである。授業における集団の統制がきかなかったり、子どもや保護者との関係が成り立たない状況は、教員たちにとって大きなインパクトをもつ。特に、初任ではなく2校目以降に赴任してきた教員たちの場合、自分のこれまでの教育実践が通用しない状況が、彼らにより大きな葛藤を生じさせる。例

えば、次にみる B2 教諭はその典型である。

> （B 中に赴任した）最初の方はほんま覚えてないな、もう。そのときは「しんどかっただろうな」というのが、何となく。1 年目なんか特にしんどかった。（…）（学年集団はベテラン教員ばかりで）結構、大事な場面で代わりの副担任の先生が言ってくれたりとかはあったんだけど、そのときの僕を知ってる人は、僕が笑った顔しばらく見たことがなかったみたいで。（…）（子どもたちの様子について）で、2 年生も「誰やねん、こいつみたいな」感じでね。その前の年に授業していた人が 1 年間で出てしまってるから。で、若造が来たと。で、勉強が苦手で逃げたい子もいるから、「もうわからへん、わからへん」っていうのがあるし。その学年もすごいあったかい子がいっぱいおったっていうのは救いやったんですけど。その最初の頃はしんどかったんですね。「何やねん、こいつら」みたいな。（B2 教諭）

　第二に、対象校では前述したような学校環境の中で、課題のある子どもを支援していくための特徴的な教育実践が積み重ねられてきた。その詳細については第 4 章でみてきた通りである。中でも特徴的なのが、子どもの階層的な背景を把握するパースペクティブであるが、こうした実践を赴任してきた教員たちがすぐに理解できたかというと、そうではない。むしろ、こうしたパースペクティブを形成するまでに葛藤を抱える場合が少なくない。
　次に見る初任で D 小に赴任した D2 教諭はその 1 人である。D2 教諭は、以前担任をした学級で常に問題行動を起こす子どもに頭を悩ませていたが、その当時は家庭背景を把握することの重要性を意識しておらず、そうした見方ができるようになったのは、数年後だったという。

> （その子には）深く関われなくて、その子どものそれ（複雑な家族構成と保護者からのネグレクト）を知ったのも遅かったっていうのもあるんですけど。で、今になって、そういうことがわかって、ちょっと関わ

り方も変わったなとは思うんですけど。だから、そうやってその子の抱えてるものをすごい見ないといけなかったんやな、っていうのを担任のときは全然それが頭になくて。ここに来て 1、2 年目やったし、ここは「しんどい学校や」みたいなのを言われてたけど、「何が」かわかってなくて。そこ（家庭）に踏み込むというか、そういうのを思ってなかったし「先生ってそんなことまでするのか」ぐらいの気持ちやったから。（講師をしていた）他の市ではそんなん絶対なかったし。（…）でもこっちに来て、そういうのも知っとくのって大事やなってすごい思って。やっぱり（家庭と）学校で見せる顔とかが違うから…。（D2 教諭）

　家庭背景をみることの重要性だけでなく、子ども同士の関係性を重視する「つながる」指導についても、葛藤を抱える教員は多い。一般的に授業が成り立ちにくい状況下では、教員たちはより教員の権威性を高め、教員主導の授業を展開しやすい。他方で、〈しんどい学校〉では、そうした管理的なスタイルでは子どもたちが学習の意味を見出しにくいため、子ども同士の学び合いや、関係性の中で学校に来る意味を見出す「つながる」指導が実践されてきた。しかしこうした指導スタイルの背景を理解し、実践にうつすことは多くの教員にとって簡単なことではない。
　例えば、転換型の D3 教諭は D 小に赴任し、そこで子どもたちと関わる中で教員主導型の授業スタイルを転換した教諭であるが、次の語りでは、赴任当初、2 つの授業スタイルの間で葛藤した経験が語られている。

（前任校では）いわゆる一斉授業ですよね。子ども同士がつながったりとか、子どもが活動することを中心においてる授業スタイルではなかったですね。どっちかっていうと、8 割教師が頑張っている、そんな感じの授業づくりやったと思いますね。D 小に来て初めて、やっぱ子どもが（中心）っていうことを（感じるようになった）。前任校でも口とか頭では（子ども中心って）思ってたんです。多分。でもやっぱり、そこでは教師の話を聞く子どもたちが多いので。（その分）教師がしゃ

べる時間も、すごい長かっただろうし、その学校だと聞いてくれる。(…)(D小では)さっき言ったみたいに一斉授業形式でどんどん進めて行くと、子どもが全然ついてこなくなるんですよ。「あれ、この感覚、前任校ではないわ」って。「ここ聞いてくれるところなのに聞かない」とかね。(…)やってもやっても上滑りな感じを受けてきてて、多分1学期の後半ぐらいから「おかしい、おかしい」と。今までの授業スタイルじゃこれは無理なんだなあ、と。そこからやっぱり「変えていかなあかんのやろなあ」とか。この校区の実態で今まで脈々と受け継がれて言われてきたことは「そういうことか」と。(…)ただやっぱり校区で、そういうこと(子ども中心の授業スタイル)をしっかり身に着けて取り組むことが、目の前にいる子どもたちには効果的なんだろうな、という実感を得るのは、実体験を積みながら、1年くらいかかったと思うんですよね。(D3教諭)

　本書が対象とする学校の特徴的な実践は、第4章で述べてきたような「子どもの家庭背景を見つめること」「つながる指導」「包摂の実践」などが挙げられる。いずれも、課題を抱える子どもたちを授業や学校に包摂し、適応を促すための実践であるが、教員たちは赴任当初、その意味や方法を理解できない場合が多い。特に、勤務校が2校目以降の教員の場合、それまでの実践との違いが大きく、こうした特徴的な実践に対して反発する場合もある。
　以上のように葛藤フェーズでは、新しい学校環境の中で、統制が取れない教室の状況と特徴的な学校文化の中で教員は葛藤を抱える。ストレスや身体的な負荷がかかり、学校環境への適応問題が最も表出するのがこの段階である。しかし、このような葛藤フェーズの経験を経る中で、これまで無自覚に実践していた自らの指導観や教職観の特徴を意識し、自らのパースペクティブを振り返る省察フェーズに移行していく。

2) 省察(reflection)フェーズ
　教員たちはこうした赴任初期の期間に訪れる「葛藤フェーズ」から次第に、

同僚の教育実践や子どもの家庭状況の観察をしながら、自らの教育実践を振り返りつつ、パースペクティブを再構築していく「省察フェーズ」に移行していく。

　指導上の困難を抱えながら、教員たちは次第に、同僚の存在をより意識していくようになっていく。そこで気がつくのが、自分と同じような子どもと関わりながらも、子どもと関係をつくり授業を成立させている同僚の存在である。彼らが同僚の存在に気がつく契機は様々だが、多くは学校行事や校内での研究授業、あるいは授業の合間など日常の中で同僚と子どものやりとりを観察していく。子どもへの指導で困難を経験している教員ほど、そのときの驚きは大きく、「同僚の観察」を通じて、教員たちはこれまで無自覚であった自らの指導観や教職観の特徴を意識し、自らの実践を相対化していく。

　次に見る A2 教諭は、課題の多い子どもに対して、当初は中学校で重視される学校規則を徹底させる指導を行っていたが、同じような子どもに対して自分とは異なる実践を行いながら関係を築いている先輩教員の存在が、自らのパースペクティブを変化させる契機となったと語る。

> （A 中に赴任した当初）同僚の教員に比べたら、（服装指導や学級規律を）「きっちりさせよう」って言う風に動いたね。（子どもに対して）がみがみ言うたし、その結果、荒れる子らなんかは学校来れなくなったりもしたんや。だから、それが僕の中に反省として残っていて。（…）（一方で）先輩の教員、僕はずっと同じ学年で組んでて。あの人はすごい人やねん。もう、全然生徒に厳しく言わないのよ。全然子どもをしばらないのよ。だから、きっちりさせるところも、全然きっちりさせへんねん。「大丈夫なんかな」って思ったけど、3 年で卒業させるときには、しっかり関係つくれていて、障害をもっている子らも、その先生やったら言うこと聞くみたいな状況で、生徒を卒業させていかはるんやね。あんな状況で、そういう教育もあるのかと。（…）そういう自分の失敗やったり、それでも同僚がしっかりやっている姿をみたりで、自分の中で「ああそうなんや」っていう部分があると思うねん。（A2 教諭）

ただし同僚の存在だけでは、課題のある子どもの階層的な問題に目を向けるパースペクティブにはつながらない場合もある。「省察フェーズ」では、同僚の観察だけでなく、教員たちは家庭訪問を通じて、社会的不利層の子どもの家庭の実態を経験していく。そのなかで、階層的な背景を含めた多面的な理解の重要性に気づいていく。

例えば、C1教諭は、初任校で自らが関わった子どもの家への家庭訪問が、自らのパースペクティブを形成する原体験だったと語る。その当時は支援の仕方もわからなかったが、こうした経験が、家庭状況を把握することの重要性を知る機会になり、後の自らの実践を方向づけるような体験だったと語る。

> （赴任するまで）そんなに人権教育をがっつりやってきた印象はなくて。そのときの子どもとの関わりは、今だったら「もっとあんなことできたな」「こんなことできたな」っていうことはたくさんあって。（自分の関わった子どもが）家がちょっとネグレクト気味だったんですね。で、お母さんと10歳ぐらい離れたお兄ちゃんとお姉ちゃんがいて彼らはもう働いてたんですけど。僕その子の担任になって。で、夏休みに家に誰もいなくて、朝とか起きても家族誰もいないような状態やったみたいで。なんでそれがわかったかっていうと、その子が万引をして呼び出されたんですね。で、おうちを言わなくて、その子は。で、学校に連絡があって、僕が呼ばれて行ったんですけど、行くと、もうずっとその子は控室みたいな所で、万引したので、泣きながらうつむいてる。で、その子は手に千円札握りしめてたんですよ。千円札握りしめながら泣いてて、「何、万引したんや？」って言ったら、「パンを万引した」って。「どうしたんや？」って言ったら、「おなかすいて」って。家で朝起きたら千円札置いてあったから、「これで買いに行こうと思った」って。「でも、買い方がわからんかった」って言うんですよ。わーっと。つらいなと思って。「そうか」「なら、もう一緒に払いに行こうか」って言ってくれて、お金払いに行って。で、「親から家には入らせたらあかんって言わ

れてる」って、お母さんが帰って来るまで待って。でも、結局お母さん、その日帰ってこなくて。(…) でも、それ以上、僕はそのときはあまり何もできなくて。(…) 僕は学校でその子の様子を気にするだけで、おうちにどんどん、どんどん自分が入っていくっていうことはできなかったんですけど、もう今やったらちゃうなと思って。(C1 教諭)

　このように課題のある子どもの場合、学校内だけでなく、学校外でも対応するケースが多く、教員たちはその中で家庭との接点をもち、子どもたちが抱える生活の実態を知ることになる。また家庭訪問などで実際に保護者と関わることで、家庭背景を把握することや、保護者とつながることの重要性に気づいていく。

　B2 教諭は、同僚と家庭訪問をしながら、多様な家庭背景をみることや、保護者とつながることの重要性に気づいていった1人だが、赴任当初は、「家のことは保護者がしっかりみてくれ」と思っていた。しかし先輩教員と不登校気味の子どもの家に家庭訪問を繰り返すなかで教員が家庭・保護者とつながることの意味を見出していったと言う。

　　(印象に残っている出来事について) 朝、不登校傾向のある子の家に担任の先生と一緒に迎えに行こうかっていって、朝から呼びに行ったりとか。その担任の先生がすごくそういうことを丁寧にしはる先生だったんで。もう学級通信も 100 も 200 も出すぐらいの先生やったから。そういうのを一緒にさせてもらったっていうのが大きかったかなと。いろんな家行って。お父ちゃんしかいない家も行って、お父ちゃんとロックの話でつながったりとか。担任の先生はギター弾けたから、そういうふうにつながってたりとか。なんしか一緒に遊んでましたね。(…) それがすごく楽しかったんで。僕が中学生やったらいいなと思うような楽しさがあったんで。(B2 教諭)

　彼らが経験する家庭・地域の内実は、生活の厳しい貧困家庭や複雑な家族

構成の家庭、被差別部落の地域性や、ニューカマーの子どもや公営団地の子ども等、様々である。しかし、いずれの場合においても、課題を抱える子どもの家庭の様子を観察したり、実際に保護者と関わったりする中で、子どもの学校での言動や課題を抱える背景が家庭・地域の状況とリンクしたと語る教員が非常に多い。

　以上のように「省察フェーズ」では、同僚の実践や家庭の実態を観察する中で、その学校の実践の意味や方法を理解していく。特徴的なのは、同僚からの助言のみで自らの実践を変化させた教員は少なく、多くの教員が、自らが関わっている子どもや保護者の実態と重ねながら、実践の意味を解釈している点である。学級の子どもの様子とその家庭の状況がリンクし、また一方で同僚の実践と子どもが変化する様子を観察する中で、勤務校の特徴的な実践の意味が解釈されていく。その中で教員は、これまで有していた自らのパースペクティブを再構築し、次第に勤務校の実践を自らの実践の中に取り込んでいく様子が見られる。

3) コミットメント（commitment）フェーズ

　最後に、「コミットメント」フェーズ[6]では、勤務校の学校環境に適応し、職務上の困難がありながらも、その学校でのやりがいを見出していく段階である。教員は勤務校の実践も自らに取り込んでいきながら日々の指導にあたり、その結果、関係を構築できた子どもや保護者、あるいは協働して仕事にあたる同僚、これらの社会関係の中で教員のパースペクティブはより深まっていく。

　教員たちが、勤務校において見出すやりがいの1つは、子どもや保護者との関係性にある。多くの教員は、課題の抱えていた子どもや保護者と関係が成り立っていく、あるいは、学習への意欲がなかった子どもが学習に取り組むようになる等、教員たちは子どもや保護者の「小さな変化」の中にやりがいを見出していく。C4教諭は、C小での実践に深く関わっているベテラン教員の1人であるが、課題を抱えていた子どもや保護者と関わることに、働きがいを見出していることがわかる。

第 5 章 〈しんどい学校〉の教員への社会化過程

　　（勤務校での）やりがいは、ちょっとずつ（子どもや保護者の）生活
　　が変わってきてくれたら、やりがいを感じるんかな、という。勉強に向
　　かう姿勢とか。大体、私が関わってる家って、みんな、お母ちゃんたち
　　との関わりも含んでいる子たちなんで。（…）いろんな所で、例えば集
　　金に行ったりとか。学校のお願いに行ったりとか。そういうふうな家を
　　ずっと回ってたんで。だから、ちょっとでも学校のほうに親が向いてく
　　れるようになったらめちゃくちゃうれしかったし。（…）あるとき、「な
　　んで自分はこんなんしてるんやろな」って思ったら、多分、自分がこれ
　　をやってて気持ちがいいからやってるんやろな、と。（C4 教諭）

　また、先述したように課題を抱える子どもや保護者から「きつい」言葉を
かけられることもあるものの、そうしたストレートな感情表現のやりとりや
深い関わりの中に、教員としてのやりがいを見出す場合もある。教員―子ど
も関係における感情的な結びつきは教職のやりがいの 1 つだが（Lortie
1975）、課題が集中する学校の場合、よりそうした深い関わりが増え、その
中で働きがいを感じる教員が多く見られる。
　子ども・保護者との関係だけでなく、教員が勤務校での働きがいを見出す
のは、同僚との関係性も大きい。インタビューでは「同僚同士が互いに助け
合う」「共に指導にあたる」「情報を共有し合う」「学校をあげた取り組みを
ともに創っていく」など、同僚間の協働が、勤務校での教員集団の特徴とし
てあげられ、そして教員たちはこうした協働的な同僚性の中で、他校では味
わえないような教員集団の「一体感」を感じている。D3 教諭はその典型で
あるが、語りからは教員同士の一体感が〈しんどい学校〉で働くことの積極
的な理由となっていることがわかる。

　　まあ冗談半分ですけど、しんどい時には、みんな「この学校を出たい
　　よね」って話が出るんですよ。でもやっぱり、ほとんどの先生が、多分、
　　僕ハマるんちゃうかな、思うんですよ。こういう密度が濃いけど、「み
　　んなで一緒にやろうよ」って、この感覚って他の学校では味わえないん

ですよ。他は、中堅から大規模校に行くと「学年でやろうよ」はあっても、「学校全体でやろうよ」っていう雰囲気がね、薄いんで。みんな、なんかの委員会には入ってるんですけど、ほんまに真面目に考えてるんかなって、思うんですよ。(…) やっぱり子どもがしんどくて、「みんなで支えて学校つくっていかへんと、無理やん」っていうような緊迫感も含めて、(そういうのが) ないので向こうは。そういう空気感も職員室にはなかった。(D3 教諭)

　こうした協働的な同僚性が生じやすい背景には先の学校環境が起因している。教員の「個人主義」は教員文化の1つであり (Lortie 1975)、日本においても同様の現象は指摘されている (紅林 2007)。一方で対象教員たちが語るのは、学校の「荒れ」といった指導上の課題が多い場合、同僚同士が協働しないと、指導が成り立たないため、そうした状況下においては、教員の協働が自然に生じてくると言う。もちろん異動により教員のメンバーが変わったり、子どもの荒れが落ち着いたりすることで、教員集団間に不和が生じる場合もあるが、勤務校でのやりがいを感じている教員の多くは、こうした協働的な同僚関係の中に働きがいを感じている場合が非常に多い。

　以上のように、葛藤フェーズでは、より学校環境における困難が前面に表出していたのに対して、コミットメントフェーズでは、むしろ子どもや保護者、さらに同僚といった社会関係の中により積極的な意味が見出されている。コミットメントフェーズを経た教員の多くは、次の勤務校も類似した学校環境を有する学校を希望する傾向にあり、そこでの教職経験がその後のキャリアに影響を与える。

5. 異動を選択する教員たち

　ここまで適応キャリアの教員の社会化過程を検討してきたが、1節で確認したように〈しんどい学校〉では異動を選択する教員たちもいないわけでは

第 5 章 〈しんどい学校〉の教員への社会化過程

ない。それでは〈しんどい学校〉に赴任した際に、他校への異動を選択する教員と、適応キャリアを辿る教員との違いはどこにみられるのだろうか。ここでは、適応キャリアの教員たちからみた「離脱する教員」の特徴を記述し、適応キャリアの教員の社会化の特徴を浮き彫りにしていく。

彼らが語る「離脱する教員」の特徴は共通するところが多くみられた。まず、キャリアの岐路となるのは、葛藤フェーズから省察フェーズへの移行である。しんどい子どもへ指導が通用しないときに、その教員がどのような反応をするのか、それがその後のキャリアの分かれ目になるという。B2教諭は、離脱する教員と自分との違いを次のように語っている。

> （だんだんB中に適応できたのは）こういう言い方すると、他の人がそれだからうちにいなくなっていくのかなっていうイメージがするんだけど。まあそう思ってるとこがあるんだけど、（僕は）責任を自分のほうに向けたから「自分はわかってないからこうなんだ」と。「自分が何か変わればこうなるんだ」って思えたから、ここにいるのかな。いなくなっていく人って、それを大抵の場合、子どもたちのせいにしますね。「こんな子どもたちに私の授業できません」そういう方向でいなくなっていってしまったりとか、「合わない」とかね。わからなくもないんですよ。10年、20年もそのスタイルでずっとやってきて、それが全く通用しない。わからなくもないけど、それでいいのかなとは思うんですけど。（B2教諭）

「子どもへの指導が通らない」という現実に直面した際に、その要因を子どもや保護者、学校のやり方など環境に向けるか、自らの実践のあり方に向けるか、教員は選択を迫られる。適応キャリアの教員たちも、このイベント時に大きなストレスや葛藤を抱えつつも、自らの指導や考え方を見つめなおす選択をしていった。それに対して、離脱した教員たちは子ども・保護者、学校のやり方に責任を求めていった点に大きな違いがある。

こうした選択は、中堅やベテランといった自らの指導スタイルを確立して

いる教員ほど採用しやすい。もちろん、年齢だけがこの選択を左右するわけではないが、それまで「一般校」のキャリアが長い教員ほど、それまでの学校を「一般的」と位置づけ、〈しんどい学校〉を特殊と考えやすくなる。対照的に、新任の場合は教職経験がないため指導の困難はより大きいものの、それまで蓄積した経験が少ない分、自らのパースペクティブの再構築が行いやすいという。次のD1教諭もその一例であり、新任で〈しんどい学校〉に赴任したことは、「かえって良かった」と感じている。

> （教員の反応が）なんで分かれていくんでしょうね？でも何か比べるものがあると、やっぱり合う、合わないは出るのかなと思ったり。やっぱり私何にもないまっさらな状態で来たので、これがスタンダードというか。何でもかんでも受け入れてたわけじゃないんですけど、私が初任のときは、もうすごい「チームD小」って言うてて、すごく助けてもらって、いろいろ授業とかも結構しんどいときに、他の担任持たれてない先生が一緒に遅くまで残ってくださったりとか、そういうのがあったので。（…）【同僚関係があったから大変なときが乗りきれたんですかね？】そうですね。それは本当にそう思います。でもやっぱり見てると転任の先生のほうがすごくしんどそうだなとは思いますね。今までやってきたやり方と違うかったりとか。（D1教諭）

　自分の指導のスタイル、パースペクティブを確立した教員が子どもとのコンフリクトを抱え、毎日の指導に困難を感じだすと、次第に、自らを正当化するストラテジーを採用する。コンフリクトの要因を自分以外に求めることに加えて、それまでの自分のやり方を固持し、同僚の実践との距離をとっていく。こうした正当化のサイクルに入ると、その教員は子どもへの階層的背景や包摂の実践に向かうこともなく、〈しんどい学校〉へのコミットメントも弱めていき、その結果、他校への異動を選択しやすい。次の「転換型」のD3教諭は自らも、〈しんどい学校〉への適応に苦しんだ経験から、次のように語っている。

（自分も適応するのに 1 年ぐらいかかった話から）とにかく今までやってきた自分のやり方が通用しないじゃないすか。じゃ、「すがるものがこっちか」みたいな感じでしたね。だから、多分通用してしまったら、もしくは、通用したと錯覚に陥ってたりとか、客観的に見られない場合は、もしかしたら、そういう（学校のやり方への）反発に転換することもあるかなあ、と。そこで 1 回、バンッて、合わなかった時に人間は学び始めるんかな、と。なかなか、切羽詰まらないと、今まで 10 年以上やってきたものを、もう 1 回ちょっと置いといて、ここの校区で積み上げていくっていうのは、しんどいな、と。

　（…）でもね、その時ね、一番しんどくなる時期ってあるじゃないですか、子どもとの関係性で。最初はね、子どものせいにしがちですよね。ぶつかってる時とかは。そこに生活背景うんぬんとか、自分の授業が、とかっていうふうにはならなくて、やっぱ最初は子どものせいにしてたんちゃうかなって。（…）そこで、もう 1 回立ち戻ってじゃないですけど、「子どものせいには絶対したらあかん」とか「今やってる自分のやり方に何かまずさがあるちゃうかな」っていうサイクルになったら多分、この校区にある程度入っていけるんちゃうかなっていう。子どものせいにし続けたり、自分を正当化していくと、出ていくんじゃないですか。（D3 教諭）

　これらの異動を選択する教員の特徴は、あくまで適応キャリアの教員が語った姿であり、ここで語られた内容の妥当性については留意が必要であるが、その特徴をまとめると次のようになる。他校への異動を選択する教員は、葛藤フェーズを経験した際に、自らのこれまでの実践を正当化する傾向にある。これはある面では、困難な現実を生き抜くための「サバイバル・ストラテジー」（Woods 1979）としての側面も有している。しかしながら、こうしたサイクルに入った場合、自らの実践を振り返り、パースペクティブを再編するための省察フェーズに移行することはなく、その後〈しんどい学校〉へのコミットメントを弱めていった結果、他校への異動を選択するに至った

と考えられる。

6. まとめ

　本章では、教員たちがいかに〈しんどい学校〉に適応していったのか、そのプロセスを職業的社会化の観点から検討してきた。彼らのライフヒストリーを分析した結果、まず対象教員の〈しんどい学校〉に適応するまでのキャリアには、「深化型」「喚起型」「転換型」3つの類型が確認され、パースペクティブを形成してきた時期には違いがあることがわかった。

　一方〈しんどい学校〉に赴任後の教職経験については、類似する点が多くみられた。〈しんどい学校〉に赴任後の適応過程を分析していった結果、その過程は3つのフェーズに整理された。そのフェーズについて整理したのが、図表5-2である。

　第一の「葛藤フェーズ」では子ども・保護者とのコンフリクトや特徴的な学校文化の中で教員は葛藤を抱える。このフェーズでは第3章で確認した指導上の困難を抱えやすい学校環境の特徴が色濃く反映される一方で、自らの実践と〈しんどい学校〉の教育実践の齟齬が表面化する段階でもある。

　第二の「省察フェーズ」では同僚の教育実践や子どもの家庭状況の観察を通じて自らの教育実践を振り返り、自身のパースペクティブを再構築していく。多くの教員が、自らが関わっている子どもや保護者の実態と重ねながら、学校の教育実践の意味を解釈し、次第に勤務校の実践を自らの実践の中に取り込んでいく様子がみられる。

　第三の「コミットメントフェーズ」では、勤務校の学校環境に適応し、職務上の困難がありながらも、その学校でのやりがいを見出していく。教員は勤務校の実践を自らに取り込んでいきながら日々の指導にあたり、その結果、関係を構築できた子どもや保護者、あるいは共に協働する同僚、これらの社会関係の中で教員のパースペクティブはより深まりをみせていく。

　教員のキャリア類型ごとに社会化過程をみてみると、経験する内容には違

いはないものの、葛藤フェーズで経験する葛藤の度合いに違いがみられる。葛藤の度合いは「転換型」が最も大きく、次に「喚起型」「深化型」と続く傾向がみられた。しかし、「深化型」でも〈しんどい学校〉への適応はスムーズなものではなく、中には他校への異動を考えた教員もいる。その意味では、上記の適応のプロセスはいずれのキャリア類型であっても経験するものと言えるだろう。

概して言えば、適応キャリアの教員たちは、〈しんどい学校〉への適応過程の中で、〈しんどい学校〉特有の学校環境の中で困難に直面しつつも、その中で自らのパースペクティブを繰り返し省察しながら、その状況に応じた教育実践を模索していっており、その社会化のプロセスは、自らの教職アイデンティティを再構築していく過程であったと言える。

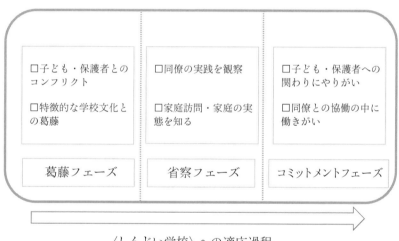

図表 5-2 〈しんどい学校〉に赴任後の適応過程

適応キャリアの教員の社会化過程と比較した際に、異動を選択する教員は葛藤フェーズから省察フェーズへの移行が行われない点に特徴があり、「コンフリクト」「正当化」「コミットメントの低下」といった過程を経て、最終的に異動を選択していることが伺えた。彼らは困難に直面した際に、自らの教職アイデンティティの再構築に向かうのではなく、むしろ「保守化

（conservatism）」（Lortie 1975：210）、すなわち、自らの実践を変えず過去の自身の経験に傾倒する態度を強めていた。その結果、教職アイデンティティを再構築し、〈しんどい学校〉に適応していく契機は失われていっていたと考えられる。

　こうした適応キャリアの教員の〈しんどい学校〉への適応過程を、職業的社会化の観点からみた場合、次のような特徴を見出すことができる。

　職業的社会化研究においては、適応していく準拠集団の知識や技術をいかに習得していくかが議論となるが（Lave & Wenger 1991=1993）、教員の場合、多くの先行研究が示唆するのは同僚教員の影響力であり（永井 1977、今津 2000、山﨑 2012）、そこでは「正当」とされる知識や技術が自明的に伝達されていく社会化過程が指摘されてきた（酒井・島原 1991、Shimahara & Sakai 1995）。こうした「知識社会学的なアプローチ」によって見出された、言わば受動的な社会化過程に対して、〈しんどい学校〉に赴任してきた教員は、その学校の教育実践を自明のものとして受動的に採用していない点に特徴が見出せる。

　彼らが〈しんどい学校〉に特有のパースペクティブや教育実践を身に着けていったのは、同僚からの同調的な圧力や暗黙的な受容によってではなく、むしろ教室内外での困難に対処するために模索した結果であると言える。こうした一連の職業的社会化の過程は、困難な状況や制約に対処しながら、その結果、必要な知識や技術を身につけていく「ストラテジー的」特徴（Lacey 1977）を有していると考えられる[7]。

　こうして〈しんどい学校〉に適応していった教員たちは、学校へのコミットメントを強め、より学校の中で中心的な役割を担うようになっていく。しかしながら、様々な状況の変化の中で、教員たちはキャリアのゆらぎや危機を経験する。次章以降では、〈しんどい学校〉の教員たちのその後のキャリア問題を明らかにしていく。

（注）

1) ここで言及した以外には、〈しんどい学校〉での指導が上手く行かず、離職するケースもあり、こうしたケースは講師や初任者の場合が少なくないという。
2) エピファニーとは、語り手の生活や人生にとって重要な出来事を指す概念であり、また語り手が自己を語る際や、個人的な問題や危機などが生じた際に絶えず参照されるものでもある（Denzin 1989=1992）。
3) なお、教職志望動機については「身内が教員」「担任教員の影響」「特定の教科が好き」「子どもとの関わりが好き」「人にものを教えることへ興味」、「学習ボランティアでの活動体験」、「公務員志望」など様々であり、これらはいずれも先行研究の知見と重なるものが多いが（太田 2008、2010、2012、山﨑 2002、2012）、これらの動機づけが、彼らのパースペクティブにつながっているわけではなく、いずれも教職を選んだ理由に留まっている場合が多い。
4) 大学の体験の例としては、教育に関わる自主サークルでの学習以外には「ボランティア活動」があげられる。ボランティア活動の中で、学生として子どもやその保護者と関わり、その経験が子どもの生活背景に気づいていく契機となっている。

　　小学校のボランティアに行ったんですけど、そこがかなり荒れてて。5年生だったんですけど、もう学年崩壊みたいな感じで。で、そこで出会った3人の子たちがいるんですけど、結構家庭が経済的にじゃなくって、なんかおうちの人が離婚したとか、腹違いの兄弟がいて自分が全部面倒見てるとか。そういう、家庭にいろいろしんどさを抱えてる子たちが、もうすごく授業をつぶしてるというか。廊下でサッカーしてみたりとか、立ち歩くとかそんな感じで。でもその子たちと少しずつ関係ができるようになって「私がいたらテスト受けてあげてもいい」とか、「うるさいおばさん」とか言われるけど、でも少しずつ距離が縮まってるのがわかって。そのときに自分は、「いろんな思い抱えてる子がクラスの中にはいるんだな」っていうのに気づいて。（D1 教諭）

5) 学校体験については、「勉強嫌い」「学校・教員嫌い」「学校で経験した劣等感」などネガティブな内容が多く、これらの学校体験のエピソードでは、自身が学級内で周辺に位置づけられていたことが語られた。

　　自分の（育った）環境や自分の生い立ちが大きかった。そういうのがなければ、初任の時の子どもたちとマッチしていかなかったよね。リンクするのは、学校体験と自分の生い立ちかな。（…）抽象的な言い方やけど、子どもたちが荒れる原因とかきっかけが、自分の中にもあったからね。中学校時代。僕も悶々としていて、家庭が嫌で嫌で、自分を卑下する自分があって、そういう環境の中で「自分はなんて不幸な奴や」と。家出もしたし。そういうことが結びつくわけですよ。（A7 教諭）

6) コミットメントとは、組織的な要求と個人の経験との交わりの中で生じるものであり、個人が社会的アクターとして自身の労力や忠誠をある組織に向けることを示す（Woods 1983：13）。

7) Lacey（1977）は、教員養成系大学の学生の教員への予期的・職業的社会化の移行過程を検証している。調査対象は、GCE（The PostGraduate Certificate of Education）の学生470名で、調査は1969-1973年に実施された。調査では、教育実習期間の学生の様子を観察、さらに3時点でアンケートを実施（コース受講開始時、受講後、入職1年後に調査）している。フィールド調査では、プログラムを受けている62名の学生への参与観察が行われ、次のような知見が見出されている。第一に、実習を受ける学生は、学校の実態や教員の役割の発見に喜ぶ「ハネムーン期」から、教室での実践のむずかしさを知る「模索期」、そして時には教員としての「危機」に直面する。その過程で学校の仕組みや指導方法をめぐる課題や悩みを抱え、それに対処するために学生はストラテジーを学習していく（Lacey 1977：72-3, 89）。第二に、学生が用いるストラテジーの内実が示されている。それには、「戦略的再定義（strageteic redifinition）」（大学で学んだ新しい考えや教育方法等を用いて、学校制度や慣習を変革していく）、「戦略的対抗（stragegic complicance）」（学校制度や慣習に対して反発する）、「内在的適応（internalized adujutment）」（役割やルールをスムーズに内面化）、「集団的戦略（collectiving stragetegies）」（批判を（学生）集団で共有し正当化する）、「プライベート化戦略（privatizing strategies）」（批判を人には話さず、問題がないことを装う）などがある。学生の直面する悩みでは、大学での教育内容と現場の教育論理との間で板挟みにあうことも多く、大学の知識と現場の慣習の中で折り合いをつけるための学生のストラテジーがLaceyの分析では生き生きと描写されている。

第3部　教員世界の変化と教員のキャリア問題

　第2部では、〈しんどい学校〉の学校環境、教職アイデンティティの特徴、社会化の過程を検討し、教員たちが〈しんどい学校〉に適応するプロセスを示してきた。しかしながら、〈しんどい学校〉に適応した彼らは、このまま「安定した」キャリアを辿っていくわけではない。Becker（1952a）が述べるように、教員は特定の学校に適応し、自分の仕事のしやすいポジションに定着していくが、そのポジションやキャリアは外的な要因によって変化に晒され、異動を含めたキャリアの変更が迫られる。

　こうしたキャリア問題は、〈しんどい学校〉の教員にとっても無縁のものではない。というのも、現代社会では、教員世界にも様々な変化が生じており、教員たちは、社会の変化、学校の変化の中で生じてくる新たな課題に向き合わなければならない。そうした変化は、彼らのキャリアに「ゆらぎ」をもたらしていく。例えば、社会状況や教育政策の変化、学校のおかれた状況、同僚や生徒との関係等、マクロ－メゾ－ミクロレベルの構造的な要因は、教職アイデンティティにゆらぎを与え、教員のキャリア問題を表出させる（Day et al. 2006）[1]。教員を取り巻く環境が変わる中で、〈しんどい学校〉の教員たちは、いかに自らのキャリアを紡いでいるのだろうか。

　第3部では、教員世界の変化に関わる2つの事例を取り上げ、〈しんどい学校〉の教員たちが直面する困難の内実や、変化に対応する教員の実践を吟味し、彼らの適応後のキャリア問題を検討していく。本部ではBecker（1952a）の指摘した「環境的要因」「行政的要因」の2つを念頭に、「教員集団の変容」「教育改革」という2つの事例を取り上げた。日本の教員研究でも近年、教員世界の変容が指摘されつつあるが、特に議論されているのが「教員集団の変容」と「教育改革による変化」の2つの事象である（山田・長谷川 2010、油布他 2010）。ここで取り

上げる2つの事例は、今後の日本の教員文化の変容にも関わる問題として、注目されるものである。

　第6章では、教員集団の変容と教員のキャリア問題を、A中を事例に吟味していく。続く第7章では、大阪市の新自由主義的な教育改革を取り上げ、改革の影響の中で生じる教員のキャリア問題の内実を明らかにしていく。本部では、アイデンティティ・ワークという分析視点からそれぞれ事例を検討し、〈しんどい学校〉の教員たちのキャリアの動態を描いていく。

(注)

1) 久冨らの研究（久冨編 2008、山田・長谷川 2010）では、職業上の困難によって生じる教職アイデンティティの「ゆらぎ」に対して、教職アイデンティティを安定化させるための実践を、教職アイデンティティの確保戦略としている。彼らは、教職アイデンティティの確保戦略を、「『自分は教師として、それなりに仕事をやれている』という感覚や自己イメージを保持すること」（久冨編 2008：24）と定義している。本書で扱う教員の対処戦略は、久冨らの確保戦略と同様の問題を取り上げている。

第6章　教員集団の変容と教員の
　　　　　キャリア問題－A中の事例から

1.　はじめに

　本章では、A中を事例としながら、〈しんどい学校〉の教員たちが教員集団の変容の中で、どのような困難を経験するのか、その変化にどのように対処しているのかを吟味し、彼らのキャリアの問題とその動態を描いていく。
　本章で扱う教員集団の変容は、Becker（1952a）の指摘した、子どもや保護者といった学校の構成要員の変化を指す「環境的要因」に対応している。A中では、調査当時子どもや保護者の実態の変化と、教員の入れ代わりによって教員をとりまく環境に変化が生じていた。こうした環境の変化の中で〈しんどい学校〉の教員たちはどのような困難を経験し、その変化に対応しようとしているのだろうか。
　教員集団の変容というのは、A中に限った問題ではなく、日本の教員世界のトレンドといえるものである。従来の日本の教員世界では「互いに密に関わり合い、仕事を進める上で協働し合う（同調を要求し縛り合う面を含みつつ）、濃密な職場同僚関係がつくられてきた」（山田・長谷川　2010：40）とされている。
　しかし、近年その同僚関係に変化が生じており、同僚間の意見の交流や学校外での同僚との付き合いの減退など、教員集団のあり方が「分散化」し、

以前の凝集性が弱まっていると言う（山田・長谷川 2010、油布他 2010）。こうした教員集団の変容は、集団の再構築といった職務上の課題を顕在化させ、他方で教員集団内における同僚間の葛藤を生じさせるものであり、こうした同僚との関係の変化の中で、教員たちは自らの実践やキャリアについても再考を迫られる（Woods 1990 : 121-144）。

　これまでの教員研究の中では教員の力量形成や社会化の様態を説明する上で、同僚の存在が重要な位置づけがなされてきた。同僚のポジティブな側面としては、紅林（2007）が同僚性の機能を「教育活動の効果的な遂行をさせる機能」「力量形成の機能」「癒しの機能」の3つに整理しており、また職業的社会化の議論では、実践の準拠枠として、繰り返し同僚の存在が指摘されてきた（Shimahara & Sakai 1995）。〈しんどい学校〉の同僚性として「対向的協働文化」を指摘したが、その特徴は、従来の日本の同僚性のポジティブな側面が色濃く表れたものであると言える。

　他方で、ネガティブな側面としては、日本では集団主義的な組織の規範も根強いため（永井 1977）、教員たちは集団の枠づけを意識しつつ、同僚からのまなざしの中で、様々な葛藤を経験する。例えば、名越（1976）によると教員たちの過半数は、「自らの実践や考え方の拠り所とする相手」として「同僚集団」を支持する一方で、「自分に対する期待と自身の信念が相反」する相手としても「同僚」が認識されており、教員が集団内で経験する役割葛藤の実態が示されている[1]。

　日本の教員は、こうした教員集団内の葛藤を、独特の戦略を用いながら対処してきた。その戦略は、教員集団の日本的特性に関する先行研究の中で示されており、「同僚との調和を第一にする」規範（永井 1977）、教員集団の閉鎖性（山﨑 1994）、同僚間で必要以上に干渉し合わない相互不干渉性（久冨編 1988、久冨編 2003）などがあげられる。これらの研究では、集団主義的な教員世界の中で同僚間の差異を顕在化させずに、集団に対して「同調」することを通じて、集団内の葛藤に対処する教員像が共有されている。つまり、教員集団内にコンフリクトが生じた場合、教員たちは互いの「同調」を軸に、集団内の同質性を高める戦略を行ってきたと言える。

本章で取り上げる A 中の事例では、子どもの実態の変化や教員集団の入れ替わりの中で「対向的協働文化」の機能が弱まり、新たな教員メンバーと関係を再構築することが求められていた。〈しんどい学校〉の教員たちは、環境の変化の中で新たな教員役割を求められ、自らの教職アイデンティティと新たな教員役割の間で葛藤を感じつつあった。彼らは葛藤に対処するために「同調」戦略を採用するのか、そして自らの教職アイデンティティを書き換え、異なるキャリアを選択していくのだろうか。

以下では、A 中の事例から、教員集団内の葛藤が生じる状況やその背景を記述しながら、〈しんどい学校〉の教員のアイデンティティ・ワークを観察し、集団内での葛藤への対処戦略を描いていきたい。

2. 分析の視点

第 6 章と続く第 7 章では、教員が経験するキャリア問題を、彼らの葛藤やそれへの対処戦略を記述しながら考察していく。そうした葛藤や対処戦略を記述する際に、本書が採用するのが「アイデンティティ・ワーク」という概念である[2),3)]。

「アイデンティティ・ワーク」は、Snow & Anderson (1987) が用いた概念である。Snow & Anderson (1987) は、社会的下位層に位置づけられるホームレスの人々が、自己肯定感や自尊心をいかに保っているかに関心を向け、アイデンティティを確保する人々の実践、すなわち、「アイデンティティ・ワーク」に着目した。

アイデンティティ・ワークとは「自己（Self-concept）に対して、適合的、肯定的なアイデンティティ（Personal identity）を創造、表現、維持するための人々の行為」（Snow & Anderson 1987：1348）を指す。彼らの分析の要点は次の二点にまとめられる。

第一に、彼らはアイデンティティを人々が実践を通じて構築するものとして捉え、様々な実践の中でも「自己の語り」に着目する。アイデンティティ・

ワークには、身なりや容姿といった身体的な表現活動や仲間集団の選択といった行為も含まれるが、彼らが特に着目したのは、語りによる自己の表現活動（Identity talk）である（Snow & Anderson 1987:1348）。そこでは、自らのアイデンティティを肯定的に表現する際に、人々が「いかに自己を語るか」、すなわち「自己表現の形式（pattern）」がアイデンティティ・ワークとして定義されている。

　第二に、彼らは人々のアイデンティティを社会的アイデンティティと自己との交渉過程の中で捉える[4]。社会的アイデンティティとは「社会的に付与されたアイデンティティであり、より時間や場所といった社会的文脈によって規定された、客体的なもの」を指すが（Snow & Anderson 1987:1347）、彼らが特に注目したのは、人々が参照する社会的役割である（Snow & Anderson 1987:1366）。付与される社会的役割と人々が理想とする自らのアイデンティティは、必ずしも一致するわけではない。そのため、人々は自らに適合的なアイデンティティを維持するために、社会的役割[5]に対して自己を位置づける「交渉」を行う。アイデンティティ・ワークとは、その交渉過程を表すものである。

　本章の事例では、教員たちは教員集団の変容によって、求められる教員役割に変化が生じており、多様な役割期待の中で、自らの理想とする「教員としての自己」と、求められる教員役割との間に乖離が生じやすい状況がうまれていた。そこで生じる教員たちの葛藤や、それへの対処戦略を記述する上で、アイデンティティ・ワークの概念は有効な分析の視点となる。

　以下では、〈しんどい学校〉の教員たちが経験する教職アイデンティティのゆらぎ、そしてそれへの対処戦略をアイデンティティ・ワークの視点から記述する。分析では教員集団内で生起する教員役割や葛藤を記述するとともに、その中で「教員役割を参照しながら、いかに自己を語るか」に着目しながら教員役割に対する自己の交渉過程を検討していく。

3. データの概要

　本章ではA中学校の教員13名から得たインタビューデータを用いる（図表6-1）。対象者はA中全教員の約2分の1（全教員数28名）にあたる。対象者はA中教員の年齢構成が若手とベテランとに二極化しているため（教職経験年数1～2年：10%、3～10年：36%、11～20年：4%、21～30年：32%、31年以上：18%）これが反映されている。

　調査の経緯については第2章で述べた通りであるが、ここでは対象教員の選定過程について補足をしておきたい。まず上記の問題関心は、フィールドワーク開始当初からもっていたわけではなく、調査の経過とともに浮かび上がってきた問いである。調査当初は、A中の教員文化を探索的に探ろうと学校での参与観察やインタビュー調査を行っていた。詳しくは後述するが、その中で〈つながる教員〉と〈しつける教員〉という2つの異なる教員役割が、A中の教員から語られることがわかってきた（図表6-1）。大まかに言えば、〈つながる教員〉はA中での伝統的な教員役割であり、A中での在籍年数が長い教員ほど志向する教員役割であるのに対して、〈しつける教員〉は一般的な中学校文化を色濃く反映した教員役割で、新しくA中に転任してきた教員によって語られた教員役割である。

　こうした2つの教員役割が描けるように対象者を選定し、教員へのインタビューを行ったが、対象者はやや〈つながる教員〉を志向する教員が多くなっている。これには、ゲートキーパー（調査受入窓口）の教員（A2教諭）が〈つながる教員〉を志向する教員であったことや、新転任の教員とはラポールを築くのが難しくアクセスしきれなかったことに起因している。しかしながら、A中の教員の半数近くにはインタビューを実施し、一部の〈しつける教員〉を志向する教員への語りも聞くことができており、その中でA中の教員文化の全体像は可能なかぎり描けていると思われる。

　データの分析については、フィールドワークで得られた他のデータ（フィールドノーツ、学校資料）も参考にしつつ、対象者から得られたイン

第 3 部　教員世界の変化と教員のキャリア問題

図表 6-1　インタビュー対象者リスト

名前	A1	A2	A3	A4	A5	A6	A7	A8	A9	A10	A11	A12	A13
性別	男性	男性	男性	女性	女性	男性	男性	女性	女性	男性	男性	男性	男性
年齢	30代	30代	50代	50代	50代	50代	50代	50代	20代	50代	30代	30代	40代
教職年数	3〜10	11〜20	21〜30	21〜30	31〜	31〜	21〜30	31〜	3〜10	21〜30	3〜10	3〜10	21〜30
教科	英語	国語	理科	国語	社会	社会	数学	美術	理科	数学	国語	国語	数学
A中勤務年数	2	8	8	14	12	14	23	24	6	10	3	4	6
A中への赴任回数	1	2	1	2	1	2	2	2	1	2	1	1	1
志向する教員役割†	つながる	つながる	つながる	つながる	つながる	つながる	つながる	つながる	つながる	つながる	しつける	しつける	しつける
アイデンティティ・ワーク†	調整	調整	調整	異化	再定義	異化	異化	異化	再定義	調整	—	—	—

†「志向する教員役割」については 4 節にて、「アイデンティティ・ワーク」については 5 節にて詳述する。

タビューデータの中でも、「現在の自身」に関する語りを中心に分析し、A中における教員役割の抽出と、語りにおける自己表現の形式の類型化を行った。

　以下ではまず、A中の歴史と学校文化を描きながらそこで生起する教員役割を描いていく（3 節）。次に、学校環境の変化によって台頭してきた新たな教員役割の特徴を確認し（4 節）、前章までみてきた〈しんどい学校〉の教員たちが教員集団内で役割葛藤を経験する背景を把握していく（5 節）。その上で〈しんどい学校〉の教員たちが、いかに葛藤に対処しているのか、その内実を明らかにしていく（6 節）。

4.　A中の歴史と〈つながる教員〉

　ここでは古くから在籍する教員のインタビューや学校の資料をもとに[6]、A中の歴史や学校組織の文化の記述し、A中の伝統的な教員役割の特徴を抽出していく。

A中は1950年代に創立された古い歴史を有する中学校である。関西の中では都市部に位置し、近隣には大型ショッピングモールや市街地がある。調査時（2012年時）、生徒数約400名のうち、就学援助率約20％、ひとり親・両親不在家庭率約15％と、ひとり親家庭や貧困家庭など社会的課題を抱え家庭背景が不安定な子どもが一定数在籍していた。また校区の中には被差別部落（同和地区）[7]があり、同和教育推進校に指定された歴史的背景を有する。

A中の歴史は、第一に子どもの「荒れ」と対峙してきた歴史と言える。近隣の都市開発と人口増加に伴って生徒数が増加した1980年代には、生徒数は1000名を超える大規模の学校となり、その当時、社会現象となった「校内暴力」も重なりつつ、問題行動を起こす子どもによって市内でも有名な学校の「荒れ」が顕在化した経緯がある。A中の創立50周年誌によれば、当時の学校を経験した教員によって、学校状況が以下のように記されており、当時のA中の状況が垣間見える。

> 「年度によっては、それぞれ大きな課題を抱えた生徒もおり生徒指導上の問題も多々起こり、学校としてイメージをよく見てもらえない、はがゆさやいらだちをずっと抱えて（いた）」「学校行事、生徒指導等様々な面でやりがいや楽しみも多かったですが、反面困難でもあった時期」
> （『A中学校創立50周年記念誌』より）

A中では時代によってその激しさは異なるものの、子どもの「荒れ」は断続的に続いてきたと言う。2000年当初もそれは続いており、長年A中に勤めるA7教諭は、当時のA中の様子を次のように語る。

> （転任した当初）まずね、びっくりしたのが、クレセント（窓を開閉する錠金具）がことごとく教室にないんですよ。壊されていて。つけてないんですよ、先生も。窓はいつでも、鍵をしめられない状態で。トイレはドアがなくて、女子のはちょっとついてましたけど。荒れの一番最

初に起きやすいのは、器物破損です。その状態を、先生らも直さずにやっていた。「ちょっとおかしいんじゃないですか」って僕言ってましたね。

もうひとつは、1年生をもったときに、他学年が授業にばっときて、邪魔にくるんですよ。上級生の子らが。1年生の中にもクラスに入れない子がいてて、よその教室に入るんですよ。授業中人数が増えてるんです。「帰れ」っていうと、「なんじゃい」っていって、胸ぐらつかみあい。廊下でね。朝礼なんかも、最初の始業式のときに、女の子ら4、5人、男子2、3人が座らずに走り回ってる。先生らが捕まえようと走りまわってる。そんな時代でしたね。

風景は1980年代の学校のみたいで、授業中関係なく子どもがきて、トラブルになって、「入るな」「黙っとけ」とかやりあう。女の子も、授業中に先生がトイレとか空き教室に連れて行って指導するとか。授業中以外の面では、放課後とかに呼び出して、指導するようなことがあって。先生らがくると、「お前ら入ってくると余計もめるんじゃ」って子どもに言われたり。それとか、5、6人女子が、授業に入れない子がいました。職員室に入ったところにたむろしてましたね。授業中でも平気で、あそこの昇降口に座り込んでた。そんなんが毎日続いていました。そういう時代でしたね。（A7教諭）

ここで記述されるA中の様子は、〈しんどい学校〉の学校環境に代表されるような事象が表れており、特に規律の問題、学習指導の問題が全面的に表出している。A中は、こうした経緯から市内でも〈しんどい学校〉というラベルが貼られてきた。

A中の2つ目の歴史としては、1970年代から人権教育が取り組まれてきた伝統があり、カリキュラムづくりや教育実践の中で様々な社会的背景を有する子どもの支援が意識されてきた。前述したように、A中は元同和教育推進校であり、これまで同和教育・人権教育の実践が積み重ねられ、またこうした実践は、子どもの荒れと向き合う中で磨かれてきた。

第 6 章　教員集団の変容と教員のキャリア問題

　学校資料やベテランの教員たちのインタビューによれば、この歴史は次のような変遷を辿っている。1970 年代に同和教育を柱とする人権教育を大きく見直し、学力保障の取り組みと同和教育をはじめ多様な人権課題の学習を進めるカリキュラムづくりが行われた。その当時ではめずらしいチーム・ティーチングや習熟度別授業を導入し、他方で同和、民族、障害者に関わる人権問題を子どもたちが考える人権サークルを立ち上げていった。

　1990 年代は、より人権教育で取り扱う範囲が広がりをみせていき、部落問題学習だけでなく、地域のフィールドワーク学習や、様々な職業の人々の聞き取り、海外の文化を学習する異文化教育にも取り組むようになっていった。2000 年代以降もこうした実践が引き継がれていき、開かれた学校づくり、地域での体験学習など、先進的な実践を導入していった。同じく長年 A 中に勤務してきた A8 教諭の語りからは、当時の人権教育の実践が垣間見える。

　　　子どもらの中にね、「先生ら部落問題だけやっていたら人権問題やっている気になってるんちゃうん」って言う子がおってね。それ言った子が障害のある子やった。私はそのときクラブでその子をみてたんやけど。「じゃあ、担任の先生に手紙書き」と。で、担任にその手紙もっていって、いわゆる同和教育担当に、学校の課題にしてもらって。障害児教育どうすんねんと。他にも、在日（韓国・朝鮮人）の子らなんかは、「村の子（部落の子）は仲間があってええな、俺は 1 人や」って。私はそういう子らと出会ってきて、その言葉が学校を変えていくきっかけに。学校自体もそれを受け入れるだけの力量をもっていったのもあると思うけど、部落問題から人権に対する意識は変わっていたと思う。（A8 教諭）

　こうした学校の歴史と文化の中で、A 中の教員役割が形づくられてきた。後述するようにフィールドワーク時の学校の様子は、学校全体の荒れはなく、落ち着いた状況がみられるようになっていったが、学校が落ち着くまで

の過程の中で、対象教員たちは上記の学校文化を経験し、A中で求められる教員役割が共有されていた。特に、A中での勤続年数が長い教員からは、しんどい子との関わりの中で意識されてきた教員役割がより色濃く語られた。

その教員役割の特徴は次のようなものである。第一に、家庭背景が不安定な子どもを学校へ包摂する教職観があげられる。彼らの多くはしんどい子たちに対して「普通」の指導では教員－生徒関係をつくれず、結果として、子どもが学校を離脱してしまう経験をしている。学校から離脱する子どもの存在は、家庭背景が不安定な子どもを学校へ包摂することを教員としての重要な使命とする、彼らの教職観につながっている。

> 学校来て迷惑をかける子がいてて、ほんで大変な状態であっても、基本的には先生たちは「切らない」というか、「いつでもつきあうで」っていう。(…)(学校のルールを言って)わかる子はいいけど、わからへん子は、学校来なくなったり、センコウをうらんだり、人間関係ができなくなるからね。(A7教諭)

第二に、こうした教職観を基盤としながら、しんどい子を包摂するために子どもとの信頼関係を重視した「つながる」指導観が語られる。それは、教員の制度的権威によって教員－生徒関係を成立させるのではなく、学校内外で形成した人間関係を基盤に、信頼によって教員－生徒関係を成立させる指導観である。例えば、次にみるように問題行動を起こす子どもに対しても「話ができる」ような信頼関係をまず築くことが、子どもとの関係を維持することとして考えられている。

> 子どもが荒れてて、まず子どもを理解せなあかんときには、最終子どもとつながれているかどうか、子どもと話をできるかどうかが、最後の砦というか。それがなくなるとホンマに子どもがはじけてしまうので、そういうところが一番大事。(A2教諭)

また、家庭訪問を繰り返し、家庭背景を理解した上で子どもやその保護者と関わることや、校外における指導をいとわない姿勢、時間をかけた指導等、子どもに対する無限定的な指導も、「つながり」をつくるものとして認識されている。

　以上のようにA中では、子どもと信頼関係を通じて「つながる」ことで家庭背景が不安定な子どもを学校に包摂する教員役割が浮かび上がる。ここではこのA中の教員役割を〈つながる教員〉としたい。現在A中の中心的な教員の多くは、「荒れ」が全盛期にあった当時のA中での勤務経験があり、彼らはより強く〈つながる教員〉を志向する傾向にある。その意味で〈つながる教員〉は、A中における伝統的な教員役割であると考えられる。

　もちろんA中の〈つながる教員〉役割は、第4章で確認した民主的アイデンティティと共通するところが多い。ここで示した〈つながる教員〉役割は、よりA中の歴史や学校組織の体制といったA中独自の文脈が、色濃く反映されたものとして位置づけている。

5. A中の変化と〈しつける教員〉

　しかしながら、調査時のA中では学校状況の変化の中で新たな教員役割が立ち現れ、伝統的な〈つながる教員〉役割を問い直す動きがみられていた。次に新しい教員役割の内実と教員役割の変化の背景についてみていきたい。次の語りにみるように新しい教員役割では、特定の子どもへの特別な配慮を重視するよりも、生徒全体の「社会性」の獲得を重視する教職観が示される。

> （赴任当初、集会の落ち着きのない状態を見て）そんなんがすごい嫌やったから、結構「ちゃんとさせたい」って言って。最初の3年間は結構言ってたような気がするな。それを（昨年度転勤した）A先生も、A中の子が「ちゃんとできない」のは嫌やったみたいで、「社会に出て通用するような子にならなあかん」って言って。（A13教諭）

ここでの「ちゃんとさせる」とは、制服の着方から授業を受ける態度、集会時の整列等、基本的な学校規則を守ることを指しており、新しい教員役割では学校規則を守り、集団の中で行動することが子どもの社会性の獲得につながると考えられている。そして、生徒集団を統制する上で指導の厳格性が重視され、ときには「怒る」「なめられない」といった教員の制度的な権威を強調する指導観が語られる。

　　(生徒に) 寄り添わなあかん場面ももちろんあるし、指導を飛び越えていく子もおるから、そういう子の話も聞かなあかんのはわかる。でも、集団で動いているから、そういう部分を大事にしたいなって。ルール守ってちゃんとやってる子もいるし。(…) (生徒に) がっつり怒らなあかん部分があって。そういう点からは、(伝統的な指導が)「曖昧やな、ゆるいんちゃうん」て、不満に思うところはありますね。(A12 教諭)

このように新たな教員役割では、全ての子どもに対して社会性を身につけさせる教職観や、集団の統制を通じて学校秩序を形成する指導観が強調される。ここではこうした教員役割を〈しつける教員〉としたい。〈しつける教員〉は、A 中のローカルな文脈というよりは、一般的な中学校の学校文化の特徴が色濃く反映された教員役割である。

　Le Tendre (1994) が観察したように、日本の中学校では、序列や集団が強調される組織の中で行動することや、大人の慣習を学ぶことが中心となっていく。そのため小学校の児童中心的で自由度のある、子どもにとって快適な学級雰囲気とは異なり、中学校では組織の規範が重視され、極めてフォーマルで規則を重視した指導が志向されていく。「中学校までは、子どもたちは『ただ成長する』ことが許されている」が「中学校では、子どもは訓練され、指導され、形づくられる」(Le Tendre 1994 : 57-58)[8]。したがって、社会性や集団の意味を強調する〈しつける教員〉は、こうした日本の中学校の学校文化の特徴が強く反映された教員役割であると考えられる。

　このように A 中では〈しつける教員〉が台頭する様子が観察されたが、

その背景には次のような学校状況がある。第一に、子どもの実態の変化である。繰り返しになるが、現在のA中では、各学年に数名、遅刻や早退、授業の抜け出し、教員への反抗的態度等の問題行動を起こす子どもの様子が観察されるものの、子ども同士のトラブルや授業中の居眠り等「小さな」問題行動が日常的にみられる程度で、以前なら日常化していた「荒れ」は学校全体として観察されなかった。

　子どもの実態も、福祉住宅に住むような家庭背景が厳しい子どもがいる一方、比較的豊かな新興住宅に住む子どももおり、全体として「大人しくなってきている。だから一見、課題が見えにくくなってきている」（校長インタビュー、2010.10.13）状態にあった。この子どもの変化は教員―生徒関係を成り立たせる上で〈つながる教員〉が以前のような求心性をもちにくい状況をつくっていた。

　第二に、教員集団にも変化があり、A中ではここ数年で大幅な教員の入れ替わりがあった。2010年には全体の4分の1の教員が異動し、その中にはこれまでA中の学校文化を支えてきた層が含まれていた。他方で「荒れ」全盛の以前は指導の難しさから、赴任してきた教員がA中を「離脱」していったのに対して、この当時は上記したような子どもの実態の変化もあり、そうした「離脱」は非常に少なくなっていた。加えて、現在の子どもに対しては、社会性を育む指導スタイルの方がその教育効果が見えやすく、他校での教職経験に準拠する教員からすれば、「一般的」とも言える〈しつける教員〉役割は教員集団内において影響力をもちつつあった。

　こうした学校状況の変化を背景としながら、〈つながる教員〉の求心性の低下と〈しつける教員〉の台頭が生じていた。A中での赴任歴が長いA2教諭の語りからは、A中のこうした学校状況が表れている。

　　「生徒との信頼関係をまず優先して指導をせなあかん」っていうのは理解しているし、僕もどっちかっていうとそっち側の人間で。でも今A中は（…）そこを大事にしなくても（生徒を）きっちりさせられる。（…）生徒の状況が変わってきているので、「それが大事やで」っていう言葉

が（新しく来た）先生方の腑に落ちるか、そういう部分はわからん。（A2教諭）

6. 教員集団の成り立ちと集団内の葛藤

　以上のようにA中では〈つながる教員〉〈しつける教員〉という異なる2つの教員役割が観察された。さらに、インタビューではこれらの教員役割以外にも、教科指導に関する教員役割（教科指導を重視する志向性）や同僚関係に関する教員役割（協働主義／個人主義）も語られた。しかしながら、最も頻出したのは生徒指導に関する上記の2つの教員役割である。

　その背景には生徒指導に関する問題が断続的に生じてきたA中の教育困難校としての学校文化が影響している。A中では「荒れる」子どもに対する生徒指導のあり方について、教員間で幾度となく議論されてきた歴史があり、生徒指導のスタイルに対しては重要な意味づけがなされていた。そのため、A中の教員の教職アイデンティティには生徒指導に関する教員役割が強く結びついており、教員の役割葛藤もこの2つの教員役割の間で生じていた。

　教員が集団内で役割葛藤を抱えるのは、単に志向性が異なるだけが理由ではなく、教職という職業上の特性が作用している。ここからは、2つの教員役割が競合し、教員の役割葛藤が先鋭化する教員集団内の状況を描いていく。

6-1　教員集団の成り立ち

　A中では主に学校状況の変化によって、教員の役割葛藤が生じていたが、そもそも教員集団と教員個人の関係性は非常にセンシティブなものである。ここではまず中学校の教員集団がいかに成り立っているのか、その形態を確認する。

中学校の教員集団にとって重要なのは、後述するようにその集団の中でどのような方針をもって日々の指導にあたるか、という指導体制の問題である。もちろん〈しんどい学校〉の同僚性の特徴、すなわち「対向的協働文化」で記述したように、指導の方針は対生徒関係の中で定まる場合が多い。一方で、「荒れ」が全面に表れない場合、教員の構成が毎年入れ替わる中で、指導方針の変更を迫られる場合もしばしばみられる。その場合、指導の方針は日々教員間の相互行為の中で構築されていく。A 中においては 3 つの側面から指導の方針が構築されていた。

　第一に、学年主任のリーダーシップである。A 中の教員集団は、一般的な中学校と同様に学年単位で構成されており、各学年の指導方針はその学年の教員の意向が反映されている。特に、学年主任の教員が学年の指導方針を打ち出す場合が多く、それが学年ごとに指導のスタンスに微妙な違いを生み出していた。学年主任は年度当初に、自らの目標や希望する方針を掲げ、同僚教員の理解を得るために、様々な調整を行うこともある。

　例えば、A3 教諭の場合は、自らの学年のスローガンを「絆」とし、「様々な課題を抱える子どもたちを受け入れとめて、彼らの居場所をつくること」を学年の方針に据え、教員集団の共通理解を図っていた。その学年には、複雑な家庭環境に育ち問題行動を頻発していた子どもが在籍していたが、彼に対して「暴力の中で育った A（男子生徒）に、暴力では何も解決しないことを伝えたい」、そのために「どんなことがあっても A に対して高圧的な指導を絶対にしないこと」を教員の共通理解とするよう働きかけていた。

　第二に、こうした方針のもと学年ごとの構成メンバーの交渉によって、その学年の指導は修正されていく。教員たちは、学年集団単位で日々行動し、学級担任と学年主任を中心としつつ、学年の子どもに関する情報の共有、指導の方向性を確認しながら、日々の実践を行っている。職員室での彼らの話題の多くは、当該学年の子どもの様子である。ある子どもの授業中の様子や発言などを、確認事項として共有したり、その様子が話題となったりする。

　日常的に指導方針が吟味されるのは、打ち合わせの場面である。例えば、職員朝礼は子どもの様子を共有し、その日の指導体制を確認する重要な機会

となっている。ある日の朝礼では次のようなやりとりがなされていた。

　職員朝礼
　　教頭司会のもと、まずは全体での話し合い。今日の研修やイベントごとの確認を行い（校内研修の時間と場所、地域施設の活動の時間と場所）、その後各担当者から、全体に共有すべき内容が伝えられる（出前授業の講師の控室について、テストの巡回の仕方について、工事中のスロープについて）。その後、1年生の学年主任から、ここ数日、問題行動を繰り返している子どもの様子が伝えられる。
　　「昨日の5・6時間も表情がおかしくて、記憶があとで思い出せないような状況でした。スクールカウンセラーにも相談してますが、とりあえず、なにを起こすかわからないです。昨日も刃物類をもっていました。…指先をいじりだしたら、別室にうつしたり、学年の教師を呼んだりと早めに対応よろしくお願いします。とにかく今はいっしょに寄りそってやるしかできないので。」
　　全体の打ち合わせ後、学年ごとの打ち合わせが行われる。教員たちが各「島」に集まる。1学年では、問題生徒の話し合いが行われる。まず当該生徒について、担任から家庭との連絡状況が共有される。
　　学年主任：「さっきも話しましたが、昨日は目の焦点があわなかったり、前のことが思い出せなかったりと、あまり1人にならないように状況にあわせて動いていく必要があります。」
　　教諭1：「例えば、授業中にトイレにいきたいとなったらどうしますか？」
　　学年主任：「うん、でも1人ではなるべくいかせないほうがいいね。」
　　教諭2：「授業中なんやから基本は我慢でええんちゃいますか。」
　　　　　　　　　　　　　　　　　　　　（フィールドノーツ、2010.06.24）

　上の例では、子どもの様子を確認し、その日の対応が確認されている。細かい対応に及ぶ場合、教員によって異なるスタンスが表出する場面もあり、

その都度指導の方針が確認される。こうした場面は、職員朝礼だけでなく、修学旅行のなどのイベント時や、特に支援が必要な子どもを対象とした個別の会議、問題事象が発生して学年全体で早急に対応すべき事態が起こったときなど、日常の中で様々に存在する。

　第三に、上記のようなフォーマルな場面だけでなく、インフォーマルな場面で、互いの考えや思いを共有し、それを日々の指導に反映させている。以下は先の A3 教諭が、学年の教員集団に対して、飲み会の場を設けて互いの話し合いを促し、集団をまとめるサポートをしたときのエピソードである。

> *A8 教諭*：今の学年も 2 年目の「持ちあがり」してはるけど、ぎくしゃくしはった時期もあったからね。
>
> *A3 教諭*：やっぱりね、どこかで欠けたら、全部ガタンとなるからね。
>
> *中村*：何がポイントやったんですか？立て直しの。
>
> *A3 教諭*：やっぱり話しこみちゃう。そういう時間が足りない。もちろん休み時間にしてるとかさ、いろんな話はしてるけど、それは表向きの話しかないやん。ぱっと、はっきりいって、うわべだけの話。もっと奥まで話そうってなると、時間外でやらないとできないじゃないですか。
>
> *A8 教諭*：あのぎくしゃくした中で、飲み会を計画した時は、どないなるんやろうかって思ったけど（笑）。
>
> *中村*：あの毎月 1 回やっている飲み会を。
>
> *A3 教諭*：もう、ダメやと思ったからね。だから、全然ね飲み会もないし、親睦旅行もないし、これじゃあかんと思って。それをその年の末くらいにそうなったんですよ。「このままで大丈夫か」って。子どもたちも今の子と比べるとましかもしれないけど、しんどい子もおった。そうなって、話し合いが足りへんから、「この人はどう考えてんねん」って疑心暗鬼になるやん。で、お酒飲みながら話してみると、「ああこの人はこんな考えしてるんだ、じゃあこうしてもらおうか」って（仕事）ふれるやん。それが乗り越えられた要因

だったんちゃうかな。
A8 教諭：今も私とか、学年違うけど、いろんな人にお世話になるからって、よんでくれるねん。保健の先生とか図書館司書の先生とか。
A3 教諭：そこで、いろいろな話でるやん。生徒の話も出るし、今の学年の話も。そうすると、覚えてもらえるやん。そうすると、その人から生徒に声かけてもらえたり。

　こうしたインフォーマルな場は、勤務外の時間で設定され、そこでは普段は話し込めない深い話ができるという。こうした場は、教員同士の共通理解を促し、それが集団の指導方針をよりまとまったものにする働きをしている。
　他の元同和教育推進校の学校の事例では、これらの3つの側面以外にも、管理職や他の主任（人権担当主任）がリーダーシップを発揮し、学校全体の指導方針を定める場合もある（志水 2003）。しかしながら、A中においては、各学年の指導方針に対して、管理職の意向が働いているわけではなく、むしろ学年ごとの自律性が称揚されていた。管理職は「まず子どもと関わるのは教員」という考えから、自分たちは学級担任をはじめとする教員をサポートする存在として捉えており、そのスタンスは次の校長の語りに表れている。

　　トップダウンせなあかんとこは、せなアカンと思うけど、先生たちが「子どもたちに今こういうことやったらええんやないか」っていう風なのがあるやん。それは大事にしたいなって思うので。ボトムアップというかな。そういう、先生たちが動かしていくっていうところがあった方が良いと思う。私もそういうやり方をしてきたから、これまで。（校長インタビュー、2011.10.13）

　このような方針もあり、A中ではより学年ごとの教員集団の枠づけがより強く機能しており、年度ごとに更新されるメンバーの中で、その学年の指導の方針を集団内で確認し、日々の同僚との関わりの中で「望ましい」指導の

あり方を構築していた。

6-2　集団内における役割葛藤

　こうした集団間のやりとりが行われつつも、教員たちは集団内で葛藤を抱えるに至っていた。それには次のような背景が存在する。Becker（1953：139）が指摘するように教員の権威は脆弱的なものであり、教員集団内の対立や問題を露呈することは、子どもや保護者に対する教員の権威を大きく損ねることになる。

　「荒れ」の歴史を有するA中の教員はこうした教員の権威の脆弱性を自覚しており、同僚間で協動して子どもの指導にあたることや、子どもに対する指導を同僚間で一貫すること（「指導の一致」）が規範化されていた。例えば、指導に関する「教員の確認事項」の文書では、問題行動に対して、チームで対応することや、教員間で指導の不一致が生じないように、子どもに関する情報の共有が強調されている。

〇頭髪（髪染め）、ピアス・変形服への指導
　家庭と連絡をとり、個々の生活の背景を知ることも含めて粘り強く指導をする。指導の入りにくい生徒についてはチームで対応を！

〇問題行動への対応及び保護者対応
　問題行動が発生した場合は、その日の内に迅速に対応するが、内容によってはチームで対策会議（校内外担当者・まとめや管理職）を行ってから対応する。
＜校内体制＞
問題行動対応（教職員）―担任・学年・生徒指導連絡―全教職員へ
（報告・連絡・相談・継続指導の徹底）

（『A中学校 学校内部資料』より）

そして、その時々の子どもに対する指導の方針は、同僚間の関係性の中で、〈つながる教員〉―〈しつける教員〉を軸としながら構築されていく。しかしながら、前述したように2つの教員役割は指導のアプローチが異なっており、生徒指導に関する「指導の一致」の論理の下では、集団内で互いの意見が交錯し、教員たちは自らの理想とは異なる教員役割が要請される。その結果、自らの理想とする役割と教員集団内で要請される役割との間で葛藤が生じていた。A10教諭はこのような教員役割の葛藤を感じている教員の1人である。

> （教員は）個人個人の意見が尊重されないといけないんだけど、チームでやらないといけないので、それが難しい。自分が正しいと思っていても、（逆に）間違っていると思っても、やらないといけないことはあるので。そこは非常に難しいですよね。同じ学校にいても、学年にいても、（考えに）ばらつきはありますよね。（でも）子どもにとっては誰でも同じ先生だから。言うことが違うと「なんで」ってなるし。それをどの線でいくかっていうのは、かなり難しい。子ども1人叱るのでも、その叱り方。ニュアンスが違うし、子どもに対してもっている「ここまでやらせなあかん」っていうのはやっぱり違いますよね。それを、そろえなくちゃいけないんだけど、「ここまでそろえましょう」っていうのが難しいですね。（A10教諭）

A10教諭が述べるように教員間で志向する教員役割に差異があるものの、子どもに接する場面では教員全体の権威を崩さないためにも、教員間の「指導の一致」が求められる。そのため、一方では理想的な教員役割を志向しつつも、他方で要請される教員役割を実践しなければならない状況が生じるのである。その際に生じる役割葛藤は、自身の理想とは異なる教員役割の要請が1つにはあり、また他方で自らが理想とする指導のやり方が、逆に教員間の指導の不一致を生み、結果的に効果的な指導が行えないジレンマがある。こうした葛藤は、理想的な教員役割と現実の自己との乖離につながり、結果

的に精神的ストレスや教職へのコミットメントの低下をもたらすものになりうる（Woods & Jeffrey 2002）。

　以上のように、A中における教員の役割葛藤とは教員役割の差異と「指導の一致」という教育的な論理の下で、教員集団内において自らの理想とは異なる教員役割が要請され、理想的な教員役割と自己とが乖離する状態を示している。そして、学校状況の変化によってその役割を問い直される立場にあった伝統的な〈つながる教員〉を志向する教員ほど、役割葛藤が観察された。例えば、A3教諭は教員間の違いを次のように語っている。

　　（教員の指導の違いは）生徒指導の仕方やな、やっぱり。「はみ出す子」をほっといたら、学校の中だけをみると、平和やし、やりやすいですよね。逆に、しんどいけど、学校の中で面倒をみるかっていう違い。大きく分けるとその2つ。両極じゃないですか。やっぱり厳しく指導をしようとしたら、はみ出ちゃう子もでてきちゃうやん。服装や身なりやったり、素行やったり約束やったり、守れない奴おるやん。そこをきちっと指導しやる学年と、うちらみたいに、「まあまあほんならちょっと大目にみたろうや」っていう差ができる。そうすると「先生方甘いな」って、「きちっと指導してください」っていうのがでてくるやん。（A3教諭）

　もちろん教員集団の共通理解を図る取り組みは、先述したように、学年主任の意向、日常会話の中での調整、インフォーマルな関わり、など様々に行われていた。しかし、教員集団内で指導の方針を構築する過程では、個々の教員の意識レベルにおいて役割葛藤は生じざるをえない問題なのである。
　そして、伝統的な教員役割を志向する教員には〈しつける教員〉の要請の中で、自らの理想とする〈つながる教員〉と自己との乖離に対処することが求められていた。次節では彼らに焦点をしぼり、葛藤に対処するためのアイデンティティ・ワークの検討を行っていく。

7. アイデンティティ・ワーク

　ここでは教員の自己の語りに焦点をあてて、教員のアイデンティティ・ワークの様相を検討する。その際、2つの教員役割に対して、いかに自己を位置づけるか、自己の語りの形式に着目する。分析の結果、「異化」「調整」「再定義」、以上3つのアイデンティティ・ワークが観察された。まず、それぞれのアイデンティティ・ワークを描く上で、典型的な3名の教諭の事例を取り上げ、その特徴を記述していく。

7-1　異化

　「異化（distancing）」とは、付与される社会的アイデンティティと自己との間に距離を保とうとするアイデンティティ・ワークである（Snow & Anderson 1987 : 1348）。教員は付与される教員役割から距離をとることで、自らの理想的な教職アイデンティティを維持しようとする。語りでは〈つながる教員〉と〈しつける教員〉の関係が対照的に配置され、〈つながる教員〉の正当性が表現される。

　A4教諭は「異化」を通じて自らの教職アイデンティティを維持していた典型的な例である。50代の女性教員であるA4教諭は入職した1980年代当時、子どもを「力」で統制する「荒れた」学校に赴任した。「カルチャーショックをうけた」としつつも、A4教諭は当時の自身を次のように振り返る。

　　①（昔は）めっちゃ暴力教師やって、手を出しまくってました。言うことを聞かへん生徒は出席簿でどつきまくっていたし。出席簿がぺこべこになるぐらい。そういうのが当時、普通だったんですね。②他の先生らと「そんなん、どつけへんかったら、子どもらは言うことを聞かへんしな」みたいな。（…）③（当時の自分は）嫌な先生でした。子どもも

言うことをきかへんかって、クラス経営も全然だったと思います。④だから今、自分の恥ずかしい原点。あれがあるから、今の自分があるかな、みたいな。(A4教諭)

　A4教諭の描写する極端な管理教育は、必ずしも現在のA中における〈しつける教員〉と一致するわけでないが、①②に表れているように教員の制度的権威による生徒集団の統制を志向している点で、過去のA4教諭は〈しつける教員〉にあてはまる。他方で③④では、〈しつける教員〉だった過去の自分に対する反省が示されている。

　その後初任校で子どもや保護者と関係をつくれず、〈しつける教員〉としての実践に行き詰まり「息苦しさを感じるようになった」と言うA4教諭は、他校への転勤を契機に徐々に〈つながる教員〉を自らの理想的な教員役割として考えるようになる。そして現在のA中では〈しつける教員〉を意識しつつも、〈つながる教員〉に対して自己を位置づけている。

　【赴任したA中ではどういうことが印象に残っていますか？】…⑤とことん子どものことを信じて待つっていうことをすごく教えてもらいましたね。⑥だから、あの、全然知らないでA中を端から見ている先生からしたら、ものすごい「やってられへん、なんちゅう学校や」「もっとがんがん行かんかい」と思う先生もいてはるやろうし。⑦でもなんか、子どものことを信じて待たなあかんところは、ちょっと待ってみるみたいな。そうやることで、子どもとの関係が時間がかかっても築けていったりとか、そういうことが多かったから。⑧それはやっぱり、なんと言われても大事なんかなと…。(A4教諭)

　⑤ではA中での経験を通して、子どもを「待つ指導」の必要性を実感したことが語られており、〈つながる教員〉が表現されている。そして⑥では他の教員の存在が〈しつける教員〉として描写されるものの、「なんと言われても大事なんかな」（⑧）という語りが表すように、〈しつける教員〉に対

して距離を置こうとする自己が提示されている。さらに次の⑦では〈つながる教員〉として子どもと関係を構築できたA中での経験が異化の実践を可能にしていることがわかる。一連の語りでは〈つながる教員〉と自己との一貫性が表現されていることから、自らの理想とする教職アイデンティティを維持していることが読み取れる。

以上のようにA4教諭は〈しつける教員〉の要請を異化を通じて対処し、〈つながる教員〉として自らの理想的な教職アイデンティティを維持している。他の教員のケース（A6、A7、A8）でも、同様に異化の実践が確認されたが、彼らに共通するのはA中での在籍年数が長く、「荒れ」全盛期のA中を経験している点である。もちろん彼らにも「指導の一致」は意識されており、同僚の教員に対しては「気をつかって」日々の指導を行っているが、同時に〈つながる教員〉として「荒れる」子どもと関係を構築した自らの経験や、そうした指導がA中を支えてきたという自負が語られた。このようにA中の学校文化へのより強いコミットメントが、伝統的な〈つながる教員〉に正当性を与え、彼らに異化のアイデンティティ・ワークを可能にさせていたと考えられる。

7-2 調整

「調整」は教員集団の状況に合わせて、適切な教員役割を選択する流動的な教職アイデンティティを表現するアイデンティティ・ワークである。異化とは異なり、〈しつける教員〉に対して距離を置くのではなく、状況に応じて教員役割を選択することで、異なる教員役割の葛藤を処理する点に特徴がある。また〈つながる教員〉と〈しつける教員〉の関係は、相対的なものとして語られる。

A1教諭は「調整」を通じて自らの肯定的な教職アイデンティティを表現していた1人である。30代の男性教員のA1教諭は、前任校でA中での経験が長い同僚教員から影響を受け、〈つながる教員〉の重要性を意識している。ニューカマーの子どもやしんどい子と関わってきた経験をもとに、A1教諭

第6章　教員集団の変容と教員のキャリア問題

は自身の指導観について次のように語っている。

> ①教師の世界って「この先生が言ってんねんから、聞いといたろうか」というのが子どもにはあって。②（それが）「教師が権力をもっているから従わなあかん」って思うか、③「この先生いつもお世話になっているし、自分が悪いかな」と思うか、そういう部分がすごいあると思う。④教師が細かい所で（家庭等の）学校外の所に行くのは、そういう「骨」をおった方が後々「楽」させてもらえる。(A1教諭)

「教師が権力をもっているから従わなあかん」（②）では、制度的な権威が重視されていることから〈しつける教員〉を、一方で「お世話になる」（③）「学校外の所に行く」（④）では、無限定性が強調されていることから〈つながる教員〉を読み取ることができる。そして④の語りにみるように、A1教諭は自らを〈つながる教員〉に位置づけているように見える。

しかしながら以下の語りでは異化でみられたような、〈つながる教員〉と自己との一貫性を見て取ることはできない。というのも、⑥⑦では異なる指導観に対する相対的な態度が表れており、その中で〈つながる教員〉は〈しつける教員〉に対して必ずしも優位的なものとして位置づけられていないことがわかる。

> ⑤自分のこれから目指す道としては、それ（家庭に入り込んだ指導ができる教員）でいきたいと思っているけど、⑥それ以外が間違っているかどうかは、先生によって異なると思うんよね。⑦A中的な関わりが良いと思っている先生もいれば、A中的な関わり方じゃない関わり方が良いと思っている先生もいるから。(A1教諭)

またA1教諭は「自分が正しいと思うアプローチ以外のやり方で実践している先生もいて、それはそれで受け入れなければならない部分はある」と同僚関係における指導の相対性に言及した上で、こうした指導観の差異につい

て「悩むことが多くなった」と現在の自身について語る。一連の語りには〈しつける教員〉を「異化」できず、2つの教員役割の間でゆれるA1教諭の葛藤が表れている。

　A1教諭はこうした葛藤を語る一方で、次の語りにみるように子どもや教員集団の状況にあわせて、自らの教員役割を変更することを積極的に意味づけることで、肯定的な教職アイデンティティを表現しようと試みている。

　　⑧子どもの指導はある種チームだから。⑨周りがやさしい女性の先生がたくさんいてたら、自分は「がんがん」いく、周りがサポートする。⑩場所が変われば、僕よりも「直球」を投げる先生がいたら、自分の立ち位置も変えていかないとあかんと思う。⑪そうじゃないと、その子がどんどんしんどくなったりするから。(A1教諭)

　⑧では指導の集団性が言及され、⑨⑩では教員集団の状況に合わせて適切な教員役割を選択する自らの立場が表明されている。ここでは〈つながる教員〉に固執せずに状況に応じて〈しつける教員〉としても振る舞うような、教員役割を選択的に使い分けることができる流動的な教職アイデンティティが表現されている。A1教諭は上記のような葛藤を抱えつつも、こうした見方が可能になった自分を「以前よりも教員としての幅が広がった」と捉えており、「調整」を通じて肯定的な教職アイデンティティを表現しようとしていることが読み取れる。

　以上のように、A1教諭は教員役割の相対性から生じる役割葛藤を「調整」を通じて対処し、自らの流動的な教職アイデンティティを表現している。他の教員のケース（A2、A3、A10）では、A1教諭のように〈しつける教員〉と〈つながる教員〉の間で教員役割を変更するケースもあれば、2つの教員役割を「折衷」するケースも観察された。こうした「調整」は教員集団をまとめるポジションの教員等、特に「チームでの指導」を強調する教員に採用されていた。彼らには教員集団内における指導の合意をとりつつ、子どもに対する指導の整合性や一貫性を保つ「指導の一致」が強く意識されており、

「チームでの指導」「指導の一致」という教育の論理が、調整のアイデンティティ・ワークを支えていたと考えられる。

7-3　再定義

「再定義」は教員役割に対して新たな意味づけを行うことで、自身にとって適合的な教職アイデンティティを創造するアイデンティティ・ワークである。「再定義」では「異化」「調整」とは異なり、2つの教員役割の関係は〈しつける教員〉の優位性が表れるため、〈つながる教員〉が劣位な役割として位置づけられる。

次にみる50代の女性教員のA5教諭もまた、これまでに学校の「荒れ」と向き合いながら教職を続けてきた。そしてA中の「生徒をぐいっとひっぱらない」「つながる指導」に共感したこともあり、A中に長年在籍していると言う。一方でA5教諭には中学校における教員の「男性性」「女性性」が意識されており、日々の指導の中で子どもが「女性の自分をなめてるなと感じる」ことがしばしばあると語る。

> ①私の前では言うことを聞かない生徒が、「がつん」とする男性的な指導をする先生の前では言うことを聞くと「ちぇっ」と思うんですよ。②だから、そこで勝負できないのであれば、違うところで勝負しようとすると、こつこつ掘るような、手間をかけるしかないなと思うし、③でも「特効薬」があってもいいなーとも思う。（…）④そういう（男性的な）指導はときにできると良いとは思うけれど、自分はそういう存在になれるかといったらなれないと思うので…。（A5教諭）

①の「『がつん』とする先生」には「なめられない」権威性が表れていることから〈しつける教員〉があてはまり、一方「こつこつ掘るような」「手間をかける」（②）には指導の無限定性が表れていることから〈つながる教員〉があてはまる。A5教諭にとって〈しつける教員〉と〈つながる教員〉

は教員の男性性／女性性の関係で捉えられており、子どもとの関係において男性的な〈しつける教員〉の優位性が意識されている。そして③④にみるように〈しつける教員〉を退けているわけでもなく、②にみるように〈つながる教員〉に対する自己の位置づけも消極的な表現に留まっており、ここでは「異化」や「調整」を読み取ることはできない。

他方でA5教諭は自身の指導に関して「自信があるとは思わない」「評価されにくい」とも語っている。一連の語りからは、A5教諭にとって2つの教員役割が競合し、自らが位置づいている教員役割が「劣位」に置かれることによって、教職アイデンティティがゆらいでいることが読み取れる。

A5教諭はこうした葛藤を抱えつつも、その対処として女性的な〈つながる教員〉に対して新たな意味づけを加えることでその「劣位性」を組み替え、自身にとって適合的な教職アイデンティティを創造しようとしている。A5教諭は自らの教職生活の「転換点」となった体験について、荒れた学校を支えていた同僚の女性教員の存在をあげる。中学校現場では「でかくてごつい」男性教員しか求められていないと感じていたA5教諭にとって、他の男性教員よりも粘り強く働く女性教員の姿は、中学校における女性的役割の重要性に気づかされる体験となったと言う。

> ⑤こういう先生が頑張ることがすごく大事なんだって思って、それが大きなインパクトでしたね。(…) 学校には、ごつい「兄ちゃん」だけじゃだめで、「お姉ちゃん」もいれば「お母ちゃん」もいて、「お父ちゃん」もいるような、そんな学校の方が「幅」があるし、結局「力」をもっているだろうなと。(A5教諭)

⑤では「劣位性」を伴う女性教員の存在を「お姉ちゃん」「お母ちゃん」といった家族役割によって比喩し、「学校の幅」につながるものとして肯定的に組み替えようとしていることがわかる。そして次の語りでは〈つながる教員〉としての自らの指導観が明示され(⑥)、肯定的な自己が表現されている(⑦)。

⑥例えば、保護者が先生と話がしたいってなったときに、2時間は最低でもかかると思っていて。それぐらいは余裕をもっておこうと。その時間は苦痛ではないんです。話さなあかんという感じでもない。困っているんだから、話を聞きましょうって言う感じ。⑦しなきゃいけないというか、したいことなんですね。(A5教諭)

　以上のように、〈しつける教員〉の存在によって自らが志向する〈つながる教員〉が劣位におかれ、A5教諭の教職アイデンティティにゆらぎが生じていた。しかし、A5教諭は〈つながる教員〉への家族的な意味づけ、すなわち「再定義」を通じてこれに対処し、自らに適合的な教職アイデンティティを創造しようとしていた。
　こうした「再定義」を行うケースは少数ではあるものの（A5、A9）、共通するのは女性教員であり、自らの「教員としての自信」や「同僚からの評価」が積極的に語られなかった点である。「異化」「調整」を実践する教員と比較すると、「再定義」の女性教員にはA中の学校文化を支えている、あるいはその中心としての自覚が明示されず、また彼女らは自らを「女性教員」として認識しているため、「男性的な」〈しつける教員〉を選択することが困難な存在であった。以上のような自己を位置づける教員役割が制限された状況から、彼女らは「家族役割」という異なる言説的資源を持ち込み「再定義」を行うことで、自らの教職アイデンティティを確保する実践を行っていたと言えよう。

8. まとめ

　以上のように、A中では学校の歴史的な文脈と、現在の学校状況の中で〈つながる教員〉〈しつける教員〉という2つの教員役割が観察された。両者とも生徒指導に関わる教員役割であり、前者はよりA中の学校文化が反映された役割であるのに対して、後者は一般的な中学校文化の特徴が反映され

た役割であると位置づけられる。2つの役割は互いに正当性を有しているものの、実際の子どもへの指導においてはアプローチの違いが顕在化しやすく、教員たちは2つの役割の差異を意識していた。

　A中の教員の葛藤の背景には、大きく2つの学校環境の変化が認められた。第一に、子どもの実態の変化であり、A中では、以前なら日常化していた「荒れ」は学校全体として観察されず、比較的落ち着いた状況がみられるようになっていった。この子どもの実態の変化は、教員―生徒関係を成り立たせる上で〈つながる教員〉が以前のような求心性をもちにくい状況をつくっていた。第二に、教員集団にも変化があり、A中ではここ数年で大幅な教員の入れ替わりがあり、落ち着いた学校環境の中で、赴任してすぐに異動を希望する教員も少なくなったこと、また新しく赴任してきた教員が志向する〈しつける教員〉役割は、一般的な中学校文化が色濃く反映された正当性を有した教員役割であること、これらが教員集団内の関係性に変化をもたらしていた。

　こうした状況の中、教員たちは、教員集団によるチームによる指導や一貫した指導方針を実践する「指導の一致」の要請のもと、日々の指導体制を模索していた。指導の方針は2つの教員役割を基軸として、日々の同僚間の相互行為の中で構築されるものの、「指導の一致」という教育的な論理の下で、教員集団内において自らの理想とは異なる教員役割が要請され、それが教員の役割葛藤をもたらしていた。

　学校状況の変化によってその役割が問い直される立場にあった伝統的な〈つながる教員〉を志向する教員に注目し、彼らの役割葛藤への対処をアイデンティティ・ワークという視点から分析した結果、「異化」「調整」「再定義」の実践を通じて、自らの教職アイデンティティを保持しようとしていた。教員はそれぞれの置かれた状況の中で要請された教員役割から距離を置いたり、あるいは教員集団の状況に合わせて適切な教員役割を選択したり、教員役割に対して新たな意味づけ行うことを通じて、自身にとって適合的な教職アイデンティティの確保を試みていた。

　A中の事例は、Becker（1952a）のいうキャリアの変更を迫る「環境的要因」

に該当するものである。ここで強調したいのは、上記で整理したように、教員たちの葛藤が単に子ども・保護者・同僚との間の社会関係の変化だけで生じていたのではなく、A中における理想的な教員役割（教員言説）の変化の中で生じていたことである。すなわち、〈つながる教員〉を志向していた教員の葛藤は、新しく赴任した教員らが準拠する〈しつける教員〉役割が台頭し、彼らが志向していた〈つながる〉教員役割の正当性が問い直され、それが彼らの教職アイデンティティのゆらぎにつながっていた。

こうした困難は、自らの教職アイデンティティを組み直す、あるいは、他の学校への異動を選択させるなど、教員のキャリアの危機となりうるものである。こうした状況下における教員の対処戦略は大きく2つの知見が見出されてきた。第一に、Becker（1952a）が観察したような、より仕事のしやすい環境を求めて他校への異動を選択する水平キャリアのモデルである。第二に、同僚間の差異を顕在化させないために集団への「同調」戦略を採用し、集団内の葛藤に対処する戦略である（永井 1977、久冨編 1988、久冨編 2003）。

しかしながら、A中の〈つながる教員〉を志向する教員たちは、教員集団内の葛藤に対しアイデンティティ・ワークを通じて、自らの教職アイデンティティを保ちながら日々の実践に取り組んでいた。同僚教員との間の指導の調整や異なる志向性をもつ同僚への配慮を行いながらも、A中へのコミットメントを低下させず、自らのキャリアを維持している様子がみてとれた。

ここでの事例は、キャリアの選択が、自らの仕事のしやすい学校環境によってのみ説明されるのではなく、学校状況と自らの教職アイデンティティとの交渉過程の中で選択されることを示している。またその交渉過程は、旧来の同調的な教員像のような受動的な実践ではなく、自らの立ち位置と同僚との関係性との間で展開される、より主体的な実践と言える。

教員集団の変化によって、A中の教員文化はどのように変容したのだろうか。調査時は、まさにその変化の過渡期であったように思われるが、その後の経過については調査が行えていないこともあり、十分な考察を行うことができていない。しかしながら、当時の様子から管理職や主任レベルの考えを

鑑みて推察すると、基本的には〈つながる教員〉がA中の教員文化の基軸になっているように思われる。ただ、教員の多くは、変化する生徒集団の状態や保護者の意向を意識しており、また同僚間の協働文化こそ安定的な指導体制の基盤となることも認識していた。〈しつける教員〉役割を完全に退けるのではなく、〈しつける〉指導も必要に応じて取り入れ、柔軟に指導の方向性を調整しながら、新たな教員メンバーとの関係を構築していっているのではないか。

しかしながら、調査時のように〈つながる教員〉〈しつける教員〉の2つの教員役割が調整可能なものから、2つの役割の差異がより顕在化し、対立が深まった場合、教員たちの葛藤もより深いものになるだろう。その場合、彼らのキャリアは異なる形で展開されるかもしれない。あるいは、より影響力のある管理職や行政によって相反する教員役割が要請された場合も、彼らは異なるキャリアを歩むかもしれない。次章では、後者の事例として、大阪市の教育改革を取り上げ、〈しんどい学校〉の教員たちのキャリア問題を検証していく。

(注)

1) 名越（1976）では、教員の階級帰属意識（「労働者階級」「中産階級」）の実態と、階級帰属意識の差異によって、政治的態度や役割葛藤がどのように異なるのかを検討している。役割葛藤に関わる分析では、帰属意識が「中産階級」の教員に比べて「労働者階級」の教員の方が、父兄や校長、政府と対立しやすいことが指摘されている。ただ、同僚との関係について、階級帰属意識の違いによって「準拠集団」（「あなたが教師として、自分の考えや教育実践の方向を決めたり、価値判断を下したりする場合、どんな集団や機関の考え方をよりどころにすることが多いですか」）、や「役割葛藤」（「他者（父兄や校長など）の多くが教師に対してもつ期待と、自己の教育的信念との相反」）に対する回答に違いはみられないと言う。また教員の役割葛藤については、名越（1976）の他に、石戸谷（1973）が保護者との役割葛藤を、安藤（2005）がマスメディアや事故判例、実践記録で観察される教員の役割葛藤を議論している。一方で、同僚間の葛藤

に関する実証的な研究については、十分に行われていない現状がある。
2) アイデンティティ・ワークは、近年、職業社会学の中でも用いられる概念となっている（T. Watson 2012：256-257）。T. Watson（2012）はアイデンティティ・ワークを次のように定義している。

アイデンティティ・ワークとは、他者と区別できるまとまった自己アイデンティティを形成する過程であり、日常の制約の中で（それは、人々の生活の中で埋め込まれている様々な社会的アイデンティティに影響を与える）、人々が自身に折り合いをつけようと試みる過程でもある。(T. Watson 2012：257)

3) 教員のインタビューデータを用いて教職アイデンティティを記述する方法は2つのアプローチが考えられる。1つは、教員のそれまでの軌跡をライフヒストリーによって記述する研究である（川村 2009、山﨑 2012、名越 2013、高井良 2015）。この研究群では教員の過去から現在までの経験を聞き取り、時間的な経過とともに、教員のキャリアの変遷過程が観察され、教職経験の類型やキャリアの過程を描き出すことに主眼がおかれている。第1部ではこの立場から分析を行ってきた。今1つは、ある特定の状況下におけるアイデンティティのゆらぎやそれを安定化させる人々の実践を記述する研究がある。そこでは、日々の状況の中で構築されていく人々のアイデンティティのあり様や（Burr 1995=1997、Holstein & Gubrium 2000）、ある状況下において人々がいかにアイデンティティを形成していくか、その実践の様態を描き出すことが目指されている（Snow & Anderson 1987、Woods & Jeffrey 2002）。「アイデンティティ・ワーク」という概念も、人々がアイデンティティを構成する実践を表す概念として用いられている（Snow & Anderson 1987、T. Watson 2012）。両者とも教職アイデンティティを、ナラティブを通じて観察する研究であるが、前者がより生活史的な視点を採用するのに対して、後者はより状況的、実践的視点を重視する立場と言える。本書では、教職アイデンティティの特徴（第4章）や教員の社会化（第5章）を検討する際は、前者の生活史的立場を採用し、〈しんどい学校〉の教員の過去から現在に至るまでの経験やキャリアのプロセスを描写した。一方で教員のキャリア問題（第6章、第7章）を検討する際は、より状況的・実践的視点を採用して、教員が教職アイデンティティを保とうとする実践を記述し、キャリアの動態を捉えることを試みている。

4) Snow & Anderson（1987）の定義によれば、「自己」とは「身体的、社会的、精神的、あるいは道徳的なものを含む、包括的な自己イメージ」を指し（Snow & Anderson 1987：1348）、アイデンティティは「人々が主体的に位置づける自己」を意味する（Snow & Anderson 1987：1347）。

5) ここでは教員役割を形式的、固定的なものというよりは、相互作用を通じて形成される文化的、可変的なものとして理解し、制度レベルの教員役割ではなく、学校レベルで生起する、ローカルな文脈の中で人々に意味づけられた教員役割を記述する（第3章、注5参照のこと）。

6) 資料として主に『A中学校　創立50周年記念誌』を用いている。

7) 同和地区とは、被差別部落の中でも「同和対策事業特別措置法」（1969年施行-2002年

終了）の適応を受けるために、同和地区という指定を受けた地域を指す。
8) Le Tendre（1994）は日本の中学校の学校文化を次のように鋭く記述している。やや長い引用になるが、重要な記述であるので下記の通り引用しておく。

　小学校では、子どもたちに生活することの意味を（nuance of Japanese life）教えていくが、中学校では階層化された組織と大人の慣習を学ぶことが中心となっていく。小学校と中学校の間で起こっている指導スタイルや強調される事柄の急激な変化に注目すれば、日本の学校教育に関するこれまでの説明で見た違和感の多くを理解することができる。中学校への入学とは、大人の生活への第一歩を意味し、中学生であるということは、ヒエラルキーと複雑な集団が存在する組織の中で機能しなければならないことを意味する。

　日本の中学校は、子どもたちの教育経験の大きな分かれ目となっている。小学校の養育的で「児童中心的な」雰囲気は、非常に形式的でルールが強調される環境に置き換えられる。小学校までは、子どもたちは「ただ成長する」ことが許されている。中学校では、子どもは訓練され、指導され、形づくられる。中学校では子どもたちは、小学校で経験したリラックスでき、居心地の良い学習とは全く異なる学習を体験する。こうした移行は高校で完成をみる。小学校や低学年のときのように、教員はもはや学習者の関心を喚起しようとしない。高校の教員は依然として、子どもの選択や情緒的な問題の相談にのったりするが、他方で教室では子どもは教員が提供する情報を自ら獲得することが期待されるのみである。犠牲、努力、そして全力を尽くした献身が学校での成功を表すものとなっている。

　日本の子どもは、中学校の中で、多くの日本社会の組織で見られるヒエラルキーや複雑な階層化を組み込んだ組織と教育のモデルを経験する。小学校の教室では、そのようなモデルを提供しておらず、友達との密接で情緒的な関係性に重点が置かれている。階層化された組織への社会化（日本の生活における上下関係、自己犠牲の精神、制度との包括的な関わり）は、最初に中学校において生じるのである。（Le Tendre 1994 : 57-58）

第 7 章　教育改革と教員のキャリア問題　－大阪市の新自由主義的教育改革の事例から

1. はじめに

　第 7 章では、大阪市の教育改革を事例としながら、新自由主義的な教育改革によってもたらされる変化の中で〈しんどい学校〉の教員が直面するキャリア問題の様相を検討していく。

　本章で扱う教育改革による教員世界の変化は、Becker（1952a）の指摘した、学校長の学校経営などによって組織に変化が生じる「行政的要因」に対応する事例である。ただし本章で扱うのは、管理職の変化というよりは、大阪市・大阪府における行政主導の改革であり、行政・管理職を含む教育のガバナンスのあり方など、より大規模な変化のうねりを含んでいる。こうした教育行政を含む大きな変化の中で、〈しんどい学校〉の教員たちはどのような困難を経験し、自らのキャリアを模索しているのだろうか。

　近年、先進諸国で行われている教育改革の特徴として、市場原理を教育現場に導入しようとする新自由主義がトレンドとなりつつある（Whitty et al. 1998=2000、佐貫・世取山編 2008）。新自由主義とは、「強力な私的所有権、自由主義、自由貿易を特徴とする制度的枠組みの範疇内で個々人の企業活動の自由とその能力とが無制約に発揮されることによって、人類の富と福利が

もっとも増大する、と主張する政治経済実践の理論」と定義され（Harvey 2005=2007：10）、政治的な統制や経済発展の枠組みを用意する思想・理論と言えるものである。

　新自由主義的な思想・理論は、欧米、特にアングロサクソン系諸国の中で、次第に教育現場にも導入され始めている。これまでの国家－地方自治体－学校のガバナンスのあり方や、学校と子どもや保護者との関係性を変容させうる新自由主義的な教育改革の動向には、これまでにも大きな研究的関心が向けられてきた（佐貫・世取山編 2008、佐貫 2012、志水・鈴木編 2012、など）。

　実際の改革の内実については、全国レベルでの学力テストやナショナル・カリキュラムの制定、学校評価、教員評価や学校選択制など各国様々であるが、その主な傾向として、数値目標と外部評価を重視する「成果主義」と、教育の質の向上のため個人・集団間の競争を基調とする「競争主義」を教育現場に導入する共通性が見出せる（志水・鈴木編 2012）。

　先進的にこうした教育改革が行われた欧米では、新自由主義が教員の仕事や教育実践に及ぼす影響について研究が展開されてきた。先行研究では、新自由主義が、教員世界の様々な領域に影響を及ぼし、また教員たちは急激な変化の中で、職務上の困難や自身の理念と現実の中で葛藤を経験しているという（Jeffry & Woods 1996、Troman 2000）[1]。その中で、教員の脱専門職化（Bushnell 2003、Hargreaves 2003=2015）や教職アイデンティティの変質などの問題が指摘されてきた（Woods & Jeffrey 2002、Moore et al. 2002）。また、教育現場に市場原理を導入する新自由主義的な教育改革の中で、教員はそれまで拠り所にしてきた自らの教職アイデンティティが否定され、その後のキャリアの変更を迫られる事例が報告されている（Jeffrey & Woods 1996、Troman & Woods 2000、Woods & Jeffrey 2002、Hagreaves 2003=2015）。

　こうした新自由主義を学校現場に導入しようとする動きは、近年日本においても高まりをみせている。特にドラスティックに行われているのが、本章で取り上げる大阪市の教育改革である（佐貫 2012：159-86、教育科学研究会編 2012、志水 2012）。後述するように、大阪市では学校選択制や学力テストの学校結果の公開義務化など、学校現場に市場原理が導入されつつあり、

大阪市の事例はまさに日本における新自由主義的教育改革の典型例として位置づけられる。

　成果主義や競争主義を基調とする新自由主義的な教育改革は、教員の職務を変質させるだけでなく（油布他 2010）、新自由主義を基調とした新たな教員言説を作り出し、それは教員たちに自らの教職アイデンティティの再編を要請するものとなっている。こうした大きなうねりの中で〈しんどい学校〉の教員たちはどのような困難を経験し、キャリアの選択を迫られているのだろうか。

　本章では、改革が行われた大阪市の教員を対象にして、彼らが新自由主義的教育改革の中で経験する困難の内実や、困難への対処戦略、そしてその帰結を検討する。分析では、第6章と同様にアイデンティティ・ワークの視点から、教員の対処戦略の内実を吟味する。これらの分析を通じて、新自由主義的教育改革が教員たちのキャリアに与える影響を考察する。

2. データの概要

　本章で注目するのは、大阪市の教育改革とその対象となった教員たちである。2011年に橋下徹市長が就任して以降、大阪維新の会（当時）の政治的勢力を基盤としながら、大阪市では短期間で様々な施策が実施された。施策の詳細については後述するが、大阪府時代から続くその施策は、首長の権限を強化した政治主導の政策、学校選択制や全国学力テストの学校結果の公開義務など、教育成果を強調しつつ学校や個人間の競争が重視されたものとなっている。施策の全体的な志向性を加味すると、大阪市の教育改革は新自由主義的なものとして位置づけることができる。

　本章では、大阪市の中学校教員の12名へのインタビューデータを分析の対象としている（図表7-1）。インタビュー調査は2015年3月〜11月の期間に行い、「校区の社会経済的背景が厳しい中学校の教員を紹介してもらえないか」と機縁法によって協力者を募り、対象者を増やした。

インタビューでは、教育改革の影響を中心に聞き取ったので、前章までのように彼らのライフヒストリーを聞き取れたわけではないが、改革に対する意見や考えの中に彼らの教職観や指導観が示されており、全体的な傾向として、ここでのインタビュー対象者も〈しんどい学校〉の教員の事例として位置づけられるものと判断した。対象を中学校教員に絞ったのは、高校入試への進路指導や中学校入学時における学校選択等、制度上、中学校教員が今日の改革が掲げる学力向上をより強く要請される立場にいることから、改革の影響が顕在化しやすいと想定したためである。

図表7-1　インタビュー対象者

	教員名	性別	年齢	教職経験年数
	E1	女	30代	3〜10
	E2	男	30代	3〜10
	E3	女	40代	11〜20
	E4	男	40代	11〜20
	E5	男	40代	21〜30
調査3	E6	男	40代	21〜30
	E7	男	50代	21〜30
	E8	男	50代	21〜30
	E9	男	50代	21〜30
	E10	男	50代	31〜
	E11	男	50代	31〜
	E12	女	60代	31〜

なお、ここで対象としているのは前章までとは学校や自治体が異なる教員たちである。事例の限定性の詳細については後述するが、本章の事例の分析結果を、第1部の〈しんどい学校〉の教員にまで一般化して議論するには留意が必要である。しかしながら、本章で取り上げる教員たちの志向性や考え方には、前章までの事例と非常に多くの重なる点が認められたため、彼らも〈しんどい学校〉の教員と類似した教職アイデンティティを有していると判断し、本事例の対象を〈しんどい学校〉の教員として位置づけて、彼らが経

験する改革の影響を吟味していくこととしたい。

3. 大阪市の教員を取り巻く状況－施策の特徴と〈競う教員〉

　大阪市における近年の一連の教育改革は、2011年の橋下徹氏の市長就任に始まる。市長就任以前の大阪府知事時代から橋下氏は政治主導の教育改革に取り組んできたが（志水 2012、高田 2012）、大阪市長に就任した2011年12月から退任する2015年12月の4年間で、大阪市においても様々な施策を実施した。

　特に教育に関する施策は多岐にわたる。まず「大阪市教育行政基本条例」（2012年5月28日施行）が制定され、教育行政における市長の位置づけが明記され、政治主導の教育改革を進める法的な根拠が定められた。さらに「大阪市立学校活性化条例」（2012年5月28日施行）では、学校の「運営に関する計画」「学校協議会の設置」などの学校経営に関わる施策を中心に文言が加えられ、校長が学校運営の計画において具体的な教育到達目標を明記することや、校長の予算や人事における裁量の強化、保護者などによって組織される学校協議会による学校評価の実施、そして学校評価の結果の公表等、学校の説明責任が強調されている。

　大阪市の教育施策の具体的内容が示されたのが、さらに続く「大阪市教育振興基本計画（改訂）」（2013年3月）である。その内容は多岐にわたるが、直接的、間接的に教員を対象とした施策として、「教職員の資質・能力の向上」と「学校の活性化」に関して次のような点が記されている（図表7-2）。

　「教職員の資質・能力の向上」については、他府県でもみられるような施策が並べられており、新自由主義的な要素は確認されないが、「学校の活性化」では、条例で述べられているような校長の権限の強化や学校選択制が明示されている。特に学校選択制は、全国でも珍しい制度であるが、市長は就任前より学校教育における保護者の選択を強調し、この仕組みを導入することに力点をおいていた。

図表7-2 「大阪市教育振興基本計画（改訂）」における教員に関わる記述

「『教職員の資質・能力の向上』に関する取組」(p. 36-8)

・教員の確保（教員養成ための講座）
・若手教員の指導力向上への支援（教育指導員やメンターによる若手教員への支援）
・授業研究を伴う校内研修の充実（校内研修への退職校長等の派遣、校内研修の効果的な実施のための研修会）
・教育実践のイノベーションにつながる研究の推進（応募制による教員の研修や研究活動に関わる予算支援など）
・指導が不適切である教員への支援・措置

「『学校の活性化』に関する取組」(p. 34-5)

・校園長によるマネジメントの強化（運営に関する計画・校長経営戦略予算の実施、校長の意見を尊重した人事、管理職研修）
・学校運営の体制整備（校長の公募による採用、副校長のモデル設置）
・教員人事の制度改革（教員の希望転任制の充実、課題を有する学校への教員配置、社会人経験者の活用）
・検証・改善サイクルの充実（PDCAサイクルの確立・充実）
・校務負担を軽減するための環境整備（ICTを活用した校務の効率化）
・教職員の健康管理（教員のメンタルヘルスのケア・支援）
・子どもや保護者の意向を踏まえた就学指定
・学校配置の適正化

以上のような教員に関わる施策を概観すると、次のような改革の特徴を見出すことができる。

第一に、条例で強調されているように、市長や区長の教育施策における権限の強化、および学校経営における校長の権限の強化など、教職員にとっての「管理者」の権限が強められ、行政からのトップダウンが可能になるような組織のあり方へと変更が加えられた。

第二に、学校活性化条例や学校活性化の取組で示されているように、「運営の計画」や学校評価における数値目標、学力テストの学校結果の公開義務、学校選択制等、教員に対して成果・競争主義がより強く要請されている。この点については、給与に反映される教員評価や、その評価の際に参考にされる生徒や保護者による「授業評価アンケート」など、これまですでに運用されてきた教員評価の仕組みも重なっている。

第三に、施策の内容とは別に、一連の施策が政治主導によって、性急に進められていることも大きな特徴である。大阪市教育振興基本計画ではICT活用した『大阪スタンダードモデル』の制定、「土曜授業」の実施、すべて

の中学校での学校給食の実施、小学校1年生からの英語教育など、様々な施策が制定されている。教員はこれまでの仕事に加えて、数多くの新たな施策に対応しなければならない状況がつくられている。

さらに、市政は組合に対しても様々な圧力を加えてきた。最も大きいのが「大阪市労使関係に関する条例」（2012年7月30日制定）であり、これによってこれまで教職員組合が行ってきた教育内容の交渉が制限された。特に行政に対する教員の加配要望は、学校現場にとって重要な機能をはたしていたが、組合によるそうした交渉は処分の対象となった。労使関係以外の施策に対する交渉が制限され、教員の意見が反映されにくい条件のもと、様々な施策がダイレクトに現場に下ろされる状況がつくられた。

さらに大阪市の改革は、校長に対しても新たな役割を要請することになった。条例の新設により、校長には「運営に関する計画」の作成が義務づけられた。年度当初に目標を設定し、それを保護者や地域住民によって構成される「学校協議会」で審議し、最終的な評価結果の報告を委員会にあげなければならない。そこで管理職に強く求められるのが、「数値目標」と「外部評価」の実施である。ある校長は次のように改革について語っている。

> 年度当初に目標設定をして、学校協議会で審議をして、それで要は外部評価ですわね。それが学校の目標になるんですね。それを学校のHPで公開せなあかんと。それに数値目標を入れろと。例えば全国の学テ、体力テスト、あとはその他諸々のアンケートの数値を目標値としていれろと。（…）3年間でこれを達成させろと。それが突然おりてきて、いつまでにやれと、学校協議会やれと。で、うちもやりましょうと。（「そこで問題は出てないですか？」）うちは支障ないです。ただ、規約ガチガチで、地域から何人、保護者何人で、傍聴者をいれろと。（E校長）

上記のような一連の改革は、大阪府知事時代の橋下氏の教育改革の特徴が引き継がれたものとなっている。その当時の改革の特徴を整理した志水（2012）が論じたように、大阪市の改革は成果・競争主義を基軸とした新自

由主義的を基調としつつも、行政による中央統制や権力行使を重視する新保守主義的な特徴がブレンドされたものとなっている。

　さらに一連の改革が求める教員役割は、学校現場の中で学力や数値目標とした成果を重視する教員、そして教育のパフォーマンスの向上のために生徒間、教員間、学校間の競争を支持する教員、さらに中央・行政の施策に対して肯定的な「公僕」としての教員イメージが浮かび上がる。これらは、イギリスの教育改革の中で観察された「経営管理的専門性」（Whitty 2009=2009：191）、すなわち、管理者の評価のまなざしの中で、組織の掲げた目標、とりわけ数値目標に対してコミットメントする教員役割に類するものである。

　こうした中央・行政の施策に対して肯定的であり、成果・競争主義を支持する教員像をここでは〈競う教員〉役割としたい。この〈競う教員〉役割は、具体的な施策の中で（学力テストの重視、学校選択制の導入など）、他方でメディアでの市長の発言を通じて（教員バッシング、学校批判）形づくられる教員像である。大阪市の教員は、大阪府に続く一連の改革の中で、急激な勢いでこの新しい教員役割が要請される状況にあった。

4.　改革の中の教員－その困難の内実

　上記のような状況下において、大阪市の教員たちは一連の改革が及ぼす影響をどのように感じていたのか。もちろん彼らは、当時進行していた改革の全体像を全て把握していたわけではない。だが、各学校の置かれた文脈や個々人の立場はそれぞれ異なるものの、総じてネガティブな改革の影響が語られた。そうした語りを類型化していった結果「管理統制の強化」「実践における裁量権の低下」「成果・競争主義の要請」という3つのカテゴリーが抽出された。以下では、順にその内容を紹介していく。

4-1　管理統制の強化

　まず多くの教員によって語られたのが、教員に対する管理統制の強まりである。職場の中で、行政や管理職が教員を管理統制しようとする姿勢、特に教員への罰則や規定をこれまで以上に感じるという。E4教諭は、教員に対する行政からの「調査」が行われたことが、現場の教員が信用されていないと感じる決定的な出来事だったと語る。

> 　橋下さんが知事から市長にくら替えしたときに、管理職に聞き取り調査をやらせたんですよ。その中身っていうのは、「子弟が公立の学校に行っているのか、私立の学校に行っているのか」と。(…) 僕自身は、該当の子どももいなかったんで、スルーされましたけども、同僚の先生は聞かれてて、「嫌やと思わへんかった？」「いや、嫌やと思いましたよ、こんなこと聞かれるの」と。何のためにこんなこと聞くのか。結局は我々教員を信用していないんだなっていうことを裏づける1つになりましたよね、僕の中では。(…) やっぱり僕らが一番モチベーションなくしているのは、今の首長さんたちは、やっぱり我々教員を全然信用されていないんだなと。要は、教員出身の管理職よりは、(校長の公募制によって一般公募された) 民間の管理職やと。ところが、(民間校長に) いろんな問題を起こされた。そしたら我々であれば、多分いろんなペナルティーがあるはずのところを、なんであの人たちは (行政に) 守られて、「なんで」と。すごい矛盾を感じて。そういうのすごく思いますよね。(E4教諭)

　市長のメディアでの教員バッシングの発言や、上記のような行政が教員を管理しようとする出来事が重なることで、教員たちは従来あった教員に対する規定や罰則を、より強く意識しつつあった。こうした中で、E10教諭は、職場の自由感や開放感が少なくなってきていると語る。

> 　（改革は）結局その、教職員に対して罰則、罰則でしばろうとしてますよね。僕らの仕事的に、罰則でしばることで、教職員のモチベーションがあがる、ということはないと思いますね。何かをすれば処分、例えばタバコなんかでもそうですけど、処分処分ということが結構あって。される政策によって、教職員のモチベーションが下がっていくような気がしますね。（…）僕ら人間を相手にしますやん。そうするとほんまに、心を削っている気がするんですよね。そうしたら削った心をどこかで回復せなあかんでしょ。そういうのがね、ものすごくしにくくなってきてると思います。なんかしらんけど、開放感というか自由感がないというか、しばられている感というものの中で、仕事をしていくという。（E10教諭）

　現行の教員に対する罰則のあり方は、必ずしも現場の論理に整合するものではなく、教員たちの中ではその理不尽さを嘆く声も聞かれた。調査時には、実際に近しい教員が罰せられるのを目の当たりにすることで、現行の改革に対してより不満を募らせる教員も出ていた。次のE2教諭は他府県への転勤を決めた若手教員だが、教員仲間への処罰を目の当たりにしたことが、他府県への転勤を決めた1つの理由だという。

> 　（改革の影響について）僕が一番慕っていた先生が処罰の対象になったことが、一番嫌やったですね。人間的にも良い先生やし、ほんまにクラブ活動も熱心にされてたのに、その人が停職になったんですよ。そのときに一番腹立ちましたね。（…）そういうの（処罰される過程）を聞いて、「あ、もうあかんな、大阪」って思いました。そんだけ一生懸命にやっていた先生を罰するんやと。すごい先生なんです。僕、部活動で一番尊敬しているんで。子どものことを考えている教師を、言うたら委員会は、大阪市は切ろうとしているわけでしょ[2]。（E2教諭）

　こうした管理強化の度合いは、管理職の学校経営の仕方によってより変

わってくる。教員がある程度自由に実践を行えるように施策を「運用」し、改革の影響から「今の校長が守ってくれている」（E3 教諭）という教員もいる一方で、「管理職に守られていると感じられない」と語る次の E8 教諭は、現行の管理統制をより強く感じていた。

　　（改革の影響について）僕が声を大にして言いたいのが、校長のマネジメント能力。こういう言葉を使っちゃあかんけど、非常に「けつの穴」がちっちゃくなりましたよね、校長も教頭も。上から言われることに恐れる。昔やったら、「かまへん。最後は俺が責任もつから、やれ」やったけど、最近俺が関わった校長やったら誰もそういうのはおれへん。だから、安心して仕事できへん。だって最後は「こいつが悪いんです」って風潮がやっぱりあるんで。なんでもかんでも委員会にあげるし。教師も萎縮するんですよ。（E8 教諭）

4-2　実践における裁量権の低下

　改革がもたらす第二の困難は、「実践における裁量権の低下」である。大阪市の現行の施策は多岐にわたるが、自分たちの実践とは離れたところで制定される政治主導による施策の数々は、教員たちに様々な取り組みを要求する。特に本書が対象としている〈しんどい学校〉での教職経験のある教員にとっては、その経験の中で培ってきた実践と現行の施策との間により大きな乖離を感じていた。
　施策の概要で確認したように、大阪市の現行の施策の特徴の 1 つに、改革の早急な実施がある。中には、管理職レベルでも知らないことが、メディアを通じて公表されることもしばしばあると言う。

　　最近大阪が変なのは、我々が知らんこと、もちろん校長も知らんことが、新聞にでるからね。マスコミ、報道を通じておろしていく。親、子

ども、我々、校長、同時に見ることになるというね。そこで、昔やったら教育委員会あって、校長会あって、組合あって、そこですり合わせながらやっていたのに、今は完全に遮断されて、トップダウンで下りてくる。それに戦々恐々あわてふためく。それが今の大阪の教育。だから、なんか知らんけど、いっぱいぽんぽん降ってくる。それを管理職も理解、精査できへんし、おろされた我々は、やらなしゃーないから、やると。（E8 教諭）

　久冨（2003）が述べるように、改革下における教員は、改革の「対象者」でありながら、改革で降ろされた施策に取り組んでいく「実践者」でもある、という「二重の位置」に置かれる。十分な説明を受けずに早急に下ろされる施策の数々に、教員たちは強い不満を抱いていた。
　他にも、高校入試における内申点の算出方法や、大阪市における統一テストの実施や運用のあり方等、入試に関わる制度の変更についても、現場の教員たちには十分な説明がない状態が続いていた。こうした早急な制度変更は、教員の仕事に支障をきたしているだけでなく、子どもや保護者へ十分な説明ができない状況もつくりだしており、教員たちの負担となっていた。

　（大阪で）統一テストをするとかも、先にそうやって新聞報道が出ちゃうんで、親は知るわけですよ。親は絶対、先に学校に聞きに来ますよね。でも、私たち「わかりません」しか言えないんですよ。だから、知っていることであっても、「こうなるかもしれません」という感じやったんで。結局、濁して何も逆に伝えられない。確実に決まったことしか伝えられないので。ずっとその感じだったんで、今年1年はすごいもやもやしていました。（E3 教諭）

　現行の様々な施策に対して、教員の多くは自分たちの意見が反映される余地が非常に少ないと感じていた。例えば2015年3月に、当時の市長より教職員全員に送られた文章（『教職員の皆さんへ～私のめざす教育行政のあり

方について』）は、それを象徴する出来事の1つである。その文章は、市長の教育施策の目的や理由がまとめられたものだが、教員の意見を歓迎する文言も並べられている。しかし、E7教諭の語りにみられるように、対象者の多くは教員の意見が施策につながるとは感じられないと語っていた。

> （市長は）自分に相反する、ちょっとでも反することがあれば、もうそれに対して、思いっきり向かってくるイメージがすごくあります。「教職員の皆さんへ」という、22ページにわたる自分の教育に対する考え方を校務支援パソコンにどわーって流しはったんやけれども、「意見があったら、変えていったらええのやから、どんどん言うてください」みたいに書いてある。けど、そんなん言えるような雰囲気をつくらないから。言うたらどないなんのやろうな、と。（E7教諭）

こうした特別な出来事とは別に、以前と比べると日常的にも職場の中で施策に対して物を言うことが少なくなり、「委員会が言ったことをやる文化になりつつある。なんでもまかり通る雰囲気」（E11教諭）を感じる教員が非常に多く見られた。ただ調査時においては、改革の中心が学校経営のあり方や制度の変更などに向けられていたこともあり、対象の教員たちの教室における教授方法やカリキュラムの編成に対する「しばり」については、それほど言及されなかった。しかしながら、多くの教員の語りからは、様々な施策が降りてくる中で、1つ1つの施策を吟味する余裕もなく、それらが「日常」となることで、教員たちが自らの裁量権の中で実践する取り組みが狭められつつある現状がうかがえた。

4-3　成果・競争主義の要請

一連の改革は、前述したように新自由主義的な特徴を帯びている。そこでは教育目標を数値化し、その成果を重視する成果主義と、その成果物を基軸としながら生徒間、教員間、学校間で競争し、全体の教育の質を高めようと

する競争主義の2つが見出せる。

　教員たちは、導入されつつある成果・競争主義に戸惑いを感じつつも、その要請に対応しなければならない状況に置かれていた。以下のE10教諭は、数値目標が強調される現状と、教育の「成果」が見えるのは時間がかかるという自分の考えとの間にギャップを感じていた。

　　(この数年で最も困ったことは)やはり一番は抽象的で、感覚的かもしれませんけど、結果が出るスピードというか、例えば去年と比べて今年はどうやとか、早く結果を求めること、そういう「対策を練れ」みたいなのが非常に多いですよね。それこそ「目標を数値化せえ」と言うんですね。「去年と比べて、全国学テの点数の平均が何点アップということを数値化しなさい」というような指導が、現場よりもむしろ管理職の方にいくんですけども。これを言うと、「それは教師の言い訳や怠慢や」と言われるかもしれんけど、僕たちはやはり1年間、2年間だけじゃなくて、5年後とか10年後に(子どもたちが)どうかという部分があるのでね。(E10教諭)

　こうした違和感を彼らが強く感じているのは、対象教員の多くが生徒の社会経済的背景の厳しい学校での赴任経験があるため、そこで出会う生徒たちへの支援と、成果・競争主義的な教育観が重ならない点にある。教員の指導のあり方は、学校の置かれた社会経済的な文脈に影響をうけるが(伊佐2010)、対象教員たちが有する教育観は、生活背景の厳しさから学校適応が難しい生徒に対して、学校での居場所をつくりながら関係を築き、高校への進路を保障するという特徴を有する。そこでは、生活背景が厳しく遅刻を繰り返す生徒に少しずつ学校適応を促す支援や、学力が低くとも、意欲・関心・態度といった様々な観点から生徒を肯定的に評価することが必要となる。

　こうした実践をしてきた対象教員たちにとって、新自由主義的な施策は現場のリアリティと大きく乖離するものであった。数値目標で掲げられる「遅刻者を減らすこと」に対してE12教諭の抱く違和感は、生活背景の厳しい

生徒と関わった自らの経験によるところが大きい。

> （改革への違和感について）数値目標が1つ大きいですわ。例えば「遅刻をなくそう」、これは別に悪いことじゃないですよね。生徒会であいさつ運動をするとか、そういうポスターを貼るとか。あと、クラスで遅刻者数の競争する、まあ罪じゃないですけど、これは目をつぶるとして。ところが遅刻をなくすのはいいことなんだけど、「なんでこの子遅刻するの？」を抜きにはできないでしょう。単なる寝坊とかやったら、それはもうガンと怒ってやればいいわけだけど、そういうことをやって「残らない子」の生活背景をつかんで、何をなおしていくか。遅刻は変わらないけど、今まで昼に来てた子が、2時間目終わったぐらいに来られるようになったら大きな成果だと思うけど、これは数字には出てこないわけですね。（…）朝起きたら親もおれへん、いつ親が帰ってくるかもわからない家の子が、頑張って10時に来るようになったら、それは大きな成果なのに、遅刻数値であれば絶対出てこないですよね。（E12教諭）

以上のように、学力向上の強調にしても、学校選択制の実施にしても、一連の新自由主義的な施策は、対象教員たちにとって、これまで行ってきた家庭背景の厳しいしんどい子を支援する実践と整合するものではなく、むしろそれを難しくするものとして解釈されていた。一方で、前述したように改革下において「二重の位置」に置かれる教員たちは、制度ができてしまえば、それに沿って日々の取り組みをせざるをえない状況に立たされており、成果・競争主義とこれまで依拠してきた実践との葛藤が生じつつあった。

5. アイデンティティ・ワーク

それでは、教員たちはこうした困難の中でどのような反応をみせているのか。この節では、アイデンティティ・ワークの視点から、教員たちが〈競う

教員〉役割との関係性の中で、自らのアイデンティティを交渉していく過程を検討していく。

5-1 異化

最も多くみられたのは「異化」のアイデンティティ・ワークである。これは、競争・成果主義や〈競う教員〉と距離をとり、自らの教職アイデンティティを保持する実践である。具体的には、学力偏重の政策や、〈しんどい学校〉の子どもたちが不利になるような評価の仕組み、数値を過度に強調する学校評価のあり方などに対する、批判や不満が語りの中で示される。こうした語りの中で、教員たちは「異化」の実践を行っており、そうすることで困難な現実を乗り切ろうとしていた。

やや長い引用になるが、例えば E11 教諭の学力テストへの批判は、異化の語りが明確に示された例である。大阪府では調査時の翌年（2016 年度）から「チャレンジテスト」と呼ばれる府下の学力テストの結果が、生徒の学校評定と連動される仕組みとなり、また他方で、学校ごとの学力テストの序列ごとにその学校の評定でつけられる「枠」が設定された[3]。この仕組みによって〈しんどい学校〉のような学力テストの平均点が低い学校では、より限定的な評定をつけなければならなくなる。そのため教員たちは、学校教育における点数学力の偏重を強める、あるいはしんどい子の進路を狭めるこの仕組みに大いに反発していた。

次の E11 教諭の語りには、こうした制度への反発とともに、異化の語りが展開されていることがわかる。

（教員のやりがいの低下について）①感じますね。やっぱり点数を上げなあかんみたいな。何でか言うたら結局、毎回、全国調査の結果でいい学校ほどいい評価がもらえる、いいというのは何かというと、結局点数の高い、点数がたくさん取れる学校ほど、評定が高くつけることができるわけなんですよ。絶対評価[4]でもなんでもないんですよね。

②絶対評価というのは学習指導要領に則って、例えばこの目の前のお子さんが次のステップに行くにはどんな教材を用意して、どんなふうにしてあげたらいいか、その中で基準を作ってどうなっていったかというのを、指導と評価を一体化してやっていく。そういう子ども一人ひとりにとって、わかりやすい評価だったはずなんですね。

　③ところが今やろうとしている絶対評価というのは、本当に点数で振り分けるみたいな。しかも、その点数が中学1年生から高校入試に反映する。だから、もう何とか自分の目の前の子どもがかわいいから、ちょっとでも点数を上げなあかんと。目の前の子どもたちが、まさに点数のレールに乗せられてしまっている。しかも、学力の低い学校やったら限られた子しか「5」をつけられない。「トータル」の点数を決められているわけやから。④めちゃくちゃですよね。これやったら前の相対評価のほうがましですわ。

　⑤というのはやっぱり地域の力が、いろいろな、親の教育資産、資本とか、そんなことが背景で子どもの学力が左右されるので。学校だけの問題じゃないのに、「おまえのところは絶対評価にしたらめちゃくちゃ低いから、じゃあ君のところはもうこれぐらいにしてください」みたいな。⑥そうしたら、そういうところに行ってる子どもさんは、いわゆる学力の高い学校に行けないですよね。相対評価であればどの学校にももれなく。例えば10やったら10つけることができたわけやから、チャンスはありましたよね。⑦変な絶対評価なんですよね。すごく問題やと思いますね。(E11教諭)

　①では、成績評価の現状の仕組みが説明されており、②では評価のあるべき像が語られている。続く、③では現状の評価の問題点が、⑤では学力を評価する上で地域性を加味することの重要性が強調されている。E11教諭が主張するのは、現行の仕組みになることで、社会経済的背景の厳しい子どもたちの成績がこれまでより低くつけられ、彼らの進路選択がより制限されることの問題点である。

語りの①③では、学力や成績によって子どもを過度に競わせる仕組みに対する問題点が、そして④⑦では、それに対する不満が明確に示されている。いずれも〈競う教員〉を退けることで、自らの理想とする教育のあり方を保持することが可能になっていることがわかる。

　異化の実践では、現行の改革と自身の理想とする教育のあり方が対比的に語られるため、自分たちの教育実践をより明確に意識するようになる。現状の政策を批判的にみることで、教員たちは、自らの信念や教育のあり方を再確認しながら、改革下の現実を乗り切ろうとしていた。次にみるE7教諭もその1人である。

　　（自分が望む政策について）①やっぱり、もっとやる前に意見を聞くのと、それから、教育いうのはそんな短期間で結果を出せとか、そんなもんじゃないんですよ、やっぱり。②最低でも3年はかかるし。やっぱり、ほんまにそれが成果を表すんやったら5年、10年かかる話だから、そういうことを見越してのことをやらんと。③それは自分（市長）の任期は4年、だから焦っていろんなことをやって、それが失敗になったり、衝突になったり、矛盾が起きたりしているんやと思います。教育とは何かというのを、その他の行政と全く同じように考えてはんのちゃうかなと。④やっぱり人間づくりやから、どうしても時間かかるんですわ、いろいろと。ものづくりじゃないので。そこをはき違えてはんのが、一番の問題点ちゃうかなと。

　　⑤いい改革はほんま、やってもらいたいと思います。全否定しているわけじゃないので。過去のやり方が全ていいわけじゃない。やっぱり時代とともに変えなあかんことは絶対あるし。⑥だからって、それを焦るいうか、いつまでにこれをやらなあかんとか、さっきから言うたように数字だけで、ものを測るとか、そうじゃないんやいうことをまずわかった上で、改革に取り組んでほしいなと。でないと、ますます人材（教員）がなくなっていきます。（E7教諭）

③や⑥では市や市長の早急に成果を求める姿勢への批判が語られ、それと対置された形で①や④では、教育は時間がかかる営みであることが強調されている。E7教諭は、⑤で示されているように、それまでの自分たちの教育のあり方を全肯定しているわけではないとしながらも、それでも現行の改革の問題点について言及しており、〈競う教員〉から距離を取ろうとしていることがわかる。

　以上のように、異化の実践によって教員たちは改革の困難に対処しようとしていた。改革は、彼らの現実に様々な困難を与えているが、一方で教員たちは〈競う教員〉を退け、自らの教職アイデンティティを再確認しながら、困難な現実を乗り切ろうと試みていた。

5-2　矛盾の語り

　「異化」は〈競う教員〉を退け、自らの教職アイデンティティを確保するアイデンティティ・ワークであった。こうしたアイデンティティ・ワークによって、〈しんどい学校〉の教員たちは、逆風の教育改革の中でも自らの教職アイデンティティを保持できていた。

　他方で、教育改革に対して「異化」とは異なる教員の語りも観察された。それは異化の実践にゆらぎを与える別の語りの様式であり、その語りの中では教員たちの葛藤がより表面化されていた。ここでは、改革による葛藤がより強く表明されたE4、E5、E6、E8教諭に焦点化し、彼らの葛藤を生じさせる背景について検討していく。

　アイデンティティ・ワークにゆらぎを与える第一の語りが「矛盾の語り」である。「矛盾の語り」では、改革に対して批判的な語りがみられる一方で、改革によってもたらされる施策を「一教員」として実践しなければならない自己が表明される。そのため、教員の語りには「異化」しきれない葛藤が色濃く表出される。

　次にみるE5教諭は、自らが改革の「実践者」の位置に置かれることで、こうした改革と実践の間で葛藤を深めていく例である。生徒に対する評価の

あり方が点数学力重視になり、内申点における「意欲・関心・態度」の評価比重が小さくなることへ反発するE5教諭だが、その政策を実践しなければならない葛藤が、次の語りに表れている。

> （改革に伴う影響について）①何よりも市長の考え方を子どもたちに植えつけていることですわ。新自由主義と言うか、強い者が勝つ。これしかないと思います。入試改革とかもそうですよね。相対評価から絶対評価に変わると、いろんなことが言われますけど、勝ち組の優越感でしかないですよね、あれで得するのは学力の高い裕福な子が勝つだけで。②僕らはそれに対してどう立ち向かっていくか、行政に立ち向かうことができないので、そこであぶれた子は必ずいますから、その子たちにどうやって生きがいをもたすか。（…）③（意欲・関心・態度の評価の観点が減らされると）市教委が言っているのか市長さんが言っているのかはわかりませんが。そのままでいくと、うちの子らは不利になります、やっぱり学力が低いので。（…）④（それでも）制度が出来たら僕らはそれを守らないといけないので、「こんなんやっていたらあかんやろ」と思うけれども、僕らが反対することで子どもに迷惑がかかることがあります。例えば、評価の方法とか、僕はこんな形で評価したくないんだと思っていても、それで評価しなかったら子どもたちに迷惑がかかっちゃう。（E5教諭）

①では、改革に対する批判が明確に示され、競争の教育がもたらす弊害が語られており、②③ではそれと対置するように、厳しい状況に置かれた子どもたちの状況や、彼らへの支援を志向する自らの教職アイデンティティが表明されている。注目すべきは④で、「施策に対する批判」とともに、その施策を一教員として実践しなければならない状況が語られている。〈競う教員〉を批判しつつも、自らも実践者としてそれに位置づけられてしまう矛盾した語りが、〈競う教員〉を異化しきれない状況をつくっている。続く、E6教諭にも「テスト対策」をめぐって、〈競う教員〉をめぐる矛盾した語りが表れ

ている。

　①（改革が進むと）例えば教え方も、どんなことが起こってくるかというと、今までやったら子どもたちの感想だとかを丁寧に返していくというような教育を大阪では結構ようやってたんですけど、そんな時間減らしていかないと。②例えばチャレンジテストの去年の問題を授業の中でやらしたりとかね。同じような傾向の問題をやってみましょうとか、そんなんに授業の時間を使い始めて。「やらなあかんやろ」みたいな。③ほんで、背に腹はかえられぬっていうことで、「これは教育じゃない」とか、なんぼきれいごと言うたかて、「チャレンジテストでええ点取られへんかったら高校も行かれへんねや」みたいなこと言われたら誰がそれに対して反論できるねん、というのもありますし。そんなん言いだしたら、「何言うてんのおっさん」と言われますしね。「この子ら点数上げないと」と。④なんかね、「もっとちゃうやろ」と、人間的なものを感じたりするような、そういうものを丁寧に返していけるような時間が、そういう点を取るための教育に置き換えていかざるを得なくなってきてる。特にこの1年。他の学校でもそうなんちゃうかなと思ってます。
（E6 教諭）

　①では、大阪の教育の特徴とともに自らの教職アイデンティティが表明されるものの、②では、それとは異なる改革の影響によって「テスト対策」に走りつつある現状が語られている。
　③④では、そうした状況に批判的な態度を示しつつも、「テスト対策」を実施しなければ、それが子どもたちの不利益になってしまう。そうした状況を回避するため、〈競う教員〉に自己を位置づけなければならない、E6 教諭の矛盾した状況が表れている。
　こうした矛盾した語りは、施策1つ1つに対して表れてくる。例えば、施策の中で設置された「生活指導サポートセンター（個別指導教室）」はその1つである。このサポートセンターは、出席停止措置を受けた児童や生徒に

対して、学習への支援、立ち直りに向けた指導等を行うことを目的としているが、問題行動を起こす生徒を所属する学校からセンターへ「移動」させるこの施策に対して、対象教員の多くは疑問を抱いていた。しかし、実際に運用するとなれば、こうした仕組みに教員が納得していなかったとしても、生徒や保護者に対して説得をしなければならない。その葛藤を教員たちは抱えていた。

> ①（センターの運用は）なかなか厳しいでしょう。というのは、別室指導に至るまでの道筋をどう告げていくのかいうと、それに該当してくる子どもと向き合って話をして、「あなたはこういう理由だから、一時本校からここに行くのですよ」と。②じゃ、その別室指導を終えて、帰ってくる子どもに対して、どういう受け皿を用意してやれるのかを考えると、あまり得策ではないと思いますよね。子どもにしてみたら、やっぱり切り捨てられた感が必ず残るであろうし。③もう1つはその措置に至るような話を、一体誰がするのかいうと、我々ですよね。その子どもとか保護者に。これって非常にやりにくい話です。「あなたの状況は集団生活に向いていない。一時ここに行ってください」、これを本人にも保護者にも納得できるように、話をせなあかんと。(E4教諭)

E4教諭の語りもまた矛盾の語りと言えるものである。①では施策に対する批判的な語りを行い、②ではその批判の理由、すなわちそうした子どもたちへのケアの理念が示されている。しかし③ではそうした実践を自らが行わなければならない状況が語られている。

以上のように、特に改革がもたらす「実践における裁量権の低下」「競争・成果主義の要請」は、矛盾の語りを生じさせるものとなっている。成果・競争主義への反発が一方ではあるものの、「実践における裁量権の低下」により、教員たちは制度上実施しなければならない施策の「実践者」となる。矛盾の語りは、教員たちに〈競う教員〉を異化しきれない状況やその中での葛藤が色濃く表出されたものとなっている。

5-3　個人化された語り

　次にみる「個人化された語り」も矛盾の語りと同様に、異化の実践にゆらぎを与える語りの様式である。「個人化の語り」では、同じく改革に対して批判的な語りがみられるものの、自身とは異なる反応をみせる同僚教員の存在が語られ、語りの中で「連帯」ではなく「個人化」された自己が表明される。それは異化の実践を不安定なものにしており、教員の葛藤が解消されない状況をつくりだしている。

　改革に対する教員の反応や態度は、〈しんどい学校〉の教員内部においても、教員間の差異を顕在化させている。その差異によって、教員たちのアイデンティティ・ワークは「個人化」されたものに制限され、自らの教職アイデンティティの確保を難しくさせている。

　先述したように、府下で実施されていた学力テスト（チャレンジテスト）の結果が、生徒の評定と連動される仕組みとなった。こうした仕様の変更に、低学力層を多く抱える〈しんどい学校〉の対象教員たちも危機感を募らせていたが、学校現場では異なる反応がみられていた。

　E6教諭の学校では、「全国学テを『使えなく』なったらそのチャレンジテストがすごく大きな意味持ってくるっていうのを、薄々みんな感じて」おり、「チャレンジテストでいい点を取るための教育。それを打っていこうとしている」雰囲気が一部で見られたという。

　　①そういった教育（テスト学力の重視）が意外と若い人からすれば「当然やろ」みたいな、何の抵抗感もない。②僕なんかからすればそういう点数を上げるための、テストでいい点を取るための教育ばっかり走り過ぎると、「あかん」というような思いがあるんだけど、③今の若い人はそんな感覚もなくそれが当たり前のように。（…）今点数を上げるための教育やってても何の迷いもないし、それが教育だってちょっと勘違いしだしてるんじゃないかと。この2、3カ月ですごい感じてるんですけど、やっぱり若い人が点を取らせるための教育に走っていくんちゃ

うかなと思って。④（それが）悲しくて悲しくて仕方がないです。(E6教諭)

②では、テスト結果や評価を過度に重視する点数学力偏重の流れに対して、危機感を抱くE6教諭の立場が明示されているのに対して、①や③ではこうした流れを「当然」のものとして受容する若手教諭の存在が語られている。E6教諭にとっては「異常」にうつる現状を若手の教員たちが受け入れていく状況に対して、憤る気持ちが④の語りには表れている。E6教諭の一連の語りでは、テスト偏重の〈競う教員〉に対する異化と同時に、〈競う教員〉に流れていく若手教員と自身との間の差異が顕在化していることがわかる。またこうした差異がE6教諭の語りを個人化させており、E6教員のアイデンティティ・ワークを不安定なものにしていることが伺える。

改革をめぐるこうした教員間の差異は、「若手」「ベテラン」といったような年齢だけでない。改革は、教員たちの政治的な態度も浮き彫りにさせ、その態度の違いもまた教員の語りを個人化させている。次にみるE5教諭は、学校選択制導入時に、選択制によって自身の学校が大きな影響を受けると感じ、集会に出席して導入の反対を表明していた。しかしながら、そうした動きを見せるのは一部の教員にとどまっていたという。

【例えば、学校選択が導入されたときに、先生は反対にいかれたということですが、先生の中でも色々とありましたか？】①受け身的な先生のほうが多いですよ。変な話をしたらあかんけど、結構教師って何しても給料がかわらないじゃないですか。そこで、反対運動しようがなにしようが。②「ここに来た子に最高の教育をしてやるねん」、っていう悪い意味じゃなくて。そういう先生なんかは、静かに待っているだけですね。「ダメだな」とほんまは心の中で思っていても。③反対するには個人で何言っても無理じゃないですか、組合とかは別ですけど。(E5教諭)

上記の語りでは、①で自身とは異なり「受身的な教員」の存在が語られ、

②ではそうした教員が政治的な問題に関わらず学校での指導のみにコミットメントしていることが示されている。ここでは改革に対して自身とは異なる政治的な反応を見せる同僚たちとの差異が明示されて、続く③では教員たちが個人化された状況にあることが語られる。個人化された語りは、E5 教諭に政治的な連帯によって可能となる「異化」の実践を難しくさせていることがわかる。

教員の個人化がより深刻になった場合、互いの考えや意見が同僚や管理職にどのように評価されているか、監視的な状況がうまれる。E8 教諭の場合は、同僚間の関係が崩れてきている中で、「頑張れる」空気が感じられなくなってきていると語る。

> 【改革で一番影響を感じたことはなんですか？】①教師の分断。教師同士が疑心暗鬼になってる。(同僚関係が)崩れてきてる。うち（の学校）だけじゃなくて、よその学校でも孤立化が。組合も分断されはじめてるけど、教師も職員室の中で孤立しはじめてると思う。それは、考え方、発言、自分がどう思われてるか。(…)②でも職員室でよくいうてるんです。子どもが悪い、親が悪い、地域が悪い、そこで終わりやねん。発展性がない。それを言うたら、教師のプライドを捨ててるようなもんですよ。最近そこにね、政治も入ってるんやけどね、政治のせいにするな。わずかながらの、尊厳の放棄やから。人のせいにしたら、教師はなんもせーへんから。③だから、「頑張ろうね」って言ってるんやけど、頑張れる空気があんまり感じられへん。まあ戦いますけどね…。(E8 教諭)

①では孤立する同僚関係が語られ、②では自身の「環境のせいにしない」アイデンティティが表明されている。③では、教育実践をそうした環境のせいにせずに、実践を積み重ねていこうとする矜持が示されているが、一方で「頑張れる空気がない」と現状の厳しさも吐露されていた。

「個人化された語り」にみる〈しんどい学校〉の教員たちは、新自由主義

的な考えを退け、要請される〈競う教員〉に対して異化を試みている。しかしながら、他方でそうしたスタンスとは異なる態度の教員の存在についても言及され、同僚との差異が顕在化することで、異化のアイデンティティ・ワークが脆弱なものになっていた。〈競う教員〉を批判し、政治的な反発を表明すればするほど、〈競う教員〉を退けることができるが、他方で同僚間の溝を意識せざるを得ない状況になっており、その連帯を欠いた「個人化された語り」は、彼らに戸惑いやこの先の不安を感じさせていた[5]。

6. まとめ

　本章では新自由主義的な性格を有する大阪市の一連の改革の特徴と、改革が〈しんどい学校〉の教員に与える影響の内実を吟味してきた。限られた事例ではあるが、インタビュー調査から、改革が教員たちにもたらした困難として、「管理統制の強化」「成果・競争主義の要請」「実践における裁量権の低下」を整理した。改革下の教員たちの中には、「異化」の実践を通じて、改革が要請する〈競う教員〉を退け、困難に対処しようとする教員がいる一方、改革がもたらす変化によって、深い葛藤を抱える教員も存在した。
　後者の教員に焦点化し、その語りを分析した結果、彼らの語りには、「矛盾の語り」「個人化された語り」という、アイデンティティ・ワークを不安定なものにする語りの形式が存在し、異化の実践によって対処しきれない構造的なジレンマが表れていた。これらの帰結として、子どもと向き合う熱意はもちつつも、職業的な満足度、特に大阪市で働き続けることの意味がゆらいでいる現状が示唆された。次の2人の教諭の語りには、こうした現状が表れている。

　　　もう（教員に）採用されて20年たちましたけど、本当に悲しくて。本当に辞めたい、代わりたい。やっぱり情っていうもんがあるから、大阪市で採用されたんやったら大阪市で最後まで全うしたいっていう情も

あるんだけど、もう本当にこの6、7年大阪のトップが変わったことによって本当に教育がゆがめられたから、本当に僕ら中堅にとっても苦しくて、代わりたい気分です。本当に代わりたいです。本音を言うと。*(E6 教諭)*

正直、他府県に行こうか、行くチャンスがあったら行きたいと思いました。もう大阪市でやっていく意味あるんだろうかと。(E4 教諭)

　現状では、彼らのその後については追跡することができていないが、上記の語りからは改革の中で教職アイデンティティにゆらぎが生じ、自らのキャリアに変更を迫られている教員たちの様子が伺える。

　考察にうつる前に、まずはここでの知見の限定性について、2つ留意点を述べておきたい。第一に、知見の一般化の問題である。本章は、大阪市の中学校教員12名へのインタビュー調査をもとにした事例研究である。そのため、大阪市の教員全体への改革の及ぼす影響は、ここでは検討することができていない。特に、本書が対象としていない、校区の社会経済的背景が厳しくない学校の教員が、どのような経験をしているかについては更なる調査が必要である。大阪市の教員全体の改革に対する反応については、アンケート調査など、計量的な調査を通じて再度検証を行う必要があるだろう。したがって、ここでの知見は大阪市の中でも〈しんどい学校〉での教職経験を有する教員に限定されていることを改めて強調しておきたい。

　第二に、第一部の事例との連続性に関わる問題である。本章では、第一部で取り上げた教員とは異なる教員を対象としている。というのも、第一部の対象教員（A中、B中、C小、D小）は、大阪市とは別の自治体の教員であるが、近年の教育改革の影響についても、調査の過程のなかで尋ねる機会があった。しかしながら、改革が本格的に行われる前時点で一部の調査を実施していたことや、他の自治体の改革は大阪市の改革ほどの性急性はなかったことから、改革の影響を十分に観察することができなかった。そのため、より改革のインパクトが顕在化していた大阪市の教員へ調査の対象をシフトした経緯がある。

したがって、本章では〈しんどい学校〉の教員という、校区の社会経済的背景を重要なファクターとして、第1部の対象教員と、本章の大阪市教員の間に共通性を想定している。しかし、第1部の教員が、同様の改革を経験した時にどのような反応を見せるかについては、これも更なる調査が必要である。

しかしながら、本章の事例では、大阪市に対象を限定はしているものの、社会的に不利な立場の子どもの包摂を志向性する教員が、新自由主義の改革下で経験する葛藤やキャリア問題の一端を提示できたように思われる。仮に、同様の改革が第1部で検討した〈しんどい学校〉の教員たちにも実施されれば、彼らが経験するそこでの困難や葛藤は本章で提示したものと類似したものになりうるのではないだろうか。いずれにしても、自治体や学校状況も異なるので別の調査が必要であることには変わりないが、以下では、上記の点に留意しつつ、教員のキャリア問題に関する若干の考察を行っていきたい。

本章でみてきた大阪市の教員たちの葛藤は、行政主導の改革によって、教員を取り巻く制度的・組織的環境が大きく変化することで生じていた。これはBecker（1952a）が指摘するところの、キャリアの変更を迫る「行政的要因」に該当する事例である。Beckerは行政的要因の例として管理職の事例をあげていたが、制度や組織の環境の変化という点では、教育改革はその最たる例であると言える。

事例にもみられた他市への異動を希望する教員たちは、Beckerが論じるように、「より良い職場環境」を求めて水平キャリアを志向する教員の例として考えることもできる。しかしながら、彼らが他市に「逃れたい」と思わざるを得なかったのは、単に「仕事のしやすい」環境を求めていたのではなく、自らの教職アイデンティティの危機を感じたからだと推察される。

改革が要請する〈競う教員〉は、〈しんどい学校〉での経験を有した教員たちの教職アイデンティティと鋭く対立するものであった。しかしながら、政治的な力によって正当性を与えられた〈競う教員〉が台頭し、教員たちは自らの教職アイデンティティを否定されるような言説に囲まれながら日々の

仕事に取り組んでいた。特に葛藤を抱えた教員たちは、こうした状況の中、自らの理想とする教員役割と自己との間に乖離を感じ、教職アイデンティティの危機を感じていたと考えられる。

　こうした改革による危機は彼らのキャリアにどのような変更を迫るだろうか。この検証には継続的な調査が必要であるものの[6]、欧米での研究を参照すると、こうした状況が長期的に続けば、次の2つの帰結（シナリオ）が考えられる。

　第一のシナリオは、「教職アイデンティティは変化させずに、教職へのコミットメントを弱める」という帰結である。対象教員たちが、民主的アイデンティティを確保し続けようとした場合、〈競う教員〉との間の葛藤を深め、ストレスをより強く感じていくことが予想される。こうした場合、教員たちはそこで生じる葛藤やストレスを軽減させるために、教職へのコミットメントを減退させるということが起こりうる。

　例えば、Jeffrey & Woods（1996）は英国の教育改革下において学校に査察（OFSTED）が導入された事例を取り上げ、外部の強権的な評価が教員たちの専門性を損なわせ、彼らの自尊心を低める結果をもたらしたと指摘する。同様に Troman（2000）も英国の事例から、市場原理を導入する改革が進行することで同僚・管理職・行政との関係が「信頼」を基軸とするものから、批判や監視といった「不信」を基調とするものに変化し、それが教員にストレスをもたらしたと述べている。Hargreaves（2003=2015）の米国やカナダの中等学校の事例も同様である。カリキュラムや評価の標準化政策が教員の自律性を縮減し、教員の中には離職を希望するものも観察された。いずれの研究でも葛藤やストレスによって教職へのコミットメントを低下させ、離職するケースもあることが述べられている。対象教員たちも同様に、自らの民主的アイデンティティを組み換えずに改革を乗り切ろうとした場合、自身の理想とする実践を行えない現状からストレスを高め、その結果、組織あるいは教職へのコミットメントを弱めていくことが考えられる。

　第二のシナリオは、「教職アイデンティティを組み替えて（偽装して）変化に適応する」というものである。この帰結では、教員たちは最終的に新自

由主義的な価値観を受容し、自らの教職アイデンティティを変質させることで、現状に適応していく。例えば、Woods & Jeffrey（2002）では、新自由主義的な価値観や制度に対して、教員たちが自らのアイデンティティを組み替えて適応していく姿を捉えており、自分の理想や価値観と、現実の自分を切り離し、改革が要請する役割を日々実践していく教員たちが描かれている。また Moore et al.（2002）も同様に、改革に対して「従属」や「抵抗」するのではなく、むしろ政策と現場との間で折り合いをつけようとする教員の「現実主義（pragmatism）」を指摘している。教員たちは、生き残り戦略として無自覚的に改革を受容し、自らを改革に適応させようとする。Moore et al.（2002）は、こうした教員の生き残り戦略が、結果的に教員の脱政治化・専門職化を進行させるという。

　この2つのシナリオのうち、〈しんどい学校〉の教員たちは第一の帰結に向かう可能性が高いように思われる。ただ個人化された語りが示すように、学校現場の中でも多様な反応が示されていることを鑑みれば、第二の「偽装する」帰結に向かう可能性もある。いずれにしても、彼らのキャリアの危機は複雑な経路を辿りながら教員たちに経験されていることは確かである。教員たちの困難は、子どもや保護者の変化といったミクロな社会関係の中でだけで生じているのではない。教員たちは政治主導の改革によって〈競う教員〉という新たな「望ましい」教員役割が構築され、その中で自らの実践が規定される、こうしたより大きなポリティクスの波に晒されていた。

　繰り返しになるが、ここでの結果は特定の教員集団に限った分析に留まっており、これを大阪市の教員全体に一般化するには留意が必要である。異なる教職観や指導観、例えば、より高い社会階層を意識した教育（例えば、受験競争やグローバル教育の重視）を実践する教員などは、新自由主義とむしろ親和的かもしれない。こうした検証は今後の課題としたい。

(注)

1) 日本における新自由主義的教育改革の事例は、欧米諸国と比べると限定的ではあるものの、近年いくつか報告されており、例えば、東京都の学校選択制や教員評価制度の導入などがある。一方、こうした新自由主義的な改革に対する教員たちの反応について、実証的な研究は非常に限定的なものに留まっている。例外的に、宮崎県の教員評価制度の導入過程を検討した苅谷ら（苅谷・金子編 2010）は、教員の多くは教員の優劣をつくる評価のあり方に反発し、適切な評価方法をめぐって展開された行政―教員間の交渉過程を描いている。また、久冨（2003）や金子（2010）では、東京都の教員人事考課制度に対する教員の反応が吟味され、教員の約8割が教員評価に関わる様々な施策を否定的に捉えているなど（久冨 2003：176-7）、業績・評価・報酬が強調される評価形式への教員の反発が示されている。しかしながら、教員の経験する葛藤やキャリアに及ぼす影響などについては十分に検討されているわけではない。否定的な反応がなされるとすれば、その反応にはどのような背景があるのか、その反応はいかなる帰結をもたらすのか、より詳細な検討が必要だろう。

2) この教員は、休日の部活動の際に自家用車を利用していたことが処罰の対象となった。大阪市では自家用車の利用は禁止されているが、その教員は部活動の指導に熱心に取り組んでおり、休日の部活動では車が必要な場合が多く、そのため自家用車を近隣のコインパーキングに停めて利用していたと言う。

3) チャレンジテストとは平成26年度より行われている大阪府における学力テストである。年度ごとに変更があるものの、調査時の平成27年度は、その対象が「府内の市町村立中学校、特別支援学校及び府立支援学校中学部の第1学年、第2学年」、調査内容は「第1学年：国語・数学・英語」「第2学年：国語・社会・数学・理科・英語」となっていた。平成28年度より、調査対象に3年生も加えられ、第1・2学年は「平成29年1月」、第3学年は「平成28年6月」に調査が実施となった。調査内容も「第1学年：国語・数学・英語」「第2・3学年：国語・社会・数学・理科・英語」となっている。28年度の大きな変更点は、大阪府公立高校学校入試選抜の調査票・評定をめぐって、その公平性を確認するための資料としての位置づけが明示された点にある。具体的には次のような仕組みになっている。

　⑴中学2年生の1月に実施したチャレンジテストの結果を使って、大阪府教育委員会が中学3年生の「府全体の評定平均」を求める。
　⑵各学校は、「府全体の評定平均」と中学3年生の6月に実施するチャレンジテストの結果を活用し、自校の「評定平均の範囲」を求める。
　⑶各学校は、目標に準拠した評価5段階で各生徒の評定を定めるが、その際、学校の評定平均が、⑵で求めた「評定平均の範囲」内にあることを確認する。
　（出典：大阪府教育委員会『平成28年度　中学生チャレンジテスト（3年生）実施にあたってのリーフレット』(http://www.pref.osaka.lg.jp/shochugakko/challenge/h28

jjissiyouryou.html）

つまり、学力調査の結果によって、その学校の評定でつけられる「枠」（「評定の範囲」が設定される仕組みになった。大阪府は、こうした調査の目的を子どもの学習状況を把握すること、その結果を学校経営に活用することと同時に、「調査結果を活用し、大阪府公立高等学校入学者選抜における評定の公平性の担保に資する資料を作成し、市町村教育委員会及び学校へ提供すること」としている（出典：大阪府教育委員会『平成 28 年度中学生チャレンジテストの実施について』（http://www.pref.osaka.lg.jp/shochugakko/challenge/ h28jjissiyouryou.html））。平成 27 年度は、チャレンジテストの代わりに、全国学力学習調査の結果が活用されていたが、その運用の問題性が文科省より指摘され、平成 28 年度よりチャレンジテストが用いられることになった。

4）「絶対評価」という言葉は、一般に様々な用いられ方がされているものの、教育方法学の分野では、評価者の絶対性を基準とする評価方法であり、評価者の主観や独断が支配的な評価形式とされている（田中 2008）。ここでの E11 教諭が言及している評価方法は、この意味の絶対評価ではなく、学習者の学習の進度や習熟度を評価する「到達度評価」「目標に準拠した評価」に該当するが、ここでは現場の文脈に即して絶対評価と記している。

5）佐和隆光らによって行われた小中学校教員へのインターネット調査では（『義務教育に関する教員アンケート調査』2014 年 12 月実施）、改革への教員の意識を伺うことができる（朝日新聞 2015 年 7 月 2 日（朝刊 p. 23、『学力調査、教員に「圧力」？教育学者らが教員 1044 人に調査』））。それによれば「近年、『管理・統制』が強化されたと感じるか」という質問に対し、75.5％が「強く感じる」「少し感じる」と回答しているという。ただこの数値は勤務年数ごとに異なり、「管理・統制が強化された」と感じている教員の割合は、勤務年数別でみると「10 年以下」が 6 割程度だったのに対し、「11〜20 年」では 7 割を上回り、「31 年以上」は約 8 割となり、勤続年数の長い層がより圧力の強化を感じている。また、2014 年度に学力調査の学校別結果を市町村教育委員会が一部公表できるようになったこと対する質問についても、「賛成」が 19.9％、「わからない」が 20.1％だったのに対し、「反対」が 60.0％を占めているという。これらの結果からは、教員集団内部でも改革に対する反応や意識が多様であることが示されている。

6）調査を実施した後も、大阪市の教育政策に関して新たな報道がされており、全国学力調査の結果を校長や教員の評価に反映させるとする大阪市の現市長の意向から、市教委は 2019 年から新しい評価制度を策定することを明らかにした。新制度は 2019 年度の試行を経て 2020 年度から実施し、2021 年度のボーナスにはテストの結果が反映させられるという（朝日新聞、2018 年 9 月 15 日（朝刊、p. 34『今年度中に制度、大阪市教委方針学力テスト人事評価』））。

終章 〈しんどい学校〉の教員文化から見えてきたこと

　本書では、関西地区の〈しんどい学校〉と呼ばれる校区の社会経済的背景の厳しい学校の教員に着目し、彼らが〈しんどい学校〉に適応していく過程や適応後のキャリアの動態を検討しながら、〈しんどい学校〉の教員文化の諸相を描いてきた。

　「〈しんどい学校〉の教員がいかに学校環境に適応していくのか」という研究課題を据え、教員が経験する〈しんどい学校〉の学校環境、彼らが共有する特徴的な教職アイデンティティ、教員の社会化のプロセス、そして適応後のキャリア問題を分析課題として設定した。一連の作業を通じて、〈しんどい学校〉の教員文化の全体像を提示していくことが本書の目的であった。

1. 見出された知見

　本書では、「校区の社会経済的背景が低位に位置づき、指導上の問題が生じやすい学校」を〈しんどい学校〉と定義し、他の学校とは異なる文化や歴史を有する学校として区別した上で、〈しんどい学校〉の教員に共有されている教員文化に注目した。

　第1部では、まず第1章で先行研究を検討し、校区の社会経済的背景と教員の適応キャリアを吟味するための4つの視点を提示した。すなわち、学校環境、教員文化、教員の社会化、教員のキャリア問題であり、いずれの分析

においても、従来の教員研究とは異なり、教員が働く学校の学校環境、特に校区の社会経済的背景との関連を分析の射程に入れること、そして、その中で教員世界の多層性を描くことの重要性を論じた。

続く第2章では、調査の概要として、調査対象や調査の経緯、調査方法やデータの分析方法などの概要を述べた。

第2部では、〈しんどい学校〉の教員たちの学校環境と、教職アイデンティティの特徴、社会化の過程の3つの観点から〈しんどい学校〉への適応プロセスを検討した。

まず第3章では、〈しんどい学校〉の学校環境を教員の主観的な世界から記述し、彼らが日々仕事を行っている学校環境を確認した。TALISのデータも併用しながら、校区の社会経済的背景ごとに、教員たちの様々な教職経験を比較した結果、〈しんどい学校〉ほど、子どもの「規律の問題」「学習指導の問題」「保護者との関係課題」といった諸課題に直面しやすいことが整理された。規律の問題として、〈しんどい学校〉では、子どもの教員に対する反抗や不信感、エスケープや遅刻、その他の子どもの問題行動が生じやすく、学級の秩序維持が第一に求められていた。また他方で、学習指導の問題として、学習意欲が必ずしも高くない子どもへの学習指導は時間と労力がかかる一方、生活・生徒指導との時間や労力のバランス、特別な配慮の必要な子どもへのケアなど、学習指導だけに注力できない環境がみられた。さらに、保護者との関係構築も重要な仕事として位置づけられており、より手間暇をかけた保護者との連絡や連携、放任的な保護者の関係構築など、〈しんどい学校〉では多様な役割が教員には求められていた。

第4章では、〈しんどい学校〉の教員たちの教職アイデンティティの内実を検討した。第3章で示したように、〈しんどい学校〉は教員の職場環境としては、指導上の課題を抱えやすく、仕事を続けていく上で相対的により厳しい学校環境であると言えるが、対象教員たちは他校への異動（水平キャリア）を志向しておらず、むしろ〈しんどい学校〉にコミットメントする教員の姿が観察された。第4章では、そうした〈しんどい学校〉の教職アイデンティティの内実を検討し、その特徴を「働きがい」「パースペクティブ」「同

僚性」の観点から把握した。その結果、第一に、教員たちは課題を抱えた子どもや保護者、さらに同僚との濃密な関係性の中で働きがいを感じていた。第二に、教員たちは問題行動を起こしやすい子どもたちに対しても、彼らの家庭背景を把握することを重視し、「つながり」を活用しながら彼らの包摂を目指すパースペクティブを有していた。そして第三に、教員たちは子どもの「荒れ」に対応する中で相互サポートや連携といった同僚間の協働文化（対向的協働文化）を形成していた。本書では、こうした〈しんどい学校〉の教員の特徴的な教職アイデンティティを、「民主的アイデンティティ」として位置づけた。

　第5章では、〈しんどい学校〉の教員たちがいかに〈しんどい学校〉に適応していったのか、その社会化のプロセスを吟味した。特に子どもの階層的背景を重視するパースペクティブが形成されていった過程に注目しながら、教員たちのライフヒストリーを分析した。まず対象教員の〈しんどい学校〉に適応するまでのキャリアは、「深化型」「喚起型」「転換型」の3つの類型が確認され、上記のパースペクティブを形成してきた時期には違いがあることがわかった。一方〈しんどい学校〉に赴任後の教職経験については類似する点が多くみられ、その適応過程を分析していった。その結果、教員たちの適応過程は「葛藤」「省察」「コミットメント」の3つのフェーズに整理された。適応キャリアの教員たちは、〈しんどい学校〉特有の学校環境の中で困難に直面しつつも、その中で自らのパースペクティブを繰り返し省察しながら、その状況に応じた教育実践を模索していっており、社会化のプロセスは、自らの教職アイデンティティを再構築していく過程であった。

　続く第3部では、〈しんどい学校〉に適応した教員たちの、その後のキャリア問題に注目した。〈しんどい学校〉の教員たちが、Beckerの示す環境的要因や行政的要因によって、いかにキャリアの変更が生じるかを検討した。事例では、教員のキャリア問題をもたらす要因として、教員集団の変容と教育改革を取り上げ、その中で〈しんどい学校〉の教員たちの葛藤や戦略をアイデンティティ・ワークの視点から分析した。

　第6章では、A中の教員集団を事例に、教員集団の変容の中で経験される

教員の葛藤や、葛藤に対する対処戦略を検討し、環境的要因と教員のキャリア問題との関係を考察した。A中では、学校の歴史的な文脈から要請される〈つながる教員〉と一般的な中学校文化の特徴が反映された〈しつける教員〉、2つの教員役割が観察された。2つの教員役割は互いにその正当性を有しているものの、実際の子どもへの指導においてはアプローチの違いが顕在化しやすく、教員集団によるチームによる指導や一貫した指導方針を実践する「指導の一致」の要請のもと、教員集団内において自らの理想とは異なる教員役割が要請され、それが教員の役割葛藤をもたらしていた。その役割が問い直される立場にあった伝統的な〈つながる教員〉を志向する教員のアイデンティティ・ワークを検討した結果、彼らは「異化」「調整」「再定義」という3つの実践を通じて、自らの教職アイデンティティを維持しようとしていた。教員はそれぞれの置かれた状況の中で要請された教員役割から距離を置いたり、あるいは教員集団の状況に合わせて適切な教員役割を選択したり、教員役割に対して新たな意味づけを行うことを通じて、自身にとって適合的な教職アイデンティティを保ち、〈しんどい学校〉でのキャリアを維持しようとしていた。

第7章では、大阪市を事例に、新自由主義的な教育改革下における〈しんどい学校〉の教員のキャリア問題を検討した。大阪市の一連の改革は成果・競争主義を基軸とした新自由主義的を基調としつつも、行政による中央統制や権力行使を重視する新保守主義的な特徴がブレンドされた特徴を有していた。それは教員たちに中央や行政に対して肯定的で、成果・競争主義を支持する〈競う教員〉を要請するものであった。こうした改革に対して、教員たちは一様にネガティブな評価を与えているものの、改革は教員たちに「管理統制の強化」、「実践における裁量権の低下」、「成果・競争主義の要請」といった変化をもたらしていた。教員たちはこうした改革に対して、「異化」の実践によって自らの教職アイデンティティを保とうとしていたが、「矛盾の語り」、「個人化の語り」を強いられる一部の教員たちは「異化」の実践が不安定なものになり、その葛藤を深めていた。事例では、対象教員たちが自らの民主的アイデンティティと鋭く対立する〈競う教員〉役割を強いられる状況

において、生徒と向き合う熱意はもちつつも、職業的な満足度、特に大阪市で働き続けることの意味がゆらいでいる、彼らの不透明なキャリアの現状が観察された。

　本書で見出された知見をまとめると次のように言えるだろう。校区の社会経済的背景が低位で、職務上の様々な課題を抱えやすい〈しんどい学校〉では、教員の水平キャリアと適応キャリアが存在する。異動を選択し水平キャリアを辿る教員は、保守化を伴った学校異動を選択していくのに対して、適応キャリアの教員は特徴的な学校環境の中で葛藤を経験しながらも、子どもの家庭環境や同僚の実践、そして自らの実践を省察しながら、自身の教職アイデンティティを再構築することで〈しんどい学校〉への適応を果たしていく。教員は勤務校の実践を自らに取り込んでいきながら日々の指導にあたり、その結果、関係を構築できた子どもや保護者、あるいは共に協働する同僚、これらの社会関係の中で教員のパースペクティブはより深まりをみせていく。その結果、社会的に不利な立場に置かれた子どもたちの包摂を志向する民主的アイデンティティが形成されていくのである。

　他方で、その後の彼らのキャリアは安定的なものでなく、自身を取り巻く社会関係、そして教員言説の中でキャリアにゆらぎがもたらされるが、〈しんどい学校〉の教員たちは、単に「仕事のしやすさ」からキャリアを選択するのではなく、学校の状況と自身の立ち位置などを勘案しつつも、自らの教職アイデンティティに基づいて現実を解釈し、現実と理想との間で交渉しながら、その後のキャリアを模索していた。

　以下では、これらの知見をもとに、〈しんどい学校〉の適応キャリアとキャリア問題について若干の考察を行い、研究上、実践上のインプリケーションを述べていく。

2. 考察－〈しんどい学校〉の教員の適応キャリアとキャリア問題

2-1 社会化を成立させる社会文化的条件

　〈しんどい学校〉に赴任した教員がその学校環境に適応していき、結果的に民主的アイデンティティ形成していった背景には、いくつかの社会的、文化的な条件が見出せる。ここでは適応キャリアを左右していた条件として、「教員のキャリアパターン」「学校組織文化」「同和・人権教育」の3つの要因について考察していく。

　第一に、〈しんどい学校〉に赴任するまでの、教員のキャリアパターンについて、第5章でみてきたように、〈しんどい学校〉に赴任するまでのキャリアは一様ではなく、しんどい子への支援を志向していった時期も教員によって異なる。

　特に影響がみられたのが、教員の初任校での教職経験である。「転換型」の教員のキャリアが示すように、初任校を〈しんどい学校〉ではなく「一般校」に赴任した場合、そこで一般的な教員文化を社会化していく。それには、再生産に加担するような、階層的な背景を直視しない形式的平等観や（苅谷 2001、志水 2001）、マイノリティの学習機会が十分に保障されない実践なども含まれる場合が少なくない（盛満 2011、西田 2012）。

　第5章の事例でみたように、「転換型」の教員たちは、一般校で社会化した教員役割と新しい学校環境の間で葛藤した結果、自らの教職アイデンティティを再構築した教員であった。インタビューの中で聞かれたのは、〈しんどい学校〉が初任の教員よりも、「一般校」を経験した教員のほうが〈しんどい学校〉を離脱しやすく、離脱する教員は自らのスタイルとの違いを理由に他校への異動を選択しやすいという実情であった。

　つまり、教員のキャリアのどの段階で、〈しんどい学校〉に赴任し、その

終章　〈しんどい学校〉の教員文化から見えてきたこと

学校で社会化過程を経るかが、〈しんどい学校〉への適応のしやすさ、ひいては民主的アイデンティティの形成を左右する可能性がある。「一般校」の教員役割や、第7章でみたような〈競う教員〉役割を社会化した教員の場合、民主的アイデンティティの形成はより困難なものになりうる。教員の適応キャリアを吟味する上では、初任校での教職経験を含めた教員のキャリアパスを分析の視野にいれることが有益だと言えるだろう。

　第二に、教員が〈しんどい学校〉での教員役割や教育実践を身につけていく過程の中で重要な役割を果たしていたのが、赴任校の教員文化、言い換えるならば「学校組織文化」（今津 1996）である。学校組織文化とは、今津によれば「当該学校の教師に共有された行動・思考の様式で、その学校での日常の教育活動に方向性を与え、問題解決や意志決定の判断枠組みを提供するとともに、教師集団の凝集性や一体感の醸成にはたらきかけるもの」であり、それは「形成され、伝達され、学習されるとともに、変革され新しく創造されていく」ものである（今津 1996：153）。教員文化や学校文化など日本の教員や学校に共通してみられる特徴を示す概念とは異なり、学校の置かれた個別性を重視する点に学校組織文化の特徴がある。

　第5章で検討したように、教員たちは、〈しんどい学校〉で蓄積されてきた教育実践や、地域や家庭の実態を観察しながら、自らの教職アイデンティティを再構築した結果、民主的アイデンティティを形成していた。彼らが参照していた知識は、学校の組織文化の中に埋め込まれているものでもある。特徴的な教育実践やそれを支える理念、また社会経済的に厳しい家庭の子どもが多い校区の地域性などによって、学校の組織文化は形づくられ、その学校特有の教員役割が表出する。例えば第6章でみたようなA中の〈つながる教員〉役割が一例である。本書では、インタビュー対象教員の全ての学校組織文化を検討したわけではないが、第3章でみてきたように、類似した地域性を有する〈しんどい学校〉においては、共通した教育課題が顕在化しており、学校組織文化も重なるところが多いことが予想される。

　そして、教員たちは困難な子どもたちと関わる術を各教員が独自に生み出していったというよりも、その学校環境の中で必要な知識・スキルや教員役

割を、子ども・保護者・同僚との関わりの中で見出し、その結果彼らは民主的アイデンティティを形成するに至っていた。彼らの社会化は、個人の気質や教室内での個人化された経験を通じて展開される「自己社会化」(Lortie 1975：79) とは異なり、より学校組織の資源が活用されて展開される協働的な特徴を有していた。

　つまり、〈しんどい学校〉では、その学校組織に埋め込まれた教員役割が存在し、教員の社会化も学校組織文化を資源としながら展開していた。仮にこうした学校組織文化がなければ、教員たちは民主的アイデンティティを形成し得なかったかもしれない。彼らの社会化の過程には、その個別の学校組織文化が民主的アイデンティティの形成を媒介し、そのプロセスを支えていたと言えるだろう。

　第三に、同和・人権教育／社会運動の影響を指摘することができる。上述したような〈しんどい学校〉の学校組織文化がいかに形成されたか、それには学校の歴史や地域の文脈が影響しているが、本事例のおいては、解放運動という社会運動と、同和・人権教育という教育実践の影響を見出すことができる。

　本事例で扱った中には、同和地区という被差別部落を校区内に有する学校もある。関西地区では、被差別部落の子どもたちの学力・進路保障が問題化されてきた歴史を有し、同和教育推進校など特定の学校や、自治体ごとの人権教育研究協議会の発足など、解放運動を背景としながら、部落の子どもや様々なマイノリティの教育格差を是正するための取り組みが行われてきた（長尾編 1996、池田 2000b、中野他 2000）。解放運動を基盤とした地域住民や運動体による学校への教育期待が片方にはあり、もう一方ではそうした願いを受け止めて同和・人権教育を積み重ねてきた学校の実践知が、学校組織文化を形成してきた。しかしながら、同和対策事業特別措置法[1]が失効して以降は、教員の入れ替わりや地域住民の変化など、学校をめぐる様々な変化の中で実践知が十分に受け継がれないケースも存在する。

　対象校の事例から言えば、第 6 章の A 中などはまさにその過渡期の状態であったといえるし、また他校においても実践の継承に苦心してきた事例も

終章 〈しんどい学校〉の教員文化から見えてきたこと

みられた。また第7章でみたように、教育改革の中で異なるイデオロギーが台頭し、その継承が限定化される状況もみられる。その中においても、同和や人権をキーワードとする地域に根ざした独自のネットワークによって、教育実践の交流なども盛んに行われていた。個々の学校組織文化は、こうした地域の教育実践ネットワークによって支えられており、校内外の交流や実践の学習会を活用しながら、学校組織文化を継承しようと試みられていた。こうしたネットワークが脆弱な場合、特に教員などの大幅な入れ替わりが生じれば、実践の継承はより困難に陥るだろう。

以上のように、〈しんどい学校〉における教員の社会化には、「教員のキャリアパターン」「学校組織文化」「同和・人権教育」といった要因が関わっている。特に後者の2つについては、本事例の限定性とも関わる条件である。同和・人権教育という教育実践や、その影響を受けた学校組織文化など、こうした条件があてはまらない地域においても、同様の社会化のパターンが観察されうるか否かについては、更なる検討が必要となるだろう。

2-2　適応後のキャリア問題ー「社会関係」と「言説」の視点

第6章では、A中の教員集団を事例に、教員集団の変化と教員のキャリア問題の関係を検討した。要請される教員役割と自らの理想とする教員役割との間で自らの教職アイデンティティを交渉し、変化する学校状況の中で〈しんどい学校〉でのキャリアを維持しようとしていた。また第7章では、大阪市の教育改革を事例に、改革下の教員のキャリア問題を取りあげ、改革の中で困難を経験しつつも、教員の内部では、「抵抗をみせる教員」と「葛藤を深める教員」の両者が観察され、後者の教員が自身のその後のキャリアに見通しが持てない状況を記述した。

いずれの事例も、教員の葛藤が生じる背景や教員のアイデンティティ・ワークを観察し、教員が自らの教職アイデンティティを交渉する過程を描いてきた。そしてその交渉の過程の中で、その学校や地域で働き続けようとするか否かという、キャリアの問題が生じていた。本書からは教員のキャリア

問題について次のような点を指摘することができる。

　第一に、学校環境に適応した後も教員のキャリアは安定的ではなく、学校や社会の変化の中で教員のキャリア問題が経験される。職業的社会化では、教員の入職時の問題が主に扱われてきたが、教職という職業に適応した後にも教員のキャリアのゆらぎは訪れる。この点については、教員のキャリア研究やライフサイクル論の中で言及されてきた「中堅期教員の危機」（紅林 1999，高井良 2015）と重なる点であるが、ここではそのキャリアのゆらぎが、単に年齢的なもので説明されるものではなく、Becker の指摘するように環境的・行政的要因によって引き起こされることが改めて確認された。

　そして第二に、教員のキャリアの問題は、次に示す「社会関係」と「言説」の2つの水準から把握されることが指摘できる。「社会関係」とは、子ども、保護者、同僚、管理職といった教員が関わるミクロな関係性を指し、それぞれの関係性の中で、意見の不一致や方向性の違いなどのコンフリクトが生じた場合に、教員は精神的ストレスや葛藤を抱え、その職場での職業的な満足度が低下していく。その結果、より仕事のしやすい職場を求めて、異なるキャリアの選択が行われる。本書においては第3章の子どもや保護者との関係、第4章や第6章の同僚との関係がこの事象に該当し、これは Becker（1952a，1952b，1953）が描いてきた問題に通底する、人々の「社会関係間の相互行為」を重視する視点（interactionism）である（Woods 1983 : 1-17）。

　他方、教員のキャリア問題を考える上では、ミクロな社会関係だけでなく、より広い「言説（discourse）」的な視点の導入が有効であると考えられる。本書における「言説」とは、社会や学校空間内で生起する「教員言説」（Moore 2004）を指し、あるべき教員像や教員役割に関するテクストやナラティブの集積を表す。本書で示した教員言説としては、第6章では〈つながる教員〉〈しつける教員〉、第7章では〈競う教員〉が該当する。ここでの事例を観察すると、〈しつける教員〉や〈競う教員〉の台頭によって教員たちのアイデンティティに葛藤が生じており、その葛藤は単に同僚間や行政との社会関係によって生じているというよりは、「あるべき教員像」が問い直されるなかで教員たちのアイデンティティにゆらぎが生じていた。このように、言説的

終章 〈しんどい学校〉の教員文化から見えてきたこと

な視点からみた場合には、複数の教員言説とその教員の立ち位置の関係性の中で、教員の葛藤やキャリアの模索が生じていることがわかる。

　第6章では、〈つながる教員〉と〈しつける教員〉はA中の学校文化と一般的な中学校文化の関係性の上に生起しており、第7章の〈競う教員〉は新自由主義的なイデオロギーによって正当性を得た教員役割である。それぞれの関係性を図示したのが図表8-1であり、それぞれの教員言説は、後述する教員の専門性（Whitty 2009=2009）と対応している。

　言説的な視点から言えば、〈しんどい学校〉の教員は、学校の教員集団の状況や改革の影響下において、こうした教員言説との間で自らの教職アイデンティティを交渉し、その後のキャリアを選択していたと言える。例えば、第6章の事例では、〈しつける教員〉との間で、教員たちは自らの教職アイデンティティを再確認し自らの〈しんどい学校〉でのキャリアを確かなものにしていた。他方で第7章の事例では、〈競う教員〉との関係の中で、自らの教職アイデンティティが否定され、今後のキャリアに見通しがもてなくなる状況が示されていた。

　以上のように、教員のキャリア問題は、教員を取り巻くミクロな社会関係

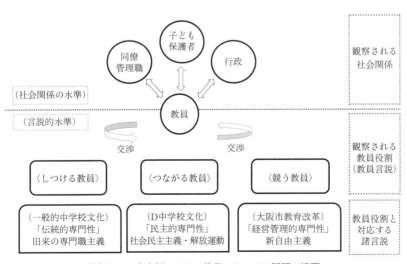

図表8-1　本事例における教員のキャリア問題の構図

上のみで生じるのではなく、学校や教員を取り巻く社会空間の上で生起する問題でもある。そこには、社会関係上は観察されない、「よい教員像」をめぐる「権力的」な関係が介在しており（Moore 2004）、その教員言説との関係性の中で教員たちのキャリアの選択は行われる。教員のキャリア問題を吟味する上では、社会関係と言説という2つの水準から多面的に考察することが必要であると言えよう。

3. 教員研究への示唆―学術的インプリケーション

　次に、上記の知見から導き出される学術的な示唆を述べていきたい。以下では、教員文化論、教員の社会化研究、キャリア研究、教員の専門性論、それぞれに対する示唆を論じていく。

1）教員文化論
　第一に教員文化論に対して、本書では、日本全体に観察される全般的な教員文化ではなく、校区の社会経済的背景の厳しい〈しんどい学校〉の教員文化を描いてきた。学校環境、教職アイデンティティ、教員の社会化、キャリア選択、様々な側面から、〈しんどい学校〉の教員世界を捉えることを試みた。
　ここまで記述してきたように、彼らは一般的な教員文化とは異なる特徴を有している。特徴的な働きがいや同僚性に加えて、特に子どもの階層的な背景を積極的に理解する姿勢や、しんどい子やその保護者への支援を志向する包摂の指導観は、従来の教員文化で整理されてきた階層的背景を不可視化し、社会的不利層への特別な配慮を限定化する「形式的平等観」（苅谷 1995、2001、志水・清水 2001、盛満 2011、山田 2016）と大きな違いが認められる。
　このことは、教員世界において異なる行動様式や意識の志向性を有する集団が存在し、「全般的な」教員文化とは異なる、「特定の教員集団に共有された教員文化」の存在を示すものである。また、本書で示した〈しんどい学校〉

の教員文化は、教育研究会や実践家集団など、特定の関心によってのみ組織される文化というよりは、むしろ社会の構造との連関によって成立する教員文化と言える。その連関は次のように図式化できるものである。

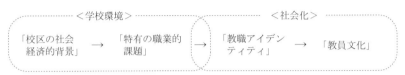

図表 8-2 教員文化形成の構図

「学校環境」にかかわる「校区の社会経済的背景」「特有の職業的課題」の関連はこれまで、教員研究の中で示されてきたものでもある（Becker 1952a、Allensworth et al. 2009、伊佐 2010、Matsuoka 2015）。社会学の分野では、その職業に特有の職業的課題が、人々に独特の解釈コードやパースペクティブを与え、共有された行動様式を形成させていくと言われているが（Becker 1963=2011）、教員も同様に、教職特有の職業的課題によって教員文化が醸成されていることが指摘されてきた（久冨編 1988、1994、2003、2008）。

本書で主張したいのは、「校区の社会経済的背景」「特有の職業的課題」「教職アイデンティティ」「教員文化」の連関によって教員文化の多層性が説明されうる可能性である。すなわち、「校区の社会経済的背景」によって学校が生じる「特有の職業的課題」が異なるとすれば、「職業的課題」に対応する形で日々働く教員の教職経験の内容にも違いが生じてくる。その中で教員の社会化が展開され、その結果、形成される教職アイデンティティにも差異が観察されるようになる。こうした教職アイデンティティが教員集団内で共有される中で「教員文化」が醸成されるが、その教職アイデンティティの差異が教員文化の多層性を形成している可能性がある。

従来の教員文化研究では、教員文化の構造や日本独自の教員文化の特徴の把握が中心に据えられてきたため（稲垣・久冨編 1994、久冨編 1988、1994、2003、2008、永井・古賀編 2000、山田・長谷川 2010）、教員世界の内部の差異や、その差異がどのようなメカニズムに分化していくかについては不明

な点が多く残されてきた。本書が示唆するのは、こうした教員世界内の差異が、学校環境、特に校区の社会経済的背景によって生じている可能性であり、教員文化が在立する構造の一側面を描き出した点にその意義を見出すことができる。

さらに、図の「社会化」で示されているように、教員たちはその過程の中で特徴的な教職アイデンティティを形成し、それが集団や組織内で共有されることで「文化」として定着していく。介在する校区の社会経済的背景によって教員文化の差異が生じているとすれば、教員文化が職業的自律性や閉鎖性によって独自の文化形成を果たしているのではなく、教員文化もまた、社会の構造の影響を受けながら形づくられることを示唆するものである。このことは、教員研究においても、その学校が位置する社会や地域性を分析の射程にいれる必要性を示している。

もちろん一部の学校文化研究では校区の社会経済的背景と学校文化の関連が指摘されてきたし、教員の視点から学校文化の特徴を描き出した研究も存在する（志水 2002、伊佐 2010 など）。これらの研究に対して、本書の意義は、その学校文化を支える教員個人に分析の焦点をあてて、彼らが構成員となるプロセスや、そこで抱える葛藤の内実を検討し、教員文化の総体を明らかにした点にある。こうした知見は先の学校文化研究に対して、どのようなプロセスを経てその学校文化が維持・再編されていくのか、より動的な考察を可能にする視座を提示するものである。もちろん、本書では、校区の社会経済的背景が低位に位置する学校を取り上げるにとどまっているが、校区の社会経済的背景が異なる学校の教員たちの文化を吟味することで、よりその詳細を検討することができるだろう。

2）教員の社会化

教員の職業的社会化研究ではこれまで、2 つの社会化に関するアプローチが示されてきた（酒井・島原 1991）。第一は、シンボリック相互作用論を理論的背景とした「ストラテジー的アプローチ」で、教員のストラテジーを通じた社会化の内実を吟味するものである（Lacey 1977、田中 1975）。このア

終章 〈しんどい学校〉の教員文化から見えてきたこと

プローチでは教員が直面する困難や葛藤とそれへの対処戦略、これらの一連の過程の中で必要な知識や実践が身につけられ、社会化が進行すると捉えられてきた。

第二に、上記とは異なる「知識社会学的なアプローチ」である（酒井・島原 1991、Shimahara & Sakai 1995）。この立場では、教員のものの見方そのものが同僚間の相互作用の中で構築されることに注目し、ある知識が自明のものとして習得される過程を記述する。そこでは葛藤や困難が必ずしも経験されなくても、伝達される知識や実践があることが強調される。

日本的な職業的社会化の特徴については、例えば、酒井・島原（1991）では「一斉画一型」の授業スタイルが、制約や葛藤を通じて採用されるのではなく、その実践が疑われることなく正統的なものとして新人教員に伝達されていく様子を描いており、他国との比較から集団主義の強い日本の教員世界においては、後者の社会化が見られやすいことが示されてきた（Shimahara & Sakai 1995）。ただし、先行研究では校区の社会経済的な背景については不問にされており、本書の事例のような〈しんどい学校〉の教員にも同様の社会化モデルがあてはまるかどうかについては検討が必要であった。

こうした先行研究に対して、本書が示したのは、ジレンマや課題に対処するために戦略的に知識が受容される社会化の「ストラテジー的アプローチ」の重要性である（Lacey 1977、田中 1975）。この視点ではより、教員個人の主体性が重視され、彼らの経験する葛藤や戦略がフォーカスされるが、本書で示した教員の社会化過程は、より教員の葛藤や対処戦略が表出する「ストラテジー」的特徴を有するものであった。教員たちは〈しんどい学校〉に赴任した後に自らの教育実践と、特徴的な学校環境や教育実践との間で葛藤する傾向がみられ、そこでは同僚の実践を暗黙的に受動しているというよりは、困難な状況に対処するために知識や実践を解釈・採用する、より主体的な社会化が観察された。本書のように指導上の課題が多い学校環境や特徴的な教育実践が行われている場合、教員はより葛藤や制約を経験しやすく、それらに対処するために必要な知識が獲得されることが考えられる。

確かにこれまでの先行研究の中でも職業的社会化のストラテジーモデルに

ついては言及されてきた（Lacey 1977、田中 1975）。例えば、田中（1975）の先駆的な研究では、初任の教員は赴任当初、教員の役割を「授業をすること」（知識を教材として伝達すること）に限定しているが、教壇にたち初めて児童・生徒集団をコントロールするという異なる役割に直面する「現場ショック」を経験し、同僚の実践を参照しながらその困難を解決していくという[2]。こうした「葛藤」－「同僚の観察」という職業的社会化のプロセスは〈しんどい学校〉の事例と重なる点もあるものの、その葛藤の内容や省察の対象は大きく異なっている。

　第一に、職業的社会化における葛藤の内実に特徴が見出せる。田中の描いた職業的社会化では、児童・生徒集団の統制という、教員養成段階では想定していなかった現場での教員役割の獲得をめぐって葛藤が生じている。他方で、〈しんどい学校〉の教員の葛藤は、一般的な教員役割の獲得ではなく、むしろ〈しんどい学校〉独自の教員役割の獲得をめぐって生じる点に違いがある。〈しんどい学校〉独自の役割とは、第3章、第4章で示したように、社会的に不利な立場に置かれた子ども・保護者との関係性の構築、子どもの家庭背景を観察し、彼らの包摂を志向する取り組みなどがあげられる。それらは、単なる児童・生徒集団の統制とは異なる、〈しんどい学校〉独特の教員役割であり、そのため初任者だけでなく、中堅・ベテランの教員であっても赴任当初、大きな葛藤を経験していたと言える。

　第二に、社会化過程における省察の対象も異なっている。田中の示した職業的社会化では、その省察の対象は「学校組織内」で閉じている印象を受ける。対して〈しんどい学校〉では、その子どもの階層的背景を把握するパースペクティブを形成することが、教員の学校環境への適応において重要な条件となっていた。その際に必要なのが、子どもの家庭状況を観察するというイベントである。同僚の実践も、自身の関わっている子どもや保護者の家庭状況を観察した経験があったからこそ、その省察の対象となりうるものであった。〈しんどい学校〉での職業的社会化は、学校組織内だけなくより家庭・地域や社会における経験に根ざしている点に特徴があると言えよう。

　以上のことは、校区の社会経済的背景による学校環境の差異によって、教

員の職業的社会化の内実が異なることを示唆するものである。これまでの職業的社会化研究では、こうした学校環境の差異が分析の射程外に置かれる場合が多かった。しかし本書で示したように〈しんどい学校〉と他の学校では異なる学校環境を有しており、教員の職業的社会化の過程も葛藤や制約が色濃く反映されたものであった。本書では検討できなかったが、校区の社会経済的背景が異なる学校では、また異なる社会化過程が観察されうる。

　もちろんこのことは、知識社会学的アプローチを否定するものではなく、学校環境や受容する知識の形態によって、採用するアプローチを吟味することの重要性を示している。今後は、学校環境や教員の基本的属性など、様々な条件と社会化のプロセスの関連性を検討し、有効なアプローチを探っていくことが求められる。

3) 教員のキャリア問題

　先行研究では様々な議論があるものの、本書の問題関心と重なる議論として、Becker（1952a）の仮説がある。Becker（1952a）では、特定の学校環境に適応した教員も、その環境の変化によって仕事がしにくくなった場合、「より仕事のしやすい環境」を求めて異動することを指摘し、その要因として、（学校）環境的要因、行政的要因が整理されていた。彼の一貫した主張は、教員のキャリアは、「自らの仕事のしやすい環境」を求めて異動する教員の水平的な異動が重要な位置を占めるという点である。

　しかしながら、本書の〈しんどい学校〉の教員たちは、キャリアにゆらぎをもたらす要因（教員集団の変容、教育改革）に対して、「仕事のしやすさ」のみでキャリアの選択を考えていたわけではない。むしろ、自らの教育実践の理念や信念に基づいて、変化する現実を解釈し、自らの教職アイデンティティを交渉しながら、自らのキャリアを模索していたと言える。その交渉過程は、先に示したように2つの水準で実践されていた。すなわち、子ども・保護者・教員集団といった教員をとりまく「社会関係」の水準と、学校文化や教育制度などの社会的な環境の中で生起する「教員言説」の水準である。

　このように、〈しんどい学校〉の教員たちのキャリア問題は、それまでに

形成してきた信念や理念（パースペクティブ）や働きがいや同僚性と深く結びついており、変化する現実の中で自らの教職アイデンティティに基づいてキャリアの選択を行っている。もちろん、教職アイデンティティに基づいて機械的にキャリアを選択するわけではなく、本章でみたように、そこには様々な葛藤や対処戦略が存在しており、そのプロセスを描いたことは、教員のキャリアの動態を考察する上で重要な視座を提示したように思われる。

　一方、本書では、キャリアを考察する上で、その他の先行研究で指摘されてきた「ジェンダー」（田中・蓮尾 1985、山﨑 2012、塚田 2002）や「年齢・加齢」（紅林 1999、川村 2003）、「年代・時代」（塚田 1998、川村 2009、山﨑 2012）については、分析を深めることができなかった。〈しんどい学校〉という特定の教員集団を対象としたため、こうしたカテゴリー間の比較は、第6章で若干の考察を行うに留まっている。より対象のサンプルを増やせば、性別や年齢などによる傾向の違いが、より明確に見えてくるかもしれない。こうした点については今後の課題としたい。

4）教員の専門性論

　教員の専門性論では、伝統的に「教職を専門職とするための条件」という本質論的な議論がなされてきたが（今津 1996）、近年では様々な教員言説を把握する相対論的な議論も展開されている。教育格差の是正や社会的公正をめぐる議論は、後者において展開されており、本章ではその代表的な議論として、Whitty（Whitty 2002=2004、ウィッティ・ウィズビー 2008、Whitty 2009=2009）の議論を参照した。本書の〈しんどい学校〉の教員は、Whitty（2009=2009）の示した、様々なアクターとの協働を重視し、社会的不利層の包摂を志向する「民主的専門性」に位置づけられる事例として整理されるものであった。

　近年、貧困や格差の問題が教育現場においても注目されつつあるが、教師教育研究の中では、格差是正や社会的公正のための専門性の形成に関する議論は限定的であることが指摘されている（神村 2014）。例外的に神村（2014）は、校区の社会経済的背景が厳しい学校の初任者ほど、子どもの生活背景に

高い関心をもち、人間関係づくりを重視する傾向があることを指摘している。しかしながら、そのプロセスや背景要因については、不明な点が多く残っていた。

　本書の事例は、校区の社会経済的背景によって教員の職業的社会化の内実には差異があり、社会経済的背景が厳しい学校ほど「再生産に抗する教員」への志向性を高めやすいことを示している。このことは、校区の社会経済的背景と子どもの格差が正につながる教員の役割意識との関連を指摘した神村（2014）と重なる知見であるが、さらに、次の点を知見として加えることができる。

　第一に教員が民主的専門性を形成する過程は、単純な機能主義的な過程、すなわち、校区の社会経済的背景が無条件に教員の意識を形成していくという直線的な社会化過程ではない。本書が示したように、校区の社会経済的背景が厳しい学校では、指導上の課題に直面しやすく、教員の学校環境への適応問題がより顕在化する傾向があり、教員の社会化過程には、「葛藤」「省察」「コミットメント」という重層的なプロセスが存在する。また、その過程において、葛藤フェーズから省察フェーズに移行しない場合、異動や離職を選択することもあり、全ての教員が必ずしも学校環境に適応できるとは限らない。したがって、校区の社会経済的背景の厳しい学校の社会化は、より教員の離職リスクも高いものであるということを指摘することができる。

　第二に、民主的専門性を形成させるには、学校に対して人的資源のサポートが必要である。校区の社会経済的背景の厳しい学校は、指導上の課題の多さからネガティブなラベリングが付与されやすいが（Becker 1952b）、本事例の教員たちは、そうした校区の学校環境だからこそ、社会的不利層の実態やその背景にある問題に気づき、彼らの包摂を志向するパースペクティブを形成していた。したがって、そうした学校環境はむしろ民主的専門性を育む「資源」となりうる、より積極的な意味があると言えよう。

　しかしながら、教員の異動や離職等、教員の異動率が高い場合、組織として一貫した取り組みが難しくなったり、若手教員を育てる体制が整わないといった学校組織に関わる問題も生じやすい（Allensworth et al. 2009）。対象校

でもこうした問題と無関係ではなく、若手教員が比較的多い年齢構成の中で組織体制の模索がなされていた。詳しくは後述するがこうした学校環境の中で効果的な教師教育を進めていく上では、人材を確保するような行政的な支援の重要性がより高まることも指摘しておきたい。

　以上のように本書では、民主的専門性への道筋の1つを示したに過ぎない。もちろんここでの事例には考察で述べたように、同和・人権教育に関わる特徴的な学校組織文化や社会運動の影響があり、ローカルな要素が多分に含まれている。したがって、この事例を一般化することには留意が必要であるが、格差是正や社会的公正を強く志向する教職観や指導観がどのように形成されうるか、これまでの研究では実証的な検討が十分になされてこなかったことを踏まえれば、ここでの知見は1つの視座を提供するものになるだろう。今後は学校研究（先進的な事例として、Apple & Beane eds. 2007=2013 や志水編 2009、など）と接続をしながら、民主的専門性への経路を総体的に考察することが求められる。

4.〈しんどい学校〉をエンパワーするために　　―実践的インプリケーション

　本書で描いてきたように、〈しんどい学校〉では社会的背景が多様な子どもたちが在籍しており、特に社会的に不利な立場に置かれるマイノリティの子どもたちの教育機会を保障する取り組みが求められていた。他方で〈しんどい学校〉は、他の学校と比べて指導の上の様々な課題が表出しやすく、指導の時間や教員の労力もかかりやすい学校環境を有している。また水平キャリア問題でみたように、教員の異動や入れ替わりが比較的多く、若手に偏った教員構成になりやすいなど、学校組織として十分な体制を準備することが難しい状況もみられる。

　〈しんどい学校〉では教員たちの努力や工夫で日々の体制を整えようとしていたが、やはり学校の状況によっては上記のような学校としての課題が表

終章　〈しんどい学校〉の教員文化から見えてきたこと

出していた。当然だが、組織が不安定になると、教員たちの労働環境を圧迫し、指導の「質」にも関わってくる。指導の質の低下は、ひいては子どもたちの学習環境の格差を助長してしまうことにつながりかねない。

　ここでは最後に〈しんどい学校〉やそこに働く教員たちを支援し、エンパワー[3]するための、政策的な提言を述べていきたい。〈しんどい学校〉は、社会的不利な立場の子どもたちを支える場として、重要な公的役割を担っている。そうした学校への支援は、ひいては子どもの教育格差の是正に資するものであり、政策的課題として重要な意義を有していると考える。

　なお、現場を支援するアプローチは、2つの水準に区別することができる。1つ目の水準は、その現場を実態に即した形で記述・整理しながら、現場の人々の生活世界を可能なかぎり理解・説明し、それを社会へ発信するアプローチがある。これは伝統的な社会学のスタンスであり、本書でも一貫して〈しんどい学校〉の教員たちの仕事の様子や悩み、働きがいなど、彼らの視点から現場のリアリティを描くことに努めてきた[4]。

　2つ目の水準は、現場の実態を踏まえた上で、必要な支援や政策のあり方を論じるアプローチである。ここではより現場の課題や制度上の問題点を指摘し、規範的な視点からの提言を行うことになる。以下ではこの水準の立場から、本書で整理してきた知見を踏まえて、〈しんどい学校〉をエンパワーするための必要な支援や政策のあり方を示していきたい。

1）人的資源の投入

　〈しんどい学校〉においてまず課題となっていたのが人的資源の充実である。これは主に第3章・第5章で述べてきたことであるが、〈しんどい学校〉は他の学校と比べて指導上の様々な課題に直面しやすく、他方で子どもたちへの支援も、短期的に効果がでにくく、より長期的なスパンによる支援が求められていた。

　こうした学校環境の場合、子どもたちを支援するための人手がより必要になるが、〈しんどい学校〉では、赴任してくる教員が若手に偏っていたり、赴任してきた教員がすぐに異動したりするといった水平キャリア問題が生

じ、学校組織の不安定さと隣合わせの状況があった。〈しんどい学校〉は、総じていえば「手間暇がかかる」学校環境であるにもかかわらず、組織に十分な人的資源が用意されにくい状況があったと言える。

　では、こうした事態を改善するためにはどのような支援が必要だろうか。ここでは教員の人事制度の観点から、支援の方途を述べていきたい。日本の学校の人事制度では、他国と比べると平等的な仕組みになっているとの指摘もある。例えば、地域・自治体ごとの人事によって教員数に大きな偏りがなかったり、僻地校への教員人事の配慮があったりする（苅谷 2009）。確かに教員人事が全国的に「標準化」されていることで、厳しい校区によりマイナスな負荷がかかることは防げているように思われる。しかしながら、こうした標準化した制度によって、逆に校区の社会経済的な違いや学校環境の厳しさに対して「プラスの配慮」が十分に行き届かない側面も否定できない。本書でみてきた教員たちの仕事の様子を踏まえるならば、〈しんどい学校〉には、より積極的な人的資源を投入する支援が必要であると思われる。

　積極的に人的資源を配分する例として、ここでは3つの提案をしたい。第一に、教員の加配制度がある。加配とは各学校の教員定数以上に配置される人事制度である[5]。加配には様々な種類があるが、「児童生徒支援加配」はより支援の必要な子どもが多い学校に対して追加の教員を配置するものである[6]。しかし現状では、その「パイ」は決して多いものではなく、〈しんどい学校〉を支援するには十分ではないように思われる。例えば、加配の運用は自治体によって多少異なるが、国の配分をみると、学習指導に関する指導方法工夫改善加配（習熟度別授業やTTなど）が非常に多く、児童生徒支援加配の総数は非常に限られている[7]。児童生徒支援加配は、〈しんどい学校〉への人的資源の配分を直接多くできる制度であるため、この加配のパイを増やし、厳しい環境に置かれている学校への人的資源が行き届きやすくなるような措置が必要だろう[8]。

　第二に、異動の人事の中でより積極的な配慮が必要である。第5章で扱ったように水平キャリアと異動の問題では、〈しんどい学校〉を忌避する教員の存在が浮き彫りとなった。もちろん、これを教員の意識や倫理観の問題に

回収するのは早計である。そもそも日本の教員は他国よりも長時間の労働が強いられており、十分な余裕がない状況にあるし（国立教育政策所編 2014）、こうした水平キャリアと異動が問題化しない制度的な設計を模索するほうが重要である。

　異動率が高くなりやすい〈しんどい学校〉において、若手・中堅・ベテランとバランスの良い教員構成にするためには、現行の人事制度だけでなく、学校のニーズに配慮した積極的な人事が必要だろう。自治体によっては、人事担当者がそうした配慮を行っているところもあるだろうが、制度上の制約も少なくないため、十分な配慮が行われているかは疑問である。校区の社会経済的な背景が厳しい学校へ「力のある」教員を配置したり、他の学校よりも優先的に人を回したりするなど、こうした「配慮」を柔軟に行いやすい制度設計への転換が必要になると思われる。

　第三に、学校独自の人事採用を部分的に認めることも有効であろう。序章で確認したように、日本の学校では校長に人事権の裁量は少なく、教員の採用・異動の裁量は教育委員会・地方教育事務所が中心である。しかしながら、より「力のある」学校組織にするためには、一部の学校に人事の裁量を認めることも必要ではないだろうか。「こういう人材を独自に募集したい」「この先生はキーパーソンだからより長く残ってもらいたい」といった校長や管理職の意向を反映できるような人事の仕組みである。校長の任期の短さも課題であるが、〈しんどい学校〉ではより管理職が人事の工夫をして、組織を活性化しやすい仕組みにすれば組織体制を整えやすくなるだろう。

　もちろんこうした制度への転換には、予算や法的な整備など様々な課題があるのは承知しているが、〈しんどい学校〉を支援するには、こうした人事制度は避けて通れない問題であると思われる。ここでも学校環境を一律に扱うのではなく、校区の社会経済的な状況や学校のニーズをより重視した制度設計の構築を提案したい。

2）ラベルの再構築—〈しんどい学校〉の魅力を伝える

　第二に、〈しんどい学校〉のラベルを再構築することがあげられる。第5

章の水平キャリア問題で扱ったように、教員には〈しんどい学校〉への赴任を忌避するような実態が少なからずみられる。この背景には、「指導がしづらい」「業務がたいへん」といったイメージが流布していることがある。もちろん実際に指導上の課題は少なくないのかもしれないが、学校が「荒れた」という話や様々な噂など、ネガティブなイメージばかりが伝わっていることも大きい。

〈しんどい学校〉をエンパワーするには、こうした「赴任するとたいへん」という〈しんどい学校〉のネガティブな側面ではなく、〈しんどい学校〉のよりポジティブな一面を伝えていくことが必要ある。というのも、〈しんどい学校〉だからこそ得られる働きがい、新しい指導スタイルやパースペクティブなど、そのポジティブな側面が十分に注目されていないように思われるからだ。

そのポジティブな側面とは、第4章で示した教員のアイデンティティや、第5章で示した教員の社会化における様々な学習プロセスで提示したとおりである。特に、彼らが形成する民主的アイデンティティは、子どもの貧困やニューカマーの子どもの問題など、様々な教育格差が表れている今日的状況において、より注目されて良いように思われる。公立学校の社会的意義の1つは多様な子どもの受け皿となっていることがあげられるし、様々な社会背景を有する子どもと日々関わる〈しんどい学校〉はそうした公的な役割を担う重要な場である。しかしながら、〈しんどい学校〉のネガティブな側面が過度に強調されたり、誤って伝わったりすることで、教員世界においても、また教員養成の中でも〈しんどい学校〉の魅力が伝わっていないように感じる。

教員世界や社会の中で〈しんどい学校〉のラベルを再構築するには、どのような方法が考えられるか。その参考となるのが、NPO法人「Teach for America」の活動である（Kopp 2011=2012）。これはアメリカ発の取り組みで、教員免許の有無にかかわらず、選抜した優秀な人材を2年間の学校現場へインターンシップに送り込み、教育現場で働く人材を育成するプログラムである。大学における教員養成以外の教育プログラムとして、社会人にも教職へ

の門戸を広げており、現在では日本を含め世界 48 カ国で類似の活動が展開されている[9]。

　このプログラムの特筆すべきは、インターンで赴任する学校が教育課題校であること、加えて、そうした学校で働くことの魅力や、様々な子どもの教育機会を保障することの意義が全面的に打ち出されている点である。実際にこうしたプログラムの趣旨や方針に惹かれて有名大学卒も含む優秀な人材から多数の応募があり、全米文系学生就職先人気ランキングで1位を獲得した。加えて、このプログラムを支援するスポンサーも多数集まっている。類似の活動はこれまでもあったかもしれないが、教育課題校で働きながら、全ての子どもの教育機会を保障することの社会的意義や魅力を、社会に発信することに成功している点が大きく異なる。Teach for America の取り組みは、〈しんどい学校〉のネガティブなイメージをポジティブなものに変えることに成功している一例であると言えるだろう。

　もちろんこの活動は一例であり、NPO 以外のアプローチも考えることができる。例えば、文科省や自治体の示す目指す教員像に、社会的マイノリティの支援や教育格差の是正といった点をより強く打ち出したり、大学の教員養成においても、教育課題校での実習プログラムを実施したり、教育における公正や不平等の是正の意義を伝えることで、そうした学校で働くことの動機づけを高めることにつながるかもしれない。〈しんどい学校〉で働くことの意義や魅力がより多くの人に伝われば、社会で流布している〈しんどい学校〉のイメージをよりポジティブなものに転換し、公教育におけるその学校の意義を価値づけることもできる。さらにその志に賛同する人たちが集まれば、〈しんどい学校〉を支える人材にもなりうるだろう。

　しかしながら、日本においてはドラマや漫画といったメディア上では「困難校の教師モノ」は人気があり、多くの人が目にしているが（山田 2004）、国や自治体、大学の教員養成などでは、上記のように多様な社会的背景の子どもの教育機会を保障することや、教育課題校で働くことの意義を打ち出すことは非常に低調であるように思われる。また第7章でみたように新自由主義的なイデオロギーが浸透するなかで、社会的マイノリティの子どもへの支

援が軽視される風潮もある。

　しかし Teach for America の活動にみるように、その意義や魅力を伝えれば、関心を示す若者や社会人は少なくないだろう。〈しんどい学校〉をエンパワーするには、そのイメージをネガティブなものから「魅力のある」ポジティブなものに変えていく取り組みも肝要であると考える。

3) 教員がしんどい子への支援に集中できる環境へ
　―学校の違いを考慮した政策を

　第三に教員たちの職場環境にゆとりを与えることが重要である。これは〈しんどい学校〉に限ったことではないが、日本の教員は他国と比べても勤務時間が長く（国立教育政策所編 2014）、バーンアウトや過労死ラインに達する残業時間をこなしている教員は、全体の約3～6割との推定もある[10]。

　その背景には、もともと学習指導だけでなく生活・生徒指導や進路指導など多様な職務内容を含む日本の教員文化があるが、近年では、ICT教育や英語教育、プログラミング教育等、様々な教育政策が断行されていることも一因である。保護者や社会から学校への要求は膨らむ一方であるようにみえる。

　こうした改革の問題点の1つに、学校の状況や地域性は考慮されず、一律に施策が下ろされることがあげられる。インタビューでは、教育改革のプログラムやそのための事務処理に追われることで、支援が必要な目の前の子どもたちに時間をあてることが、ますます難しい状況にあるとの声も聞かれた。

　その一例としてあげられるのが第7章でみてきたような成果・競争主義をあおる学力テストの実施である。例えば、〈しんどい学校〉の教員たちにとっては、しんどい子がどれだけ学力を伸ばすことができたかが重要な関心ごとであり、その状況を把握するための学力テストには意味を見出すことができる。しかし、一律に平均点だけでその学校を評価し、他校と比較される学力テストの仕組みでは、〈しんどい学校〉はマイナスの評価が与えられるのみに終始しやすい。仮に学力のスコアが低かった場合でも、様々な支援のおかげでその学力に「踏みとどまっている」可能性もあるが、上記のような方式

終章　〈しんどい学校〉の教員文化から見えてきたこと

では、否定的な評価のみ与えられ、教員たちをエンパワーするのではなく、やる気をくじくように作用する。

　学力テストだけでなく、教育政策は基本的に一律に現場に降ろされる場合が多く、学校ごとの状況や文脈が考慮される場合は少ない。そうした政策は現場のリアリティと乖離したものになりがちで、現場を支援するような作用は期待しにくい。

　本書で改めて強調したいのは、校区や学校ごとの違いを考慮した教育政策の必要性である。例えば、本書の関心から言えば、校区の社会経済的背景の違いを区別して、政策やプログラムを考案することがその一例である。より具体的に言えば、プログラミング教育や早期の英語教育など教育の卓越性（Excellece）を求める教育内容やICTのための資源の投入は、〈しんどい学校〉が優先して取り組むものと言えるだろうか。その代わりに、学習の基礎基本を徹底する時間を確保する、自校給食の整備をする、あるいは学校にスクールソーシャルワーカーを常駐させるなど、こうした実践や支援に資源や時間を割いたほうが、厳しい生活背景を有する子どもたちを支援することにつながると筆者は考える。

　もちろんこれは一例であるし、賛否はあるだろう。しかし、等しく処遇することが「平等」であると捉えやすい日本の学校の現場において（苅谷2001）、校区や学校ごとの違いを考慮することの重要性は強調しておきたい。様々な社会や経済の課題を学校教育が解決できると考え、過度な要求・期待を学校教育におしつける教育万能論の声が大きくなっていけば（Gurbb & Lazerson 2006=2012）[11]、様々な政策が一律にトップダウンで学校に降ろされていく可能性が高い。〈しんどい学校〉が有する人的資源や取り組みに使える時間は有限である。校区や学校ごとに優先的な教育内容を吟味し、そのために教員が時間と労力を使える環境を整える政策のあり方が、今後ますます必要になってくるのではないだろうか。

　最後に本書の課題を示しておきたい。第一に、事例の限定性に関わることである。本書では、教員文化の多層性を記述することを目的としたが、校区の社会経済的背景の高い学校の教員など、〈しんどい学校〉以外の教員集団

に関する分析は行うことができなかった。統計的な検討は一部試みたものの、やはり彼らの意味世界を明らかにするためには、よりインテンシブな調査が必要になってくる。本書では教員文化の多層性の一端を明らかにしたに過ぎないが、今後は、調査対象の幅をより広げて総合的な考察を行うことが必要である。

　第二に、これも事例の限定性に関わることであるが、本書では〈しんどい学校〉から「離脱する層」や、あるいは「忌避する層」は直接の分析の射程から外れている。教員全体の何割が〈しんどい学校〉から異動を志向するのか、逆に適応キャリアを選択するのか、といった基本的な実態を検証することや、可能であれば異動を選択した教員へのインタビューなどより詳細な検討が必要だろう。後者については調査の実施には工夫が必要だが、本ケースと彼らのライフヒストリーを比較すれば、より明確な差異が浮かび上がるかもしれない。

　第三に、ここでの対象校は同和・人権教育の実践が重ねられてきた歴史を有する。関西圏では、同和・人権教育の実践校と、社会経済的背景の厳しい学校は重なることが多いものの、こうした実践的歴史のない社会経済的に厳しい学校でも同様のパースペクティブが生じてくるか検討が必要だろう。また、社会経済的背景の高位の学校での事例を検討することも有益だと思われる。また本書では、〈しんどい学校〉の教員側の課題についてまで論を展開することができなかったが、指導方法や教員側の労働の問題など課題がないわけではない[12]。当事者たちにもその点は意識されているが、こうした課題については論を改めたい。

　第四に、教員の社会化やキャリアを条件づけていた要因の1つとして、各学校の学校組織文化の存在を指摘した。民主的専門性への道筋を考察する上では、教員個人単位ではなく、こうした学校組織文化がどのような変遷を経て形成されてきたのか、学校の変革の歴史を検討する学校組織単位の分析も有効であろう。一部の研究では、こうした試みが進められているが（志水2002、西田2012、高田2019）、こうした研究との接続については、他日を期したい。

（注）

1) 「同和対策事業特別措置法」とは、1969年から2002年にまで施行された、被差別部落の環境改善と差別解消を目的とした一連の事業である。「歴史的社会的理由により生活環境等の安定向上が阻害されている地域」への積極的な格差是正政策が行われ、具体的には、「対象地域における生活環境の改善、社会福祉の増進、産業の振興、職業の安定、教育の充実、人権擁護活動の強化等を図ることによって、対象地域の住民の社会的経済的地位の向上を不当にはばむ諸要因を解消すること」が目標とされた（法律第六十号）。
2) 田中（1975）は、初任者が直面する困難について、教室内の子どもの統制以外にも、子どもの背後にいる保護者の存在に不満や不安を感じるようになることや学校組織や教員集団内における同調圧力や相互不干渉性について明らかにしている。
3) ここでのエンパワー（empower）とは、対象に対して自分の状況や人生の選択・創造を可能にすることを指し、定義は論者によって様々だが、批判的教育学の文脈で用いられている（アップルほか編 1993、志水編 2009）。本書では〈しんどい学校〉の教員たちが、自分の実践や組織のあり方を選択可能にする支援という意味で用いている。
4) 酒井（2014）は、教育臨床社会学の立場から、調査対象に対する研究者の立場を整理している（酒井 2014：208-214）。その一つとして、学校などの現場の人々と関わるミクロレベルの調査では、現場の言葉や実践、仕事の内容を記述し、整理する「書記」としての役割があり、本書での基本的な立場はこれにあたる。また、学校経営や行政のあり方に対して課題となる事柄や改善の方途を示す「提案者」、マクロな言説や制度、法的な特徴やその問題点を指摘する「批評家」としての立場もある。ここでの政策的な提言はこの「提案者」「批評家」の立場に近いものと位置づけられる。
5) 教職員の人事・配置は、「公立義務教育諸学校の学級編制及び教職員定数の標準に関する法律（昭和33年法律第116号）」（義務標準法）が定める教職員の定数によって算定されている。教職員の定数は、学級数等に応じて機械的に算出される「基礎定数」と、少人数指導やいじめ不登校等への対応など、個別の学校ごとのニーズによって特例的に配置される「加配定数」からなっている（文部科学省 2012）。2017年時点においては、基礎定数約63.7万人に対して、加配定数が5.5万人と、全体の約7.9％が加配定数教職員となっている（文部科学省 2017）。加配定数は、習熟度別指導のための少人数指導の実施、いじめや不登校等への対応など、学校が個々に抱える課題解決のために、基礎定数とは別に毎年度の予算の範囲内で特例的に措置されている。しかしながら、加配定数は明確な配置基準が定められておらず、「どの自治体に何人配当するなどは文部科学省の裁量で、その内容は不透明なものになっている」（松田 2018：67）との指摘もある。
6) 加配の種類は、「指導方法工夫改善」「児童生徒支援」「特別支援教育」「主幹教諭」「研修等定数」といった教諭等の加配や、「養護教諭」「栄養教諭」「事務職員」といった職

員等の加配もある。「児童生徒支援」は、「いじめ、不登校や問題行動への対応のほか、地域や学校の状況に応じた教育指導上特別な配慮が必要な場合」に配置される加配で、最も総数の多い「指導方法工夫改善」は「少人数指導、習熟度別指導、ティーム・ティーチングなどのきめ細かな指導や小学校における教科専門的な指導を行う場合」に配置される加配である（文部科学省 2012）。

7) 加配種類ごとの内訳（2012 年度予算定数）をみると、「指導方法工夫改善」41,523 人、「児童生徒支援」7,777 人、「特別支援教育」5,341 人、「研修等定数」5,083 人となっている（文部科学省 2012）。またこうした加配種類ごとの配置状況について、松田（2018）は、文部科学省による教職員定数改善計画（第 1 次～第 7 次）の変遷を整理し次のように指摘している。すなわち、1969 年に制定された第三次計画（1969～1973）で、初めて加配定数が制度化されたが、加配の運用は、教育困難校（産炭、同和地区等の特別な事情を有する地区）と研修等定数の 2 つであり、特別な事情を有する校区への特別な配慮という意味合いが強かった。しかしながら、第 7 次計画（2001～2005）や改善計画終了後も現在に至るまでに、基礎定数の減少を補填するように加配数が増やされ、さらに加配の種類も、少人数指導やアクティブ・ラーニングの推進のための研修など、指導方法工夫改善や研修等定数など、その範囲は広域になりつつあるという。また加配教員をめぐっては、予算財源の確保や、国一地方行政の関係性などの問題も関わっており、小川（2006）は、文部科学省にとって、加配枠は、児童生徒数の減少に対して教職員数の財源を確保する手段である一方、加配枠は目的の明確な教職員配置であるため学校・教育委員会に対して国の目的や指導を行う手段としても運用されうるものであり、加配教職員枠には二面性があると指摘している。

8) 児童生徒加配に関わる事例として、志水編（2018）では、大阪府における児童生徒加配とスクールソーシャルワーカーの変遷や学校における役割を整理している。また倉石（2009）は、高知県において県独自の予算で配置された「福祉教員」の実践を整理し、被差別部落出身児童生徒の長欠や不就学を家庭や地域に入り込んで支援を行った教員の存在を描いている。

9) アメリカに本部を置く Teach for America の活動であるが、2019 年には 49 カ国で類似の活動が展開されており、その全体を包括する組織として「Teach for All」が設立されている。日本においても、2012 年に Teach for all ネットワークに加盟し、Teach for Japan としてその活動を展開している。詳しくは、松田（2013）を参照されたい。

10)『教員勤務実態調査（平成 28 年度）』によれば、週 20 時間以上残業をしている教諭の割合、小学校は 35.5％、中学校は 57.7％と試算されている。

11) Gurbb & Lazerson は、各国で教育改革が断行されている背景に、「教育の福音」というレトリックがあると指摘する。すなわち、社会問題や経済発展の原因をまず学校教育や大学教育に求め、次にその解決や個々人の利益のために改革の必要性を主張するレトリックである（Gurbb & Lazerson 2006=2012：129-130）。

12) 西（2018）は、元同和推進校の初任者を事例として、社会化の過程の中で初任者が熟練のアイデンティティを形成しつつも職務上の多忙の問題を抱えやすいことや、また

初任者とベテランの職員間で生起する実践や働き方をめぐるコンフリクトについて指摘している。

引用文献

赤星晋作，2017，「アメリカの教師教育」日本教師教育学会編『教師教育研究ハンドブック』学文社，134-137.

Allensworth, E., Ponisciak, S., and Mazzeo, C., 2009, The Schools Teachers Leave, *Consortium on Chicago School Research*.

Apple, M. W., and Beane J. A. Eds., 2007, *Democratic Schools (2nd Edition)*, Portsmouth, NH: Heinemann.（澤田稔訳，2013，『デモクラティック・スクール』ぎょうせい.）

安藤知子，2005，『教師の葛藤対処様式に関する研究』多賀出版.

荒牧草平，2016，『学歴の階層差はなぜ生まれるか』勁草書房.

朝日新聞教育チーム，2011，『いま、先生は』岩波書店.

Becker, H. S., 1952a, "The career of the Chicago public schoolteacher," *American Journal of Sociology*, 57(5): 470-477.

Becker, H. S., 1952b, "Social-class variations in the teacher-pupil relationship," *The Journal of Educational Sociology*, 25(8): 451-465.

Becker, H. S., 1953, "The teacher in the authority system of the public school," *The Journal of Educational Sociology*, 27(3): 128-141.

Becker, H. S., 1963, *Outsiders*, New York（= 2011, 村上直之訳『完訳 アウトサイダーズ』現代人文社.）

Becker, H. S., 1980, *Role and Career Problems of the Chicago Public School Teacher*, Arno Press.

Beijaard, D., Meijer, P. C., and Verloop, N., 2004, "Reconsidering research on teachers' professional identity," *Teaching and Teacher Education*, 20(2): 107-128.

Biddle, B. J., 1986, "Recent developments in role theory," *Annual review of sociology*, 12(1): 67-92.

Bourdieu P.,and Passeron J. C., 1970, *La Reproduction*, Editions de Minuit（宮島喬訳，1991，『再生産－教育・社会・文化』藤原書店.）

Bushnell, M., 2003, "Teachers in the Schoolhouse Panopticon Complicity and Resistance," *Education and Urban Society*, 35(3): 251-272.

Burr, Vivien, 1995, *An Introduction to Social Constructionism*, London: Routlegde.（田中一彦訳，1997，『社会的構築主義への招待－言説分析とは何か』川島書店.）

Calarco, J. M., 2014, "Coached for the classroom: Parents' cultural transmission and children's reproduction of educational inequalities". *American Sociological Review*, 79(5), 1015-1037.

Cicourel, A. V. and Kitsuse, J. I., 1963, "The school as a mechanism of social differentiation," Karabel, J. and Halsey, A. H., eds., *Power and Ideology in Education*, Oxford University Press: New York.（潮木守一訳，1980，「選抜機関としての学校」潮木守一・天野郁夫・藤田英典編訳『教育と社会変動』（下），東京大学出版会，185-204.）

知念渉，2019，『〈やんちゃな子ら〉のエスノグラフィー――ヤンキーの生活世界を描き出す』青弓社．

Coldron, J., and Smith, R., 1999, "Active location in teachers' construction of their professional identities," *Journal of Curriculum Studies*, 31(6): 711-726.

Davies, C., 1996, "The sociology of professions and the profession of gender," *Sociology*, 30(4): 661-678.

Day, C., Kington, A., Stobart, G., and Sammons, P., 2006, "The personal and professional selves of teachers," *British Educational Research Journal*, 32(4): 601-616.

Denzin, N. K., 1989, *Interpretive Interactionism*, London: Sage.（関西現象学社会学研究会編訳，1992，『エピファニーの社会学』マグロウヒル．）

Dunne, M., and Gazeley, L., 2008, "Teachers, social class and underachievement," *British Journal of Sociology of Education*, 29(5): 451-463.

藤田英典・油布佐和子・酒井朗，1995，「教師の仕事と教師文化に関するエスノグラフィー的研究」『東京大学大学院教育学研究科紀要』35: 29-66.

Flick, U., 2007, *Introduction to Qualitative Research (Edition 4)*, London: Sage.（小田博志監訳，2011，『新版 質的研究入門』春秋社．）

Fukuzawa, R. E., and Le Tendre, G. K., 2001, "The Cultural Role of 'Teacher'", *Intense Years: How Japanese Adolescents Balance School, Family, and Friends*, Routledge.（阿内春生訳，2006，「『教師』の文化的役割」ローレンス・マクドナルド編『世界から見た日本の教育』日本図書センター，73-83.）

Grubb, W. N., and Lazerson, M., 2006, "The globalization of rhetoric and practice: The education gospel and vocationalism," Luder, H., Brown, P., Dillabough, J., and Halsey, A. H., Eds., *Education, globalization and social change 1*, Oxford University Press, 295-307.（筒井美紀訳，2012，「レトリックと実践のグローバル化―『教育の福音』と職業教育主義」『グローバル化・社会変動と教育 1』東京大学出版会，129-151.）

Hargreaves, A., 1994, *Changing teachers, changing times: Teachers' work and culture in the postmodern age*. Teacher College Press: New York.

Hargreaves, A., 2003, *Teaching in the Knowledge Society: Education in the Age of Insecurity*, Teachers College Press.（木村優・篠原岳司・秋田喜代美監訳，2015，『知識社会の学校と教師』金子書房．）

Hargreaves D. H., 1980, "The occupational culture of teachers," Woods, P. eds., *Teacher Skills and Strategies*, Taylor and Francis, 125-148.

Harvey, David, 2005, *A Brief History of Neoliberalism*, Oxford University Press.（渡辺治監訳・森田成也・木下ちがや・大屋定晴・中村好孝訳，2007，『新自由主義―

その歴史的展開と現在』作品社．）
林明子，2016，『生活保護世帯の子どものライフストーリー－貧困の世代的再生産』勁草書房．
長谷川裕，1994，「教師－生徒関係の教員文化」久冨善之編『日本の教員文化』多賀出版，21-39.
長谷川裕，2008，「教師と生徒との関係とは，どのようなものか」久冨善之・長谷川裕編『教育社会学』学文社，58-74.
長谷川裕編，2014，『格差社会における家族の生活・子育て・教育と新たな困難－低所得者集住地域の実態調査から』旬報社．
Hochschild, A. R., 1983, *The Managed Heart: Commercialization of Human Feeling*. University California Press,（石川准・室伏亜紀訳，2000，『管理される心－感情が商品になるとき』世界思想社．）
Holstein, J. A., and Gubrium, J. F., 2000, *The Self We Live By: Narrative Identity in A Postmodern World*, Oxford University Press: New York.
姫野完治，2013，『学び続ける教師の養成－成長観の変容とライフヒストリー』大阪大学出版会．
平沢和司・古田和久・藤原翔，2013，「社会階層と教育研究の動向と課題」『教育社会学研究』93: 151-191.
池田寛，1985，「被差別部落における教育と文化－漁村部落における青年のライフ・スタイルに関するエスノグラフィー」『大阪大学人間科学部紀要』11: 247-73.
池田寛，2000a，「部落生徒の文化的アイデンティティについて」藤田英典・志水宏吉編『変動社会のなかの教育・知識・権力』新曜社，450-472.
池田寛，2000b，『学力と自己概念』解放出版社．
今田高俊，1993，「適応」森岡清美・塩原勉・本間康平編集代表，『新社会学辞典』有斐閣，1033．
今津孝次郎，1979，「教師の職業的社会化(1)」『三重大学教育学部研究紀要・教育科学』30（4）: 17-24.
今津孝次郎，1996，『変動社会の教師教育』名古屋大学出版会．
今津考次郎，2000，「学校の協働文化」藤田英典・志水宏吉編『変動社会のなかの教育・知識・権力』新曜社，300-321.
稲垣忠彦・久冨善之編，1994，『日本の教師文化』東京大学出版会．
伊佐夏実，2009，「教師ストラテジーとしての感情労働」『教育社会学研究』84: 125-144.
伊佐夏実，2010，「公立中学校における『現場の教授学』－学校区の階層的背景に着目して」『教育社会学研究』86: 179-199.
伊勢本大，2018，「一元化される教師の〈語り〉」『教育社会学研究』102: 259-279.
石戸谷哲夫，1973，「教員役割とその葛藤」『教育社会学研究』28: 63-77.
伊藤敬，1979，「教師の社会学の視点と展望」『教育社会学研究』34: 50-63.

伊藤安浩，1994,「教師文化・学校文化の日米比較」稲垣忠彦・久冨善之編『日本の教師文化』東京大学出版会，140-155.
岩木秀夫，1993,「職業的社会化」森岡清美・塩原勉・本間康平編集代表『新社会学辞典』有斐閣，753-754.
Jeffrey, B., 2002, "Performativity and primary teacher relations", *Journal of Education Policy*, 17(5): 531-546.
Jeffrey, B., and Woods, P., 1996, "Feeling deprofessionalised: The social construction of emotions during an OFSTED inspection," *Cambridge Journal of Education*, 26(3): 325-343.
神村早織，2014,「校区の社会経済的格差と教師の役割認識」『教育社会学研究』94: 237-256.
Jordell, K. O., 1987, "Structural and personal influences in the socialization of beginning teachers," *Teaching and Teacher Education*, 3(3): 165-177.
金子真理子，2010,「教職という仕事の社会的特質」『教育社会学研究』86: 75-96.
苅谷剛彦，1995,『大衆教育社会のゆくえ－学歴主義と平等神話の戦後史』中央公論新社.
苅谷剛彦，2001,『階層化日本と教育危機－不平等再生産から意欲格差社会へ』有信堂高文社.
苅谷剛彦，2009,『教育と平等』中公新書.
苅谷剛彦・金子真理子編，2010,『教員評価の社会学』岩波書店.
川向秀武，1986,「同和教育」日本教育社会学会編『新教育社会学辞典』東洋館出版社，676-677.
川村光，2003,「教師の中堅期の危機に関する研究－ある教師のライフヒストリーに注目して」『大阪大学教育学年報』8: 179-190.
川村光，2009,「1970-80年代の学校の『荒れ』を経験した中学校教師のライフヒストリー」『教育社会学研究』85: 5-25.
川上泰彦，2013,『公立学校の教員人事システム』学術出版会.
菊池栄治，2012,『希望をつむぐ高校』岩波書店.
古賀正義，2001,『〈教えること〉のエスノグラフィー』金子書房.
国立教育政策研究所編，2014,『教員環境の国際比較－OECD国際教員指導環境調査（TALIS）2013年調査結果報告書』明石書店.
国立教育政策研究所編，2016,『生きるための知識と技能6－OECD生徒の学習到達度調査（PISA）2015年調査国際結果報告書』明石書店.
小島秀夫，1986,「社会階層」日本教育社会学会編『新教育社会学辞典』東洋館出版社，379-380.
近藤博之，2001,「階層社会の変容と教育」『教育學研究』68(4): 351-359.
近藤博之，2012,「社会空間と学力の階層差」『教育社会学研究』90: 101-121.
久冨善之，1998,「教師の生活・文化・意識：献身的教師像の組み換えに寄せて」佐伯胖他編『教師像の再構築』岩波講座，73-92.

引用文献

久冨善之,2003,「日本の教師-今日の『教育改革』下の教師および教員文化」『一橋大学研究年報 社会学研究』41: 137-187.
久冨善之,2008,「『改革時代における教師の専門性とアイデンティティ」久冨善之編『教師の専門性とアイデンティティ』勁草書房,15-29.
久冨善之編,1988,『教員文化の社会学的研究』多賀出版.
久冨善之編,1993,『豊かさの底辺に生きる-学校システムと弱者の再生産』青木書店.
久冨善之編,1994,『日本の教員文化』多賀出版.
久冨善之編,2003,『教員文化の日本的特性』多賀出版.
久冨善之編,2008,『教師の専門性とアイデンティティ』勁草書房.
久冨善之・長谷川裕編,2008,『教育社会学』学文社.
久冨善之・佐藤博編,2010,『新採教師はなぜ追いつめられたのか』高文研.
倉石一朗,2009,『包摂と排除の教育学-戦後日本社会とマイノリティへの視座』生活書院.
紅林伸幸,1999,「教師のライフサイクルにおける危機」油布佐和子編『教師の現在・教職の未来』教育出版,32-50.
紅林伸幸,2007,「協働の同僚性としての《チーム》」『教育學研究』74(2): 174-188.
紅林伸幸・川村光,1999,「大学生の教職志望と教師化に関する調査研究(1):学校体験と教育に対する意識」『滋賀大学教育学部紀要教育科』49: 23-38.
紅林伸幸・川村光,2001,「教育実習への縦断的アプローチ」『滋賀大学教育学部紀要教育科』51: 77-92.
Kopp, W., 2011, *A chance to make history: What works and what doesn't in providing an excellent education for all*, Public Affairs.(松本裕訳,2012,『世界を変える教室―ティーチ・フォー・アメリカの革命』英治出版.)
教育科学研究会編,2012,『大阪「教育改革」が問う教育と民主主義』かもがわ出版.
Lacey C., 1977, *The Socialization of Teachers*. Methuen: London.
Lareau, A., 2011, *Unequal childhoods: Class, race, and family life*, University of California Press: Berkeley and Los Angeles, California.
Lave, J., and Wenger, E., 1991, *Situated Learning: Legitimate Peripheral Participation*, Cambridge university press.(佐伯胖訳,1993,『状況に埋め込まれた学習』産業図書.)
Le Tendre, G., 1994, "Guiding them on," *Journal of Japanese Studies*, 20(1): 37-59.
Lortie, D. C., 1975, *Schoolteacher: A Sociological Study*, University of Chicago Press: Chicago.
松田香南,2018,「教職員配置における加配定数活用方針の変容-文部科学省による教職員定数改善計画に着目して」名古屋大学大学院教育発達研究科『教育論叢』61: 67-76.
松田悠介,2013,『グーグル、ディズニーよりも働きたい「教室」』ダイヤモンド社.
松平信久,1994,「イギリスの教師文化」稲垣忠彦・久冨善之編『日本の教師文化』

東京大学出版会，157-178.
Matsuoka, R., 2015, "School socioeconomic context and teacher job satisfaction in japanese compulsory education," *Educational Studies in Japan*, 9: 41-54.
松浦義満，1999，「疲弊する教師たち」油布佐和子編『教師の現在・教職の未来』教育出版，16-29.
耳塚寛明・油布佐和子・酒井朗，1988，「教師への社会学的アプローチ」『教育社会学研究』43: 84-120.
文部科学省，2012，「少人数学級の推進など計画的な教職員定数の改善について－公立義務教育諸学校の学級規模及び教職員配置の適正化に関する検討会議資料1」文部科学省ホームページ，（2019年6月19日取得，http://www.mext.go.jp/component/a_menu/education/micro_detail/__icsFiles/afieldfile/2012/09/18/1325940_01.pdf）
文部科学省，2017，「教育関係職員の定員の状況について」，総務省ホームページ，（2019年6月19日取得，www.soumu.go.jp/main_content/000497035.pdf）
Moore, A., 2004, *The Good Teacher: Dominant Discourses in Teaching and Teacher Education*, RoutledgeFalmer: New York.
Moore, A., Edwards, G., Halpin, D., and George, R., 2002, "Compliance, resistance and pragmatism: The (re) construction of schoolteacher identities in a period of intensive educational reform," *British Educational Research Journal*, 28(4): 551-565.
盛満弥生，2011，「学校における貧困の表れとその不可視化」『教育社会学研究』88: 273-294.
鍋島祥郎，2003，『効果のある学校』解放出版社．
長尾彰夫，1997，「解放教育の争点と現代的位相」長尾彰夫・池田寛・森実編，『解放教育のアイデンティティ』明治図書，9-23.
長尾彰夫・池田寛編，1990，『学校文化－深層へのペースペクティブ』東信堂．
ナンシー佐藤，1994，「日本の教師文化のエスノグラフィー」稲垣忠彦・久冨善之編『日本の教師文化』東京大学出版会，125-139.
永井聖二，1977，「日本の教員文化」『教育社会学研究』32: 93-103.
永井聖二，1986，「教師文化」日本教育社会学会編『新教育社会学辞典』東洋館出版社，224-225.
永井聖二，2000，「『学校文化』に埋め込まれる教師」永井・古賀正義編『〈教師〉という仕事＝ワーク』学文社，167-184.
永井聖二・古賀正義編，2000，『〈教師〉という仕事＝ワーク』学文社．
名越清家，1976，「現代教師の階級帰属意識と教師をめぐる諸問題」『大阪大学人間科学部紀要』2: 185-217.
名越清家，2013，『共創社会の教師と教育実践』学文社．
中村瑛仁・長谷川哲也・紅林伸行・川村光，2017「教職志望大学生の教職観・指導観と社会意識」『大阪大学教育学年報』22: 27-42.
中村高康，2018，「階級と階層」日本教育社会学会編『教育社会学辞典』丸善出版，

引用文献

100-101.

中村高康・平沢和司・荒牧草平・中澤渉編，2018，『教育と社会階層－ESSM全国調査からみた学歴・学校・格差』東京大学出版会．

中野陸夫・池田寛・中尾健次・森実，2000，『同和教育への招待－人権教育をひらく』解放出版社．

中野陸夫・野口克海・長尾彰夫・池田寛監修，松原市立布忍小学校教師集団著，2002，『私たちがめざす集団づくり』解放出版社．

中澤渉・藤原翔編，2015，『格差社会の中の高校生－家族・学校・進路選択』勁草書房．

西徳宏，2018，「教員の職業的社会化過程で成員間に生じるコンフリクトに関する分析－正統的周辺参加論の枠組みから」『教育社会学研究』102: 217-237.

西田芳正，2012，『排除する社会・排除に抗する学校』大阪大学出版会．

二宮晧編，2013，『新版 世界の学校』学事出版．

Oates, G. L. S. C., 2003, "Teacher‒student racial congruence, teacher perceptions, and test performance," *Social Science Quarterly*, 84(3): 508-525.

OECD, 2013, *TALIS 2013 Technical Report*,（Retrieved March 16, 2017, http://ww w.oecd.org/edu/school/TALIS-technical-report-2013.pdf.）

お茶の水女子大学，2018，『保護者に対する調査の結果と学力等との関係の専門的な分析に関する調査研究』お茶の水女子大学．

小川正人，2006，「義務標準法改革と少人数学級政策」東京大学大学院教育学研究科基礎学力研究開発センター編『日本の教育と基礎学力』明石書店，109-141．

尾嶋史章，2018，「階層と教育」日本教育社会学会編『教育社会学辞典』丸善出版，604-605．

太田拓紀，2008，「教師志望の規定要因に関する研究」『京都大学大学院教育学研究科紀要』54: 318-330.

太田拓紀，2010，「教職における予期的社会化要因としての『親＝教師』の分析」『日本教師教育学会年報』19: 68-78.

太田拓紀，2012，「教職における予期的社会化過程としての学校経験」『教育社会学研究』90: 169-190.

大阪教育文化センター編，1996，『教師の多忙化とバーンアウト』法政出版．

Ridge, T., 2002, *Childhood poverty and social exclusion: From a child's perspective*, Policy press（中村好孝・松田洋介・渡辺雅男訳，2010，『子どもの貧困と社会的排除』櫻井書店．）

Rist, C. R., 1977, "On understanding the processes of schooling in the contribution of labeling theory," Karabel, J. and Halsey, A. H., eds., *Power and Ideology in Education*, Oxford University Press: New York.（藤田英典訳，1980，「学校教育におけるレイベリング理論」潮木守一・天野郁夫・藤田英典編訳『教育と社会変動』（下），東京大学出版会，205-226.）

Rohlen, T. P., 1983, *Japan's High schools*, Univ of California Press.（友田泰正訳, 1988,『日本の高校－成功と代償』サイマル出版.）

Sachs, J., 2003, *The Activist Teaching Profession*, Open University Press.

佐貫浩, 2012,『危機の中の教育－新自由主義をこえる』新日本出版社.

佐貫浩・世取山洋介編, 2008,『新自由主義教育改革－その理論・実態と対向軸』大月書店.

酒井朗, 1999,「『指導の文化』と教育改革のゆくえ」油布佐和子編『教師の現在・教職の未来』教育出版, 115-136.

酒井朗, 2014,『教育臨床社会学の可能性』勁草書房.

酒井朗・島原宣男, 1991,「学習指導方法の習得過程に関する研究」『教育社会学研究』49: 135-153.

佐藤学, 1997,『教師というアポリア』世織書房.

志田未来, 2015,「子どもが語るひとり親家庭」『教育社会学研究』96: 303-323.

Shimahara, N. K., 1998, "The Japanese model of professional development: Teaching as craft," *Teaching and Teacher Education*, 14(5): 451-462.

Shimahara, N. K., and Sakai, A., 1995, *Learning To Teach in Two Cultures: Japan and the United States*, Garland Publishing: New York.

志水宏吉・徳田耕造編, 1991,『よみがえれ公立中学－尼崎市立「南」中学校のエスノグラフィー－』有信堂高文社.

志水宏吉, 2002,『学校文化の比較社会学』東京大学出版会.

志水宏吉, 2003,『公立小学校の挑戦－「力のある学校」とは何か』岩波ブックレット.

志水宏吉, 2012,『検証 大阪の教育改革』岩波ブックレット.

志水宏吉編, 2009,『力のある学校の探求』大阪大学出版会.

志水宏吉編, 2018,『平成29年度 文部科学省委託研究・研究成果報告書「高い成果を上げている地域・学校の取組・教育環境に関する調査研究（加配教員等の人的措置が教育成果に及ぼす影響に関する研究）」』大阪大学大学院人間科学研究科教育文化学分野・共生社会論文野.

志水宏吉, 苅谷剛彦編, 2004,『学力の社会学』岩波書店.

志水宏吉・清水睦美編, 2001,『ニューカマーと教育』明石書店.

志水宏吉・鈴木勇編著, 2012,『学力政策の国際比較（国際編）－ PISAは各国に何をもたらしたか』明石書店.

Sikes, P. J., Measor, L., and Woods, P., 1985, *Teacher Careers: Crises and Continuities*, Taylor and Francis.

Snow, D. A. and Anderson, L., 1987, "Identity work among the homeless," *American Journal of Sociology*, 92(6): 1336-1371.

Søreide, G. E., 2006, "Narrative construction of teacher identity: Positioning and negotiation," *Teachers and Teaching: Theory and Practice*, 12(5): 527-547.

鈴木雅博, 2012,「生活指導事項の構築過程における教師間相互行為」『教育社会

学研究』90: 145-167.
髙田一宏，2012,「【大阪府】公正重視から卓越性重視へ」志水宏吉・髙田一宏編『学力政策の比較社会学（国内編）－全国学力テストは都道府県に何をもたらしたか』明石書店，90-108.
髙田一宏，2019,『ウェルビーイングを実現する学力保障－教育と福祉の橋渡しを考える』大阪大学出版会.
高井良健一，2015,『教師のライフストーリー－高校教師の中年期の危機と再生』勁草書房.
谷富夫編，2008,『新版ライフヒストリーを学ぶ人のために』世界思想社.
田中一生，1975,「新任教員の職業的社会化過程－学校組織論的考察」『九州大学教育学部紀要 教育学部門』20: 137-151.
田中一生・蓮尾直美，1985,「中年齢教員の職業的社会化に関する調査研究」『九州大学教育学部紀要・教育学部門』31: 115-141.
田中耕治，2008,『教育評価』岩波書店.
Troman, G., 2000, "Teacher stress in the low-trust society," *British Journal of Sociology of Education*, 21(3): 331-353.
Troman, G., and Raggl, A., 2008, "Primary teacher commitment and the attractions of teaching," *Pedagogy, Culture and Society*, 16(1): 85-99.
Troman, G., and Woods, P., 2000, "Careers under stress: Teacher adaptations at a time of intensive reform," *Journal of Educational Change*, 1(3): 253-275.
塚田守，1998,『受験体制と教師のライフコース』多賀出版.
塚田守，2002,『女性教師たちのライフヒストリー』青山社.
若槻健，2015,「『排除』に対抗する学校」『教育社会学研究』96: 131-152.
Waller, W., 1932, *The Sociology of Teaching*, John Wiley and Sons.（石山脩平・橋爪貞雄訳，1957,『学校集団－その構造と指導の生態』明治図書.）
Watson, C., 2006, "Narratives of practice and the construction of identity in teaching," *Teachers and Teaching: Theory and Practice*, 12(5): 509-526.
Watson, T., 2012, *Sociology, Work and Organisation*, Routledge.
Whitty, G., 2002, *Making Sense of Education Policy*, Sage Publication.（堀尾輝久・久冨善之監訳，2004,『教育改革の社会学』東京大学出版会.）
Whitty G., 2009, "Towards a new teacher professionalism",（高山啓太訳，2009,「教師の新たな専門性に向けて」アップル，W.・ウィッティ，G.・長尾彰夫編『批判的教育学と公教育の再生』明石書店，187-206.）
Whitty, G., Power, S., and Halpin, D., 1998, *Devolution and Choice in Education: The School, the State and the Market*, Open University Press: Buckingham（熊田聰子訳，2000,『教育における分権と選択』学文社.）
ウィッティ G.・ウィズビー E., 2008「近年の教育改革を超えて」久冨善之編『教師の専門性とアイデンティティ』勁草書房，185-211.
Willis, P., 1977, *Learning to Labour*, Saxon House（熊沢誠・山田潤訳，1985,『ハマータ

ウンの野郎ども』筑摩書房．)
Woods, P., 1979, *The Divided School*, Routledge and Kegan Paul: London.
Woods, P., 1983, *Sociology and the School*, Routledge: London.
Woods, P., 1990, *Teacher Skills and Strategies*, Taylor and Francis.
Woods, P. and Jeffrey, B., 2002, "The reconstruction of primary teachers' identities", *British Journal of Sociology of Education*, 23(1): 89-106.
山田浩之，2004，『マンガが語る教師像－教育社会学が読み解く熱血のゆくえ』昭和堂．
山田浩之，2010，「信頼と不信」『教育社会学研究』86, 59-74.
山田哲也，2016，「格差・貧困から公教育を問い直す」志水宏吉編『社会のなかの教育』岩波書店，105-138.
山田哲也・長谷川裕，2010，「教員文化とその変容」『教育社会学研究』86: 39-58.
山野井敦徳，1979，「教職系学生の職業的社会化に関する調査研究」『富山大学教育学部紀要・文科系』27, 117-126.
山﨑鎮親，1994，「職場の雰囲気と行動への規制」久冨善之編『日本の教員文化』多賀出版，221-43.
山﨑準二，2002，『教師のライフコース研究』新風社．
山﨑準二，2012，『教師の発達と力量形成―続・教師のライフコース研究』新風社．
保田直美，2014，「学校への新しい専門職の配置と教師役割」『教育学研究』81(1)：1-13.
油布佐和子，1985，「教師の対生徒認知と類型化」『教育社会学研究』40: 165-178.
油布佐和子，1994，「Privatizationと教員文化」久冨善之編『日本の教員文化』多賀出版，357-384.
油布佐和子，1999，「教師は何を期待されてきたか」油布佐和子編『教師の現在・教職の未来』教育出版，138-157.
油布佐和子，2010，「教職の病理現象にどう向き合うか」『教育社会学研究』86: 23-38.
油布佐和子編，2009，『教師という仕事』日本図書センター．
油布佐和子・紅林伸幸・川村光・長谷川哲也, 2010,「教職の変容」『早稲田大学大学院教職研究科紀要』2: 51-82.
Zeichner, K. M., and Gore, J., 1989, "Teacher socialization", *National Center for Research on Teacher Education*: 329-348.

初出一覧

　本書は、2018 年に大阪大学大学院人間科学研究科へ提出した博士学位「〈しんどい学校〉の教員文化に関する教育社会学的研究—校区の社会経済的背景と教員の適応キャリア」を加筆・修正したものである。各章のもとになった論文は以下の通りである。

第 1 章・第 2 章：中村瑛仁，2019，「学校環境の違いによって教師役割はいかに異なるのか？—校区の社会経済的背景に着目しながら」『教師学研究』22(1)：1-11（加筆修正）

第 6 章：中村瑛仁，2015，「教員集団内における教職アイデンティティの確保戦略」『教育社会学研究』96：263-282.（加筆修正）

第 7 章：中村瑛仁，2018，「新自由主義は教員たちに何をもたらしたか—改革と現場の間でゆれる教員たちの葛藤とアイデンティティ」濱元伸彦・原田琢也編『新自由主義的な教育改革と学校文化—大阪の改革に関する批判的教育研究』明石書店，132-154（加筆修正）

　本書の出版にあたっては、平成 30 年度大阪大学教員出版助成支援制度（A 部門）の出版助成を受けた。
　また本書は科学研究費補助金の助成を受けた研究課題「新自由主義が教員世界にもたらすインパクト：大阪市の教育改革を事例とした実証的研究」（17K17865）の成果の一部である。

あとがき

　本書は、大阪大学に提出した博士論文を加筆・修正したものです。最後に私が〈しんどい学校〉とそこで働く先生方を対象とした本書を書くことになった経緯を少し述べたいと思います。
　私は福井大学の教員養成学部を卒業し、修士課程で大阪大学大学院・人間科学研究科に進学しました。大学に進学した頃は、地元の福井で学校の先生になろうと考えていましたが、いくつかのことが重なって大学院への進学を決めました。
　今は全国学力テストの好成績で注目されることも多い福井県ですが、私の通っていた公立中学校は市内でも「荒れた」学校として有名でした。当時は学校にヤンキー文化がまだ残っており、短ランを着たやんちゃな子たちが先生とやりあい、授業が成立しないこともしばしばありました。小学校まで「普通」の学校生活をおくっていた私にとって、そうした光景は最初のカルチャーショックだったと記憶しています。
　私は当時サッカー部に所属していたのですが、その中学校のやんちゃな子らのほとんどがサッカー部の生徒でした。印象的だったのは、小学校までは私と一緒に授業を受けていた友人たちが、中学校に入ると先輩のヤンキー集団に染まっていき、逸脱行動を繰り返すようになったことです。私は比較的まじめで、学校文化に親和的な学生だったので、彼らに授業を荒らされると正直うっとうしく感じることもありました。一方で、受験が迫ってもそれに不利になることを繰り返す彼らの言動を、「こいつらは、なんでこんなことやってんだろう」と素朴に疑問に思っていました。小学校からの仲ということもあり、彼らと普段は仲良くやっていましたが、高校受験のあとは次第に疎遠になっていたように思います。
　彼らの存在が再び思い出されたのは、大学で教育学を学ぶようになってか

あとがき

らです。地元の教員養成学部では、様々な教育論や教育方法を学びましたが、当時の私にはあまりピンときませんでした。例えば、英語科教育法で、教員が授業中の言語を英語のみに限定して授業を行い、子どもの英語のコミュニケーション能力を養うというアプローチを勉強したときも、もちろん、この方法が効果的な子どももいると思いますが、当時の私は、なぜか中学校時代の友人たちのことを思い出しました。「あいつらなら、たぶんやらないだろうな」そう感じて、あまり関心をもてませんでした。当時の自分が不勉強だったこともありますが、ほかの講義でも度々同じようなことを感じていたように思います。

そんな中、出会った教育社会学という学問は、私の中学校時代の体験や友人たちの行動を説明してくれているような気がしました。教育と社会階層の議論や再生産論など、当時はよくわからないながらも、子どもの家庭背景や学校と社会の関係を問う教育社会学のスタンスに魅力を感じ、それと同時に、厳しい家庭環境の子どもを支援する方法や格差を是正することに関心をもつようになりました。こうして振り返ると、私の「荒れた」中学校の学校体験が、〈しんどい学校〉というフィールドに関心を抱く原点になったのだと思います。

学部時代の指導教員だった名越清家先生が教育社会学の専門ということもあり、卒業論文では教育社会学の文献を中心的に整理していたのですが、そのときに出会ったのが後の指導教官である志水宏吉先生の「効果のある学校研究」に関する本でした。学校でのフィールドワークや、しんどい子への支援に関心をもっていた私は、その研究関心や方法に魅力を感じ、先生のいる大阪大学大学院への進学を決めました。ですが、大学院に進学したときは、明確な研究関心があったわけではなく、地元で教員をしている大学時代の友人がいたので「教員研究をして何か還元できたら」と、それぐらい曖昧なものでした。

志水先生のゼミでは、学生はフィールドワークをすることが必須となっており、私も知り合いの紹介で、A中学校で調査をさせてもらうことになりました。フィールドワークを進める中で、先生方が子どもたちと関わる姿や職

員室での会話などを見聞きし、〈しんどい学校〉の日常に触れることで、少しずつ自身の問題関心も固まっていきました。

　特に先生方の仕事の悩みや葛藤に関する「生」の声を聞けたことが、本書の問題関心の「核」となったように思います。先生たちも様々な悩みをもって、日々仕事をしているのは当然ではあるのですが、教員という職業上、彼らが外部の人間に語れることは限られます。ただフィールド先で関係ができるにつれて、先生が抱えている子どもや保護者との問題や、同僚や組織上の悩みを、私にも語ってもらえるようになり、その「一労働者」としての彼らのリアルな語りに魅きつけられたのを今でも覚えています。ともすれば、社会から「聖職」として見られ、語れる内容も制限される彼らの日常を、できるだけ等身大に描き出したい。調査を進める中で、そうした思いを強くしました。

　ただ調査を始めた当時は、〈しんどい学校〉をどう位置づけるか、彼らの教員文化にどうアプローチするのか、明確な考えもなく壁にぶつかってばかりでしたが、フィールド先の先生との何気ない会話や、インタビューでの対話の中で、研究を進めるヒントをたくさんもらいました。研究としてうまくいかないことも多々ありましたが、今振り返ると様々なフィールドでの体験が、本書のテーマの「種」となっていたように思います。

　本書をまとめるにあたって、多くの方々にご協力やご指導頂きました。最後に改めて、お礼を申し上げたいと思います。

　まず調査に協力して頂いた学校の先生方には、たいへんお世話になりました。私の研究は、先生方の協力なしには成立しないものです。最初にフィールドワークをさせて頂いたA中の先生方、またその後のインタビュー調査に協力して頂いた先生方など、本書の完成には多くの方に調査にご協力頂きました。周知の通り、学校現場は多忙を極めており、私が伺った学校でも、毎日多くの先生方が忙しく働いている姿を目にしました。それでも調査の趣旨に賛同して、忙しい中でも時間をつくって調査に協力して頂いたこと、本当に感謝しています。

　特に最初にフィールドワークをさせてもらったA中では、たくさんの先

あとがき

生にお世話になりました。修士課程に入ったばかりで調査の仕方も覚束ない私でしたが、たくさんの先生方に暖かく受け入れてもらいました。当時は自身の問題関心も定まっておらず、拙いインタビューで時間をとらせたり、失礼な質問をしたりと、色々とご迷惑をおかけしたと思います。現場への還元という意味では、調査を通じてA中に貢献できたことは非常に限られていますが、これからの研究生活を通じて、何かお返しができればと思っています。

また大学院での研究生活や博士論文の執筆の段階でも、様々な方にお世話になりました。

まず指導教員の志水宏吉先生には、修士課程から博士論文の執筆まで、長年にわたってご指導頂きました。正直なところ、私の修士論文はあまり出来の良いものではなく、また博士課程でも研究成果をあげることが出来ずにいましたが、先生から調査や研究発表をする機会を与えてもらい、そうした環境の中で指導して頂いたからこそ、本書の執筆にまで至ることができました。先生からはよく「中村くんはぼーっとしているからなぁ」と心配されていましたが、これからはこれまで以上に志をもって真摯に研究に取り組んでいきたいと思います。

博士論文の審査の過程では、人間科学研究科の髙田一宏先生、園山大祐先生、木村涼子先生からご指導頂きました。髙田先生には、修士課程の頃から指導して頂き、また大阪での共同研究にも参加させて頂きました。折に触れて、大阪の情勢や教育事情を色々と教えて頂き、地域と関わりながら研究を続けていくことの重要性を学ばせて頂きました。また本書で加筆した政策的提言についてもコメント頂き、これからの研究の視野を広げることができました。園山先生には、私の荒い文章にチェックを入れて頂き、調査設計の甘さや国際比較の視点が弱いことなど、自分の課題となっている点をご指摘頂きました。特に国際比較の点は研究を進めていく上でも重要な課題だと感じていましたので、ご指摘頂いたことを教訓にして、今後も精進していきたいと思います。木村先生には諸事情により最後の審査をして頂くことはできませんでしたが、修士課程の頃からご指導頂き、丁寧で暖かいお言葉を頂きま

した。一度草稿をお見せした時も「対象以外の教員の存在にも思いを巡らすこと」とコメント頂き、偏りがちな自分の見方を見つめ直せたように思います。

　学部時代の指導教官の名越清家先生には、大学院進学の際やその後の研究生活の中でもたくさんの温かい言葉を頂きました。福井に帰省した際はお食事に誘っていただき、そこでの先生の言葉が励みになりました。また紅林伸幸先生、川村光先生、長谷川哲也先生には共同研究を通じて、お世話になりました。教員調査の研究に参加させて頂く中で、教員研究のアプローチの仕方を学ばせて頂きました。

　教育文化学ゼミのメンバー、OBの皆さんにもたくさんお世話になりました。ゼミでの議論や共同研究の中で先輩・後輩に囲まれながら研究できたことが私の財産になっています。またゼミの後輩の伊藤莉央さんには、本書の草稿をみてもらい、院生の立場から丁寧なコメントもらいました。お一人ずつお名前をあげることはできませんが、たくさんの人の助言や支えの中で、研究を続けてこられたことを今更ながらに実感しています。

　博士論文を出版する際には、大阪大学出版会の川上展代さんに大変お世話になりました。少しでも広い読者が読みやすいように、冗長な私の文章に目を通してもらいました。本書が少しでも読みやすいものになっているとすれば、それは川上さんの助言によるものです。

　最後に、研究生活の支えになっている家族に。母には大学院進学で故郷を離れ、研究者という先の見えない道を選んだことで、長年心配をかけてきました。本書を執筆したことが、少しは親孝行になればと願うばかりです。そして、毎日の生活を支え、研究を後押ししてくれる妻と娘にも、この場を借りて感謝を伝えたいと思います。娘が生まれてからは慌ただしい日々が続いていますが、これまで妻に育児の負担をかけることが多かったように思います。働きに出ながらも妻がサポートをしてくれたおかげで、本書の執筆に取り組むことができました。ありがとう。

中村　瑛仁

索　引

あ行

アイデンティティ　1, 3, 9, 24, 27, 51, 53, 55, 122-124, 163, 164, 182, 193, 210, 219, 224, 236, 250, 256

──・ワーク　160, 163, 164, 181, 182, 184, 187, 190, 191, 193, 197, 209, 210, 213, 217, 218, 220, 229, 230, 235

異化　182, 184-190, 210, 212-214, 216-220, 230

か行

学習指導　25, 73, 75-78, 82, 86, 89, 100, 108, 109, 111, 120, 122, 168, 211, 228, 248, 252

学級規律　68, 73, 76, 82, 86, 89, 145

学校環境　11, 22, 27-33, 48-50, 63, 65, 82-85, 117, 125, 141, 154, 155, 159, 168, 227-229, 231-233, 236, 238-243, 245-249

葛藤　40-43, 46-48, 137, 139-144, 151, 154, 155, 162-164, 174, 179-181, 190-192, 209, 220, 222, 223, 229-232, 235-237, 240-245

──フェーズ　141, 144, 150, 151, 153-155, 245

家庭背景　35, 36, 77, 78, 83, 102, 104, 105, 107, 111, 119, 128, 132-136, 139, 142-144, 147, 167, 170, 171, 173, 209, 229, 242

管理統制　202, 203, 205, 220, 230

〈競う教員〉　199, 202, 209, 210, 212-216, 218, 220, 222-224, 230, 233, 236, 237

キャリア　5-10, 44-50, 52, 53, 55, 129, 130, 137, 159-163, 190-193, 195-197, 221-225, 227, 229-233, 235-238, 243, 244, 254

──問題　22, 23, 27, 44, 48-50, 53, 57, 63, 156, 159-161, 163, 192, 193, 195, 222, 227, 229-232, 235-238, 243

──類型　130, 134, 137, 154, 155

教育改革　23, 27, 28, 45-48, 50, 58, 61, 63, 90, 91, 159, 160, 192, 195-199, 201, 202, 213, 221-223, 225, 229, 230, 235, 243, 252, 256

教育の不平等　5, 9, 19-21

教員言説　34, 122, 191, 197, 231, 236-238, 243, 244

教員集団　28, 45-48, 50-52, 63, 111, 112, 114, 117, 119, 122, 159-164, 173-175, 177-181

教員ー生徒関係　108, 173, 190

教員の仕事　3, 5, 20, 29-33, 43, 55, 66, 84, 94, 196, 206

教員の専門性　20, 21, 90, 119, 124, 237, 238, 244

教員文化　1, 4, 5, 21, 22, 27, 28, 33-37, 48-51, 63, 118, 122, 227, 232, 233, 238-240, 252-254

教員役割　22, 30, 33, 34, 40, 42, 47, 52, 65, 67, 82, 86, 91, 163-166, 169-172, 174, 180-184, 186-193, 202, 223, 224, 230, 232-237, 242

教職アイデンティティ　27, 47-50, 63, 89-93, 117-121, 123, 125, 159, 160, 163, 164, 182, 186-191, 193, 196-198, 210, 213-215, 221-224, 227-233, 235, 237-240, 243, 244

ケア　4, 73, 76, 77, 81, 82, 91, 107, 120, 216, 228

形式的平等　103

──観　34-36, 103, 232, 238

校区の社会経済的背景　1, 3-7, 9, 10, 20, 31, 32, 41, 49, 50, 63, 65-67, 83, 84, 125, 227, 228, 238-240, 242-245, 253

個人化された語り　217, 219, 220, 224

コミットメントフェーズ　150, 154

さ行

再定義　158, 182, 187, 189, 190, 230
裁量権　12, 14, 25, 202, 205, 207, 216, 220, 230
〈しつける教員〉　165, 171-174, 180-192, 230, 236, 237
社会化　27, 28, 37-45, 48-50, 52, 53, 63, 125, 128, 130, 141, 150, 154-156, 227-229, 232-235, 238-243, 245, 250, 254, 256
社会階層　19, 24-26, 31, 32, 34-36, 44, 49, 51, 65, 68, 90, 102, 105, 122, 224
社会的マイノリティ　1, 2, 4, 35, 36, 119, 133, 251
職業的社会化　28, 37, 39-44, 52, 63, 154, 156, 158, 162, 236, 240-243, 245
職業文化　5, 21, 33, 36, 44
人事制度　11, 12, 14, 15, 25, 127, 248, 249
新自由主義　23, 46-48, 50, 61, 160, 195-197, 199, 201, 207-209, 214, 219, 220, 222-225, 230, 237, 251
〈しんどい学校〉　1, 3-5, 7, 9, 11, 19-24, 27, 28, 48-50, 63, 65-68, 227-235, 237, 238, 241-244, 246-255
水平キャリア　5-7, 9-11, 16, 19, 20, 23, 28, 30, 49, 96, 122, 125, 127, 128, 191, 222, 228, 231, 246-250
ストラテジー　40-42, 152, 153, 156, 158, 240, 241
成果・競争主義　200-202, 207-209, 216, 220, 230, 252
省察フェーズ　144-146, 148, 151, 153-155, 245

た行

対向的協働文化　111, 113, 114, 116, 117, 162, 163, 175, 229
知識社会学　41-43, 156, 241, 243
調整　16, 182, 184, 186-192, 230
〈つながる教員〉　165, 166, 171, 173, 174, 180-192, 230, 233, 236, 237

適応　27, 28
——キャリア　5, 7-11, 19, 22, 23, 27, 28, 63, 65, 89, 125, 128, 150, 151, 153, 155, 156, 227, 229, 231-233, 254
同僚性　41, 46, 92, 93, 101, 111-114, 116-119, 123, 125, 149, 150, 162, 163, 175, 228, 238, 244
同和・人権教育　36, 232, 234, 235, 246, 254

は行

パースペクティブ　36, 37, 92, 102, 103, 105, 107, 111, 117, 119, 120, 128, 130, 131, 133-142, 144-146, 148, 152-157, 228, 229, 231, 239, 242, 244, 245, 250, 254
包摂　91, 102, 105-107, 111, 117, 119-121, 123, 125, 128, 133, 136, 144, 152, 170, 171, 222, 229, 231, 238, 242, 244, 245
保護者との関係課題　44, 78, 82, 84, 89, 228
保守化　155, 231

ま行

民主的アイデンティティ　121, 171, 223, 229-234, 250
矛盾の語り　213, 216, 217, 220, 230

や行

役割葛藤　41, 162, 166, 174, 179-181, 186, 190, 192, 230
予期的社会化　37-39

ら行

ライフヒストリー　23, 52, 59-61, 63, 66, 128, 130, 141, 154, 193, 198, 229, 254

中村　瑛仁（なかむら　あきひと）

1985 年、福井県生まれ
大阪大学大学院人間科学研究科講師
大阪大学大学院人間科学研究科博士後期課程単位取得退学、博士（人間科学）
専攻は教育社会学、主な業績として「教員集団内における教職アイデンティティの確保戦略」（教育社会学研究第 96 集、第 7 回日本教育社会学会奨励賞・論文の部受賞）、「学校環境の違いによって教師役割はいかに異なるのか？」（教師学研究第 22 巻 1 号）など

〈しんどい学校〉の教員文化
社会的マイノリティの子どもと向き合う教員の
仕事・アイデンティティ・キャリア

発　行　日	2019 年 9 月 30 日　初版第 1 刷発行
著　　　者	中　村　瑛　仁
発　行　所	大阪大学出版会
	代表者　三成賢次
	〒 565-0871
	大阪府吹田市山田丘 2-7　大阪大学ウエストフロント
	電話 06-6877-1614（直通）　FAX 06-6877-1617
	URL　http://www.osaka-up.or.jp
印刷・製本	尼崎印刷株式会社

Ⓒ Akihito Nakamura 2019　　　　　　　　　　　　Printed in Japan
ISBN 978-4-87259-691-5　C3037

JCOPY　〈出版者著作権管理機構　委託出版物〉
本書の無断複製は著作権法上での例外を除き禁じられています。複製される場合は、その都度事前に、出版者著作権管理機構（電話 03-5244-5088、FAX 03-5244-5089、e-mail：info@jcopy.or.jp）の許諾を得てください。